Beltz Taschenbuch 95

Über dieses Buch:
Das Sehen und Denken von Kindern ist nicht einfach durch dasjenige von Erwachsenen zu ersetzen. Und so ist »Kinder auf dem Wege zur Physik« eine Sammlung von Beobachtungen und Gesprächen, in der vor allem die eigene »Physik« der Kinder zur Sprache kommt, beginnend mit den animistischen Vorstellungen der noch ganz Kleinen. Wagenschein liefert dabei keine fertigen Antworten, sondern sucht über die den Kindern eigenen Erklärungsversuchen ungewohnter Naturphänomene gemeinsam mit ihnen nach einer Lösung.
Wenn Kinder »auf dem Wege zur Physik« also *ihre* Beobachtungen anstellen und sie in ihrer *eigenen* Sprache und in *ihren* Weisen des Denkens formulieren, steckt darin eine Fülle von möglicher Erkenntnis und produktivem Nachdenken, von Anschaulichkeit der Zusammenhänge, von Erfahrung der »Kräfte« der Natur.
Wagenscheins Gespräche mit Schülerinnen und Schülern über Naturerscheinungen zeichnen sich dadurch aus, dass er solche Erfahrungen ernst nimmt und mit den Kindern auf der Ebene ihrer Erklärungsmuster spricht. Er fragt nach, hört zu, wie sie Theorien bilden, und überlegt mit ihnen, wie man diese Theorien empirisch überprüfen kann.

Der Autor:
Martin Wagenschein (1896–1988), Professor Dr., Dr. h.c., studierte Physik und Mathematik. In den Zwanzigerjahren erhielt er entscheidende Anregungen und Erfahrungen in Paul Geheebs Freier Schulgemeinde »Odenwaldschule«, war danach Lehrer an staatlichen Gymnasien und nach 1945 Mitarbeiter an Schulversuchen und Bildungsplänen. Seit 1956 war er dann Honorarprofessor an der Universität Tübingen.
Von Martin Wagenschein erschienen als Beltz Taschenbuch »Verstehen lehren« (1999) und »Erinnerungen für morgen – Eine pädagogische Autobiographie« (2002).

Martin Wagenschein

Kinder auf dem Wege zur Physik

Mit Beiträgen von
Agnes Banholzer, Siegfried Thiel,
Wolgang Faust

Vorwort von Andreas Flitner

BELTZ
Taschenbuch

Besuchen Sie uns im Internet:
www.beltz.de

Beltz Taschenbuch 95
2003 Beltz Verlag

1 2 3 4 5 07 06 05 04 03

Umschlaggestaltung: Federico Luci, Köln
Umschlagabbildung: Getty Images, München
Gesamtherstellung: Druckhaus Beltz, Hemsbach
Printed in Germany

ISBN 3 407 22095 2

Inhalt

Vorwort zur Neuausgabe

Das Sehen und Denken von Kindern ist nicht einfach durch dasjenige von Erwachsenen zu ersetzen. Und das Denken und Sehen der Laien ist nicht einfach eine schlechte oder falsche Denkform gegenüber dem der Wissenschaftler. Im Gegenteil: Der besserwissende Erwachsene, der naturwissenschaftlich Informierte hat nur allzu oft sein Nachdenken, sein Staunen über die Naturerscheinungen, ja überhaupt das genaue Hinsehen ohne Instrumente aufgegeben. Er hat es verlernt und ein Erklärungssystem an die Stelle gesetzt, das seine Einseitigkeit, seine Reduktionen meist nicht mehr reflektiert, oft auch auf halbem Wege zur wissenschaftlichen Erklärung irgendwo steckengeblieben ist.

Wenn Kinder „auf dem Wege zur Physik" ihre Beobachtungen anstellen und sie in ihrer eigenen Sprache und in ihren Weisen des Denkens formulieren, so ist das bedeutungsvoll nicht nur für die Kinderpsychologie, nicht nur als Übergangsstufe der kognitiven Entwicklung. Vielmehr steckt in der Sprache und den Denkweisen der Kinder eine Fülle von möglicher Erkenntnis und produktivem Nachdenken, von Anschaulichkeit der Zusammenhänge, von Erfahrung der „Kräfte" der Natur. Wagenscheins Gespräche mit Schülerinnen und Schülern über Naturerscheinungen zeichnen sich dadurch aus, daß er solche Erfahrungen ernst nimmt. Er spricht mit den Kindern auf der Ebene ihrer Erklärungsmuster. Er fragt nach, hört zu, wie sie Theorien bilden, und überlegt mit ihnen, wie man diese Theorien empirisch prüfen kann. Und er sucht ihnen die Erscheinungen auf eine Weise zugänglich zu machen, in der sie sie selber auf ihren eigenen Wegen fassen können.

Die zappelnde Kompaßnadel im industriell hergestellten Gehäuse, bei dem die Nutzung schon am Rand angeschrieben steht, pflegt ein Kind nicht lange zu fesseln. Ein metergroßes, magnetisiertes Stahlblatt aber, das beweglich auf einen Nagel gesetzt wird, das zu zittern, sich zu bewegen beginnt, hin und her schwingt und, von einer fernen Macht gezogen, so lange pendelt, bis es in der Nord-Süd-Stellung zum Stehen kommt – das macht erfahrbar, läßt sinnlich erfassen, wie überall um uns her, auch im geschlossenen Zimmer, die Kräfte des Magnetfelds der Erde wirken. „Das große Spüreisen" hat Wagenschein die Schilderung dieses Versuchs überschrieben und damit auch Kritik, ja Empörung auf sich gezogen. Ist solche Rede nicht poetisierend, animistisch: das Eisen „spüre" die Kräfte, „gehorche" einem fernen Ruf,

„komme zur Ruhe"? Wird damit nicht einer dunklen, anthropomorphen Naturdeutung das Wort geredet?

Wagenschein hält diesen „Animismus" nicht für eine größere Gefahr als die vorzeitige Formelsprache. Auch wenn man sagt: der Stein „fällt", das Pendel „schwingt", oder: Holz „leitet schlecht", wenn man von „Kraft" spricht oder von „Widerstand", gebraucht man animistische Bilder. Unsere Sprache belebt die Natur, auch die unbelebte – anders können wir nicht sprechen und verstehen. Das Verstehen unter Nutzung unserer sinnlichen Vorstellungen und deshalb auch die sinnlich-sprachliche Beschreibung und Deutung sind für Wagenschein unerläßlich, auch als Zugang für die Wissenschaft. Ja, er sagt sogar, wer einen Naturvorgang nicht sprachlich erklären könne, habe ihn selber meistens nicht verstanden. Es geht ihm also gerade nicht darum, das ursprüngliche Verstehenwollen alsbald durch eine exakte Diktion, womöglich durch eine unanschauliche Formel zu ersetzen. Wagenschein hat gegen die Zweiteilung der Welt in eine sinnlich erfahrene und eine experimentell befragte und formelhafte Natur leidenschaftlich gekämpft. Die sinnlich wahrnehmbare Welt steckt voller erstaunlicher Phänomene, und das Fassenkönnen dieser Phänomene mit den Mitteln der Beobachtung und der sinnlichen Vorstellung ist der eigentliche Weg zur Erkenntnis, auch zur wissenschaftlichen Erschließung der Natur. Alle großen Entdeckungen sind auf diesem Wege zustande gekommen.

Die Brechung im Wasser, der langsame Schall, der hängende Tropfen, das „Mitfahren" des Mondes vor dem Fenster des Eisenbahnabteils – das alles sind wunderbare Zugänge zur Physik. Es sind Einladungen zum Hinschauen, Experimentieren und Deuten und schließlich zu einem Verstehen der Natur, das sich mit Kurzformeln nicht abspeisen läßt. Der heute noch übliche Physikunterricht „wird vom Ende her geplant: von den Grundbegriffen und den mathematischen Strukturen der heutigen Physik, und geht darauf aus, sie einleuchtend zu machen". Wagenschein möchte umgekehrt verfahren, nämlich zusehen, „wie aus unbeeinflußten jungen Kindern durch die Begegnung mit absonderlichen Naturphänomenen ursprüngliche Ansätze physikalischen Verstehens herausgefordert werden" (1973, S. 9). Und er möchte zeigen, wie der Erwachsene das Kind auf diesem Wege begleiten und ihm dabei zur Naturbeschäftigung und zur Naturwissenschaft verhelfen kann.

„Kinder auf dem Wege zur Physik" ist eine Sammlung von Beobachtungen und Gesprächen, in der vor allem die eigene „Physik" der Kinder zur Sprache kommt. Die drei Teile und ihre Reihenfolge sind bestimmt durch zunehmende Einmischung der Erwachsenen in den Verstehensprozeß.

„Im ersten Teil fehlt sie so gut wie ganz. Das problematische Phänomen löst sich durch seine Sonderbarkeit aus dem Gewohnten von selbst beunruhi-

gend heraus und motiviert spontanes Fragen und kreatives Suchen nach Einordnung. Man erfährt davon aus den Notizen aufmerksamer Eltern oder aus den späten Erinnerungen der Kinder, nachdem sie Erwachsene geworden sind.
Die zweite Dokumentation unterscheidet sich hiervon dadurch, daß es ein Erwachsener ist, der das erstaunliche Phänomen schon ausgewählt hat und nun Schulkindern schweigend präsentiert. Was die Kinder sagen und tun, wird mitstenographiert.
Der dritte Beitrag beschreibt schon Schulunterricht (Grundschule). Auch hier stellt der Lehrer das motivierende Phänomen stumm vor, nun aber einer Kindergruppe. Sie erkennt die Frage und versucht sie in diszipliniertem Gespräch und Experiment zu entwirren. Der Lehrer ist höchst zurückhaltend. Das Gespräch wird auf dem Tonband festgehalten" (ebd., S. 9).
Freilich bleibt es auch im ersten Teil nicht bei der Darbietung von nachdenklich stimmenden Kinderworten. Vielmehr sucht Wagenschein dort selber durch Kommentare, Überlegungen, gedankliche Brückenschläge zur Physik den Leser an die Hand seiner Denkweise zu nehmen. An manchen Stellen sucht er auch schon anzudeuten, wo er die Möglichkeit sieht, dem sich wundernden und nachsinnenden Kind Hilfen zur Deutung oder doch Fragen zum Weiterkommen an die Hand zu geben.
Zum Beispiel dort (S. 46), wo das Mädchen, in der Eisenbahn sitzend, auf der einen Zugseite durch die nahen Waldbäume, auf der anderen Seite durch die entfernten Hügel zu ganz verschiedenen Geschwindigkeitsempfindungen kommt. Fährt der Zug rechts schneller als links? Wäre das Kind aufgestanden – so mischt sich Wagenschein in die Beobachtung ein – und hätte auf beiden Seiten auf die nahe Umgebung, auf Gras und Steine am Bahndamm geschaut, so hätte es dann „weiter nachdenken können, wie es kommt, daß die fernen Dinge langsamer strömen als die nahen". Und schließlich: daß die ganz fernen, z.B. der Mond, überhaupt nicht mehr zurückbleiben, sondern mitzufahren scheinen, solange der Zug die Richtung nicht wechselt. Hier schaut also der Helfer, der behutsame Lehrer dem Sammler von Kinderäußerungen schon über die Schulter. Schon dieser erste, umfänglichste Teil enthält oder gibt Anlaß zur Reflexion über die Möglichkeiten, aber auch über die Stolpersteine eines physikalischen Unterrichts.
Der zweite Teil ist dann schon durch Beobachtungen in der Schule entstanden. Schülern zwischen 6 und 14 Jahren werden bestimmte physikalische Versuche vorgeführt; sie beobachten, äußern sich dazu, fragen und erklären, wobei die verschiedenen Ebenen der Deutung sichtbar werden. Durch einige Anmerkungen hat Wagenschein das Material in seinem Sinne interessant gemacht (S. 85ff.).

Der dritte Teil schließlich dokumentiert Unterricht in Wagenscheinschem Sinne, d.h. räsonierenden, erschließenden Umgang mit der kindlichen Physik. Man muß sich in diese Berichte und Protokolle geduldig einlesen, um von der üblichen Erwachseneneinstellung gegenüber „Kindermund" und Schülergerede wegzukommen und darauf aufmerksam zu werden, welche Aneignungs- und Denkarbeit unter den scheinbar trivialen Gesprächen stattfindet. An der Tübinger Wanneschule, die mit dem Pädagogischen Institut der Universität zusammenarbeitete, hat Siegfried Thiel – damals Lehrer im Aufbau-Studium – den Unterricht und die Schülergespräche mit dem Tonband protokolliert (S. 103ff.). Thiel selber gibt die Erklärung des Unterrichtszusammenhangs und didaktische Begründungen für sein Vorgehen (S. 90–102). Wagenschein sieht darin aber viel mehr als „Unterricht".
Ein Beispiel dieser Protokolle, nämlich den Anfang des Rundgesprächs über den Schall und seinen Zeitverbrauch (S. 103/104) hat er später einmal, auf einem Vortrag bei der Verleihung des Henning-Kaufmann-Preises, folgendermaßen interpretiert:
„Wer diese ersten Sätze aufmerksam liest, erkennt, daß hier wirklich gemeinsam gedacht wird. Jeder schließt an den Vorgänger an, und beide nähern sich dem gemeinsamen Ziel.
Bemerkenswert für den Fortgang des ganzen Gesprächs: Die Beschreibung des zu klärenden Phänomens, anfangs durch Thilo, wird *ohne* Aufforderung *wiederholt* (von Robert, Richard, Thomas). Das ist nicht so, wie das im Unterricht nicht selten geschieht, daß der Lehrer irgendeinen ‚herausgreift': Wiederhole das!, um seine ‚Aufmerksamkeit' zu kontrollieren. Vielmehr: Es besteht das *Bedürfnis* zu ‚wiederholen', aber nicht im gleichen Wortlaut. Es ist, als wollten die Buben den Inhalt mit eigener Zunge formen.
Im Gewebe des lebhaften Rundgesprächs entstehen schließlich zwei Meinungen. Kilian: Wenn da keine Luft wär', tät's nicht kommen! Weil die Luft den Schall trägt.
Dagegen Tillmann: Der Schall hat keine Augen, deshalb fliegt er hin, er prallt so hin und fliegt so dran. Dem braucht niemand zu helfen. Der fliegt so allein.
Unterstützung von Achim: Der ist halt einfach da. (Galilei nannte das ‚instantan'). Weiter Achim: Der geht halt ohne Füße ... Anders kann man's nicht sagen ...
Thilo, als erster, sagt, wie es sich gehört, nur das, was geschehen ist; bemüht sich sogar, die kurze Dauer der Verspätung genau zu bezeichnen. ‚Ein bißchen', sagt er, und will es noch besser treffen, vergeblich. Robert weiß es: Es dauert so kurz, wie der Thomas gebraucht hat, um die Hände wieder zueinander zu bewegen. Das kann man sich vorstellen. – Aber dann kommt noch etwas ganz Neues. Und das ist die fertige Antwort auf die

Hauptfrage: ‚Woher diese Verspätung kommt?' Der Schall braucht auch Zeit, bis er bei uns ist. ‚Auch': wie alle Dinge, die sich bewegen. Jens bestätigt das, aber mit seinen Worten, er redet nicht ‚nach'. Es ist seine persönliche Sprache, und sie ist nicht minder deutlich. Der Schall kann doch nicht so schnell. (Meint er: so schnell wie wir *sehen*?).

Nun aber will Richard noch etwas ‚mehr' sagen; in Wahrheit etwas *anderes*. Manchmal hört man den Schall aber *nicht*, er läuft in eine andere Richtung. ‚Wenn der Wind anders ist', meint Matthias dazu.

Die anderen scheinen das aber für eine unsachliche Bemerkung zu halten. Sie überhören sie einfach. Vom Schall, der nicht ankommt, ist ja nicht die Rede.

Und Thomas führt zurück zu Sache: beschreibt sogar noch einmal den Grundversuch und sagt dann etwas sehr Merkwürdiges. (Ist es nicht selbstverständlich?) Es ist, als wolle er sicher sein, daß die Verspätung des Schalles während seines Laufes entsteht. Oder will er den anderen einen Wink geben, was nun allerdings zu tun wäre: daß der Hörende auf die halbe Entfernung der Trommel näherrückte. Aber es geschieht nichts. Eine Ablenkung führt sie weit weg. Sie wollen nun wissen, wie der Schall herkommt. Was die Luft tut? ...

Später werden sie dann wahrscheinlich an einen wichtigen Kreuzweg kommen. Sie werden schließlich herausfinden: Wenn es knallt, dann läuft eine Luftverdichtung in einer expandierenden Kugelschale auseinander. Angenommen, hier sagte nun jemand: Also ist der Knall ‚nichts als' ein Luftstoß! (Und dann natürlich auch: Musik ‚nichts als' Lufterschütterungen), so hätten wir die Vorstellung, die unsere Schulbücher zwar nicht aussprechen, aber noch immer wie Asche zwischen den Zeilen zusammenwehen. Der Laie nickt dazu, unbehaglich. – Hier kann schon bei Zehn- bis Zwölfjährigen der Lehrer darauf bestehen, genau zu sein: nur zu sagen, was ist: Diese Druckwelle, das ist es, was von Knall, Musik und Rede übrigbleibt für den Gehörlosen. Und nur davon spricht auch Physik.

Physikalische Akustik ist Beschreibung dessen, was von Musik auch dem Gehörlosen bleibt. (Entsprechend später: Physikalische Optik beschränkt sich selbst auf das, was von Licht und Farbe dem Blindgeborenen mitgeteilt werden kann.)

Das imperialistische ‚Nichts als' ist kein Ergebnis der Physik, sondern bestenfalls ein trauriger Entschluß.

So erscheint es möglich, schon früh den Aspekt-Charakter der Physik ins kritische Bewußtsein zu heben, ehe die Angewöhnung der machtvollen Fachsprache den Sinn für Unterscheidung erstickt" (1986, S. 84–87).

Dem ursprünglichen Text wurde in dieser Neuausgabe ein Rückblick von Siegfried Thiel hinzugefügt; ferner ein Bericht von Wolfgang Faust über Be-

obachtungen und Kindergespräche zur Camera obscura. Sie entstammen einer Arbeit, die Wagenschein als Tübinger Hochschullehrer angeregt und mit großem Interesse begleitet hat (Faust 1978).
Daß dieses Buch nicht wie andere Veröffentlichungen Wagenscheins verbreitet und nachgefragt worden ist, hat ihn in seinen letzten Lebensjahren immer wieder beschäftigt. An diesen Dokumenten lag ihm besonders viel, er hat den Neudruck sehr gewünscht und sich selber noch darum gekümmert. Möge der, in dieser neuen Gestalt, aufgenommen werden nicht nur als ein Zeugnis Wagenscheinscher Didaktik und Erziehungsphilosophie, sondern auch als ein Beitrag zur Phänomenologie kindlicher Lebensäußerungen, die Wagenschein durch manche Beiträge in geradezu poetischer Sprache („Kleiner Schutzgeist“; „Der Knabe mit dem Apfel“; 1965) bereichert hat.

Andreas Flitner

Zitierte Literatur:
Martin Wagenschein, Agnes Banholzer, Siegfried Thiel: Kinder auf dem Wege zur Physik. Stuttgart 1973. – Martin Wagenschein: Die Sprache zwischen Natur und Naturwissenschaft. (Henning-Kaufmann-Stiftung zur Pflege der Reinheit der deutschen Sprache) Marburg 1986. – Wolfgang Faust: Kinder sprechen über die Camera obscura. Unveröffentlichte Diplomarbeit, Tübingen-Reutlingen 1978. – Martin Wagenschein: Ursprüngliches Verstehen und exaktes Denken. Band I, Stuttgart 1965.

Vorwort

Es gibt zwei gegensätzliche Wege, auf denen wir Kindern Physik als eine Naturwissenschaft eröffnen können. Der erste wird vom Ende her geplant: von den Grundbegriffen und den mathematischen Strukturen der heutigen Physik, und geht darauf aus, sie einleuchtend zu machen.
Den Anfang des zweiten Weges sucht der Lehrende zu finden, indem er zusieht, wie aus unbeeinflußten jungen Kindern durch die Begegnung mit absonderlichen Naturphänomenen ursprüngliche Ansätze physikalischen Verstehens herausgefordert werden.
Indem der Lehrer den einen oder den anderen dieser beiden Zugänge wählt, trifft er eine erzieherische Entscheidung. Sie ist von Bedeutung für das Verhältnis des Heranwachsenden zur Natur wie zur Naturwissenschaft.
Für den zweiten, den „genetischen" Weg legen wir Zeugnisse vor in dem Wunsch, eine didaktische Hilfe zu bieten und zur Fortsetzung derartiger Dokumentationen anzuregen.
Die Reihenfolge der Beiträge der drei Autoren ist bestimmt durch die schrittweise zunehmende Einmischung des Erwachsenen in den Verstehensprozeß.
Im ersten Teil fehlt sie so gut wie ganz. Das problematische Phänomen löst sich durch seine Sonderbarkeit aus dem Gewohnten von selbst beunruhigend heraus und motiviert spontanes Fragen und kreatives Suchen nach Einordnung. Man erfährt davon aus den Notizen aufmerksamer Eltern oder aus den späten Erinnerungen der Kinder, nachdem sie Erwachsene geworden sind.
Die zweite Dokumentation unterscheidet sich hiervon dadurch, daß es ein Erwachsener ist, der das erstaunliche Phänomen schon ausgewählt hat und nun Schulkindern schweigend präsentiert. Was die Kinder sagen und tun, wird mitstenographiert.
Der dritte Beitrag beschreibt schon Schulunterricht (Grundschule). Auch hier stellt der Lehrer das motivierende Phänomen stumm vor, nun aber einer Kindergruppe. Sie erkennt die Frage und versucht sie in diszipliniertem Gespräch und Experiment zu entwirren. Der Lehrer ist höchst zurückhaltend. Das Gespräch wird auf dem Tonband festgehalten.
Dieses Buch möchte Lehrer und Eltern dazu ermutigen die Kinder nicht zu unterschätzen. Sie sind schon von sich aus „wissenschaftsorientiert" und bleiben es, wenn wir ihnen nicht den Wind aus den Segeln nehmen durch ein Übermaß an Belehrung.

Die Verfasser

Martin Wagenschein

Kinder auf dem Wege zur Physik

Einführung

Die hier zusammengetragenen Geschichten berichten davon, wie Kinder – zumeist im Vorschulalter – denkend, sprechend, oft auch handelnd sich spontan verhalten, wenn sie unerwarteten Naturphänomenen begegnen, die zwar wiederholbar sind, aber absonderlich anmuten, also Verwunderung auslösen. Und zwar deshalb, weil sie aus gewohnten Ordnungen herausfallen, ja ihnen zu widersprechen scheinen. Es setzt dann ein Fragen und Suchen ein, in dem sich die ersten Regungen physikalischen Natur-Verstehens ankündigen[1].

1. Der Weg, auf dem diese Kinder angetroffen wurden, ist nicht eine schon gebahnte Straße, auf welche man sie gesetzt hätte, damit sie ihr nun weiter folgten. Niemand brauchte sich zu überlegen, wie er diese Kinder motivieren, interessieren oder gar „begeistern" könnte. Nichts brauchte ihnen „nahegebracht" zu werden, es ging ihnen von selber nahe. Keiner hat sie ausgefragt. Sie haben etwas Befremdendes erlebt und haben sich dann selber fragen müssen, was hier „los" ist.

Sie gehen wie über freies Feld; zwar sieht jedes nur seinen eigenen Weg, und doch ist zu erkennen, daß sie in lockerer Ordnung alle die gleiche Richtung wählen.

2. Was setzt sie in Bewegung? Was lockt sie in jene Richtung, als wären sie wie in einem Vogelschwarm geführt?

Es scheint, daß der Impuls, der diesen Forschungszug ins Strömen bringt, nicht jenes bewundernde und ehrfürchtige „Staunen" ist, das man vor dem Sternhimmel empfinden kann oder vor dem Niagarafall, wie auch vor menschlichen Bemühungen der Kunst, des Sports, der Technik, der Wissenschaft.

Nicht das große Auge der Andacht, auch nicht der suchende Blick des Sammlers von Neuigkeiten: es ist die umwölkte Stirn der Verwunderung, ja der *Beunruhigung*, die das Gesicht dessen zeichnet, der hier die ersten Schritte tut.

---

[1] Der kleinere Teil dieses Berichts ist schon veröffentlicht in „Neue Sammlung", 1962, S. 266 bis 276, und 1966, S. 495 bis 504. Er ist auch aufgenommen in mein Buch „Ursprüngliches Verstehen und exaktes Denken", 2. Aufl. 1970, Bd. I, S. 487 ff., und Bd. II, S. 99 ff.

3. Er *muß* sie tun; es muß ihn in Unruhe versetzen, wenn die Ordnungen, die Regelmäßigkeiten, deren wir uns in den ersten Lebensjahren im Umgang mit den Dingen versichern durften und aus denen wir das lebensnotwendige Vertrauen zur natürlichen Welt gewinnen konnten (daß alles *„mit rechten Dingen zugehe“*) – wenn diese Ordnungen plötzlich und irgendwo eine Fehlstelle zu verraten, eine Blöße sich zu geben scheinen. So wenn ein Baum, von dem wir alle doch wissen, daß er angewachsen ist, sich in Bewegung setzt und davongeht (Geschichte 41). Eine solche sachlich bedingte Emotion und Motivation – sie reicht von dem, was Kinder (und manchmal auch wir) „komisch finden“ (von amüsierter Beirrung also), bis zum blanken Entsetzen und zur Flucht (41) – löst einen Forschungsprozeß aus mit Beobachten, Wiederholen, Vergleichen, Vermuten, Eingreifen, planmäßig Verändern, der bemerkenswert ähnlich ist dem wissenschaftlichen Vorgehen. Dabei ist Tun und Denken getrieben und getragen von der *Hoffnung*, daß man „dahinterkomme“; das heißt: daß es wieder noch einmal gutgehe, indem das Seltsame „verstanden“ werden könne. Und zwar in dem Sinne, daß es bei näherem Zusehen sich als ein etwas verkleideter „alter Bekannter“ erweist oder doch mit einem solchen „zusammenhängt“, zum mindesten vergleichbar ist. Gelingt dieses Verstehen (com-prendre), so ist das Absonderliche wieder „eingeholt“ durch Reduktion auf Gewohntes. Das Verstehen ist bei diesen frühen Schritten also immer relativ. Und das, worauf das Seltsame dann „zurückgeführt“ ist, bedarf anfangs keiner anderen Legitimation, als daß es *„immer* so ist“, wie es eben *ist*.

4. Dies geschieht bei Kindern schon in einem Alter, von dem man früher meinte, sie seien für Physik noch nicht zu haben. Die folgenden Berichte zeigen, daß sie es sind, wenn man dabei nicht an die fertige Physik denkt, sondern an die *werdende*. Wenn man als Lehrer damit Ernst macht, daß Physik nicht die Natur darstellt, wie sie „ist“ („von sich aus“, „eigentlich“, „im Grunde“, „in Wahrheit“, „nichts als dies“ – und wie solche imperialistischen Wendungen alle lauten), sondern daß sie als ein besonderer „Aspekt“ – *einer* unter anderen – nach einem bestimmten Auswahlverfahren diese Natur filtert und überbaut (indem sie nur zuläßt, was in mathematisierbaren Beziehungen zwischen meßbaren Eigenschaften an- und zwischen den Dingen faßbar übrigbleibt), dann bemerkt man, wie die schädliche Alternative „Von der Sache aus *oder* vom Kinde aus“ sich auflöst und zusammenschmilzt zu dem Prinzip:

Mit dem Kinde von *der* Sache aus, die *für* das Kind die Sache *ist*.

Denn Kinder denken, sich selbst überlassen, immer von der Sache aus, ihrer Sache, der Sache, die sie antreibt. Und nicht von jener anderen, sekundären Sache, die Generationen von Fachleuten daraus gemacht haben. Eine Anfängerdidaktik, die von dieser fertigen Physik aus plant, ist pädagogisch gesehen unsachlich. Mit diesem bequemen Gewaltstreich hat der Physikunterricht, wenigstens des Gymnasiums, bisher sympathisiert und sich damit um seinen Erfolg gebracht (erkennbar bei den erwachsenen Nichtphysikern). Ein Aspekt kann nur dann durchschaut werden, wenn man tätig dabei ist, wie er *wird.*

5. Die Vorverlegung des physikalischen, überhaupt des naturwissenschaftlichen Anfangsunterrichts in das 5. Schuljahr, in die Grundschule, in die Vorschulerziehung (also in die Altersschicht der hier vorgelegten Berichte, die eine leidenschaftliche Anrührbarkeit, ja Erregbarkeit durch Absonderliches erkennnen läßt – und *dazu* die Begierde und die Anlagen, damit fertig zu werden), diese Vorverlegung würde einen ziemlich verhängnisvollen und kaum wiedergutzumachenden Fehler begehen, wenn sie eben nur eine „Vorverlegung" wäre. Wenn sie also die traditionellen fachautoritären Anfänge (jene also, die von der fertigen Physik und ihren Strukturen aus planen) einfach ein paar Jahre früher herabließe (wie einen Vorhang), wenn auch mit Anpassung an die vermeintlich kindliche Ausdrucksweise. Man kann diese Befürchtung haben, wenn man hört, es gehe darum, „falsche Vorstellungen rechtzeitig zu verhindern". Unsere Geschichten möchten spüren lassen, daß Kinder, die man in Ruhe läßt oder vielmehr in ihrer Bewegung läßt, in ihrer Denkbewegung, von einem „Motivations-Potential" angetrieben sind, neben dem unsere Einfädelungsbemühungen (in die fertige Physik) verblassen. Ihr Denken will *ernsthaft* (durch eine *absonderliche Sache*) motiviert sein, genauso wie auch die Naturforschung selbst es wesentlich durch bohrende Beunruhigung zu etwas gebracht hat. Unterricht hat es hier nicht nötig, etwas zu verhindern, wenn er der Leidenschaft des Denkens Freiheit gibt.

Nicht einmal das animistisch-magische Argumentieren (mit dem realistisch-rationalen eine Zeitlang – und länger, als wir glauben – zauberhaft noch vermischt) hat es nötig, schnellstens eliminiert zu werden. Der Klärungsprozeß vollzieht sich von selbst (und bisweilen in wenigen Atemzügen (42). Was *uns* „rechtzeitig" vorkommt, kann sehr wohl verfrüht sein, indem es Schaden anrichtet:

„Jede nächste Phase kann sich nur dann voll ausgestalten, wenn die vorausgehende nicht gestört oder gehemmt wurde. ... die nicht in allen Einzelheiten gelebten Phasen binden Energien, die sich vom Unbewußten her destruktiv auswirken. Als Infantilismen und Juvenislismen brechen sie störend in die späteren Altersstufen ein ..." [2]

6. Die Explorationen dieser Kinder *sind* noch nicht Physik. Vielleicht würden auch vor-galileische Kinder nicht viel anders gesprochen und ge-

[2] S. Fraiberg, Die magischen Jahre in der Persönlichkeitsentwicklung des Vorschulkindes. RoRoRo 6794, S. 230 f. 1972.

dacht haben, denn: „... als ob nicht die bewunderungswürdigste und schätzbarste Eigenschaft der demonstrativen Wissenschaften das Hervorquellen und Hervorkeimen aus ganz bekannten gemeinverständlichen und unbestrittenen Prinzipien sei" (Galilei)[3; 4].

Von jenen „gemeinverständlichen Prinzipien", die in der Naturwissenschaft führend geworden sind, treten in unserer Sammlung folgende hervor

a) Das physikalisch Reale und Wahre muß öffentlich *wiederholbar* sein, *„demonstrierbar"*, „jederzeit von jedermann *reproduzierbar"*; ein demokratischer Grundsatz (Abschnitt III, auch 41; 57; 76).

b) *„Erhaltungssätze"* (wie sie später in der Physik heißen, etwa: Erhaltung der Masse, Erhaltung der Energie) sind dem Menschen offenbar von Kind an ein Bedürfnis (Kap. IV, auch 59). Man sieht sie hier entspringen aus der Hoffnung, daß *„nichts wegkomme"*, daß alles „irgendwo geblieben sein müsse"; und umgekehrt: daß „alles irgendwo herkomme", weil aus nichts nichts werden kann (ex nihilo nihil fit). Diese fixe Idee ist verwandt mit der vorigen, der Forderung nach Wiederholbarkeit, insofern gehofft wird, daß man scheinbar Verschwundenes in irgendeiner Form „wieder holen" kann.

Beide Postulate, a und b, kommen aus der Sorge um die Sicherheit. Zauberei ist unerwünscht geworden. „Zaubern", sagte Konrad (Kap. II; 12; 71; 74) einmal (mit sechseinhalb Jahren), *„Zaubern gibt's nit, das wär grad, als wemmer sagen tät: das geht, und auch noch: das geht nit."*

Als letztes kann noch einmal das anfangs Genannte angefügt werden:

c) Das Ungewohnte, Unstimmige, Ausgefallene, Absonderliche, Seltsame soll eingefügt werden können, *„in die Reihe gebracht"* des Gewohnten, seiner Befremdung entkleidet; in der Hoffnung, darunter einen vertrauten Kern zu entdecken: Reduktion des Vielerlei auf weniges Selbstverständliches. (Daß dies gelingt, wenn auch in Grenzen, erzeugt in späteren Stadien des Verstehens das, was wohl wirklich das philosophische „Staunen" genannt werden kann.)

7. Diese gemeinverständlichen Grundsätze bereiten die Physik vor und begleiten sie. Ihre eigentliche Inthronisation in Macht und Ansehen vollzieht sich aber erst mit der Quantifizierung und Mathematisierung. Denn erst damit wird es möglich *vorauszusagen,* was unter bekannten Umstän-

---

[3] Galilei, Unterredungen ..., Ostwalds Klassiker der exakten Wissenschaften, Nr. 11., Leipzig, 1890, S. 77.

[4] Von Kindern dagegen, die in eine noch magisch denkende Kultur — etwa einen der letzten Indianerstämme — hineingeboren (oder gleich nach der Geburt versetzt) und geformt sind, ist nicht zu erwarten, daß sie die abendländischen Ansätze in sich hervorbringen, aus denen die Physik entstanden ist. Vermutlich werden sie andere Probleme sehen und durch andere Lösungen befriedigt werden als unsere Kinder.

den geschehen wird, und in den, physikalischen Gesetzen *angepaßten*, räumlich begrenzten, Apparaturen geschehen zu lassen, was wir wünschen: Technik im wissenschaftlichen Sinne entsteht. (Daraus wird dann auch die Illusion verständlich, wir hätten damit „die Natur selbst" in der Hand.)
Der Einfall, zu *messen* und Meßbares mathematisch zu verbinden, scheint nun aber den Kindern der vorliegenden Sammlung nicht so nahe zu liegen, wie wir heutigen Erwachsenen leicht glauben können. Daß die Rufe – seien es die des Raben oder die des Vaters – wie Bälle eine *Zeitlang* dahinfliegen, bis sie ankommen: das genügt. Allenfalls erscheint es noch bemerkenswert, daß sie einen davonsausenden Hund *überholen* können (34; 35). Daß „nichts wegkommt", wird kontrolliert, aber noch nicht mit der Waage.
So könnte man meinen, daß in der Genese der Physik hier eine Diskontinuität vorliege. Diese Frage nach der Stetigkeit ist für das Prinzip einer genetischen Didaktik wichtig. Deshalb folge hier ein Beispiel dafür, daß der Übergang zum „Wieviel" und zur funktionalen Abhängigkeit sich *ohne* Sprung, sachlich und konsequent ergibt, wenn auch vielleicht der Weg auf einmal ein wenig steiler wird und eine vorsichtige Hilfe des Lehrers nahelegt. Schließlich *verlangt* das Problem die Messung:
Fast alle Kinder glauben (und nicht ohne Grund), daß die „Tragkraft" des Wassers (der „Auftrieb") mit seiner Tiefe zunehme. Der Lehrer (wenn es kein andrer tut) braucht dann nur auf der Frage zu bestehen, ob das denn „auch wahr" sei. Diese Frage zwingt dazu, einen Stein an einer Schnur immer tiefer ins Wasser einzutauchen, um festzustellen, ob sich dabei an seinem Abwärts-Zug etwas ändert. Erst hält ihn die Hand, dann, um sicherer zu gehen, die dazu erfindbare Federwaage: Keine Änderung, „konstant". Fragt man nun weiter, wodurch denn *dann* der „Auftrieb" bestimmt ist: von der Farbe des Steins vielleicht (Gelächter!) oder seinem Gewicht, seiner Dicke, seiner Breite, seiner Form, so kommt man schon weiter. Man ändert eines nach dem anderen, um zu sehen, *was* nun mit dem „Auftrieb" „zu tun hat". Dann wird gemessen, *nicht* um das Messen zu üben, sondern man *muß* messen, um einen Hinweis zu finden, *woher* denn diese „Tragkraft" des Wassers eigentlich „kommt". Eine Frage, die zwar nicht mehr geradezu „beunruhigt", aber doch das Nachdenken beschäftigt (51; auch 53).
8. Neben dem Drang nach Einordnung zeigt sich in unserer Sammlung noch ein ganz andersartiges Verlangen, das ebenfalls dazu führt, Physik zu entdecken: die Lust, der Einfall, es möchten Dinge „gehen", die dann offenbar doch nicht gehen. Warum sollte man nicht (5) einen Wagen auch von innen davonschieben können?! Dieses Bemühen bringt Erfahrungen, denen sich später gewisse Grundsätze der Mechanik abgewinnen lassen.

Technische Träume entdecken ihre physikalischen Grenzen und Möglichkeiten.
Daß nur das eine Kapitel V technische Bemühungen bringt, darf nicht zu dem Schluß verführen, daß Erfindungen den Kindern ferner lägen als Entdeckungen von Zusammenhängen zwischen Naturphänomenen. Nur war „Kinder auf dem Wege zur Technik" nicht mein eigentliches Thema, und das wußten die Zubringer meiner Geschichten.
Daß mir keine einzige Erfindung eines „perpetuum mobile" erzählt wurde (ich hätte sie zweifellos aufgenommen), mag Zufall sein oder daran liegen, daß solche Entwürfe meist in späteren Jahren, nahe der Pubertät, aufkommen. Sie sind dann gar nicht selten und eröffnen einen sehr günstigen Zugang zur Physik.
9. Mancher Leser wird Zweifel spüren, ob Rückerinnerungen, manche nach Jahrzehnten erst notiert, „auch noch stimmen". Ob der Erwachsene nicht, ohne es zu wissen, „etwas dazutut" oder wegläßt, „ausschmückt", „stilisiert"? Auch EINSTEIN spürte diese Unsicherheit: *„Ich erinnere mich noch jetzt – oder glaube mich zu erinnern – ...*" (24), und hält es doch für wichtig, das Erinnerte zu erzählen.
Es wird genügen, kritisch zu sein und doch überzeugt: *„es* ist etwas daran." Und welchen anderen Zugang gibt es, welchen besseren Führer, als das alt gewordene Kind selbst, um uns in den Eingang der verschatteten Höhle blicken zu lassen, aus der wir jeder kommen? Und wenn wir einmal viele rückblickende Aufzeichnungen verschiedener Beobachter haben, werden wir Gemeinsames herauslösen können.
10. Man kann auch einwenden, manche der Deutungen, die ich einigen Originalberichten angefügt habe, seien nichts als Vermutungen, unexakt, nicht nachprüfbar, kurz: nicht „wissenschaftlich".
Ich weiß. Sie wollen auch nichts anderes sein als vorläufige Gedanken, die man sich macht und ausspricht wie zu einem zweiten Erwachsenen, der mit dabeisteht und den Kindern zusieht und zuhört. Jeder Leser wird ohnehin seine eigenen Gedanken haben.
Wer das Spontane studieren will, wird zunächst auf Eingriffe verzichten und wissen, daß er auf Vermutungen angewiesen ist. Verfrühte „Hilfen", vorzeitig zugeschobene Strukturen lassen leicht das fließende Denken in den Marsch durch das Nadelöhr vorgeplanter Lernschritte verfallen.
Man wünschte sich weit mehr Material dieser Art, mehr Eltern, die sich die Zeit und Besinnung bewahren, um im Vorbeirauschen des Alltags die Lichtblitze des spontanen Denkens ihrer Kinder zu bemerken und ohne Aufschub niederzuschreiben.
Ich danke den Müttern, Vätern, Geschwistern wie den erwachsen gewordenen Kindern, die mir diese Geschichten erzählt haben.

I. Noch nicht Physik

1. Guter Mond

Nach dem Bericht des Vaters:

„Mutti, warum geht der Mond so 'rum?" Die Mutter: „Daß er in jedes Bett schauen kann."

Das ist eine weise Antwort an den Dreijährigen. Hier sind „warum?" und „wofür?" noch eines („pourquoi"), und der Mond ist noch kein Gegenstand der Himmelsmechanik.

2. Lautsprecher

Verwandtenbesuch. Derselbe Lutz, dreijährig, redet immerfort. „Sprich doch nicht so laut!" sagt der Onkel. – Lutz (schelmisch): „Ich bin doch ein Laut-spre-cher!" – Onkel, leicht drohend, knipst ihn am Arm: „Dann dreh' ich dich *ab!*" – Lutz, nah am Weinen, mit bittenden Gebärden: „Bitte, dreh mich wieder an! Bitte, dreh mich wieder an!!"

Da das Radio für ihn etwas wie er selber ist, so kann auch er in eines verzaubert und gebannt werden (wie die Odysseus-Gefährten in grunzende Schweine). So kann man ihn auch abstellen. – Ein wenig Schrecken mehr, und er wäre wirklich stumm geworden, bis ihn einer wieder angedreht hätte. Niemand würde dann behauptet haben, Magie sei nichts „Wirkliches" (im Gegensatz zur „einzig wirklichen" physikalischen Verursachung).

3. Komm!

Der Vater berichtet:

„Einmal rief Uwe (zweieinhalb Jahre alt): ‚Buntstifte komm! Sollen kommen!' Als ich sagte: ‚Die haben doch keine Füße', meinte er: ‚Ach, die rollen doch!'"

Vermutlich ist hier das Wort „rollen“ betont. Der Vater meint, indem er die Füße erwähnt, doch wohl: „die leben doch nicht!“ Aber Uwe, der noch nicht „lebendig“ und „unbelebt“ trennt, will etwa sagen: *Wie* sie's machen, ist doch egal! Wir laufen auf Füßen, und die rollen halt!

4. Wieder eins werden wollen

a) Bericht der Großmutter:

„Die viereinhalbjährige Enkelin sagt, wenn sie in den Schluchsee steigt: ‚Das arme Wasser!‘ (Wir glauben, weil sie meint, es tut ihm vielleicht weh.) – Sie ruft auch: ‚Komm mal Himmel; komm mal Mond!‘“

b) Aus den Aufzeichnungen einer Mutter. Sie schreibt über den Sohn, vier Jahre elf Monate alt:

„Das Meer hat einen ungeheuren Eindruck auf ihn gemacht. Wie wir am Abend auf unserer breiten Mauer sitzen und über die brausende Brandung weit hinausschauen, sagt er ganz melancholisch: ‚Ich will Meer und Wasser werden –‘ Und, sich in sein Schicksal ergebend: ‚Aber der liebe Gott hat einen Sohn aus mir gemacht.‘“

Diese Geschichten gehören wohl zusammen. Die beiden fast Fünfjährigen stehen hier erst ganz am Anfang des Weges zur objektiven Welt der Physik, und sie zögern noch, sie haben Heimweh.
In ihren Ausrufen ist das frühkindliche Verhältnis zur Welt noch zu spüren und kommt schon zu Wort. Die Welt, alles „das da“, ist so etwas, wie wir selber sind. Kommt man ihm zu nahe, so kann man ihm weh tun. Anderes ist fern, und man möchte es gern bei sich haben, ja mit ihm einswerden.
Aber das Eins-Sein gelingt schon nicht mehr. Ein sich ablösendes Draußen findet nicht mehr den Rückweg. Die „objektive Außenwelt“ hat begonnen, uns unter Schmerzen auszusetzen. Der Mensch erkennt sich als anders, als „Sohn“ einer anderen Ordnung.
In anderen Situationen denken Kinder dieses Alters schon physikalisch. Und umgekehrt fühlt auch der Erwachsene noch oft so wie sie. Der Dichter darf es laut sagen.

II. Ordnung und Zuordnung

5. Mond-„Phasen“

Bericht des Vaters:

„Unser Lorenz (eineinhalb Jahre alt) hat übrigens eine erstaunliche Affinität zum Mond; jeden Abend ist eine ausgiebige Mond-Kontemplation erforderlich. Im hohen Sommer (1966), als der Mond ganz matt und licht noch am hellen Himmel stand, bekam er ihn zum erstenmal gezeigt – eine runde Fläche, sich nur schwach vom hellen Himmel abhebend; und er sagte: ‚Nabel.‘ (Das war das einzig Ähnliche, was er schon kannte: rund, klein auf weiter Fläche; im Fremden das Vertraute.)“

Fortsetzung im Herbst:

„Lorenz, eindreiviertel, am Sonntag um 17.30 – es dämmert – sieht auf dem Oberfeld auf einmal hinter sich über dem Wald den Mond, matt schimmernd: erfreuter Ausruf: ‚Mond hat Licht an.‘
Nabel ist vorbei! Die Entdeckung ‚Licht an‘ ist jetzt dran. Bei den Straßenlampen, den Autos, so auch hat der Mond Licht an.“

Ein Unverständliches verstehen heißt bei den ersten Schritten der Wissenschaft: ein Anderes, Vertrauteres finden, das mit ihm „zusammenhängt“, ihm verwandt ist; heißt: einen Fremden bei näherer Betrachtung als einen „alten Bekannten“ wiedererkennen[1]. (Dieses Vertraute kann wechseln: Dualismus Welle-Korpuskel: Licht- und Wasserwelle, Licht- und Wasserstrahl.) Verstehen ist relativ.

6. Immer dicker, immer später

Frau W. erinnert sich ihrer Kindheit:

Sie mag damals ungefähr fünf Jahre alt gewesen sein. Sie hat gemerkt, immer gegen Abend, daß der Mond jeden Tag später aufgeht, und sie hat auch gesehen, daß er dabei zunimmt. Dann hat sie gedacht: Wie kommt das? Hängt beides

[1] E. MACH, Beschreibung und Erklärung, in: Populärwissenschaftliche Vorlesungen, 5. Aufl., Leipzig, 1923, S. 411—427, insbes. S. 413.
M. SCHLICK, Allgemeine Erkenntnislehre, Berlin, 1918, S. 97.

zusammen? Kommt der Mond vielleicht deshalb immer später, *weil* er immer dicker wird, immer schwerfälliger? Genau wie Elise, die Köchin; je dicker sie wurde, desto schwerer und langsamer kam sie die Treppe herauf.

Sie sah also beides: das Späterkommen des Mondes und sein Zunehmen. Und sie brachte diese beiden „Veränderlichen" in einen kausal-funktionalen Zusammenhang. Damit gelang es ihr, das eine aus dem anderen zu „verstehen" durch Vergleich mit einer anderen, ähnlich gearteten Abhängigkeit, die ihr vertraut war.

Ein Blick auf unsere Abiturienten fällt trübe aus. Sie sehen am Himmel fast nichts mehr. Der Mond ist für die meisten von ihnen kaum mehr als ein gelegentliches Himmelsrequisit, manchmal da, manchmal nicht, meistens unvollständig. Ein unzuverlässiges Gestirn. (Aber die zuständigen Fachleute werden darüber zweifellos Bescheid wissen.)

III. Wiederholbarkeit

7. Fallen lassen

Der unvergeßliche kleine zweijährige Italiener-Knabe Claudio, mit blonden Haaren und dunklen Augen. Er steht auf der Kiesterrasse und entdeckt, daß es Dinge gibt, die sich wiederholen lassen und uns so lehren, daß wir der Welt vertrauen dürfen. Tief versunken und unglaublich ernst hockt er sich nieder, füllt beide Hände mit den hellen Kieseln, steht langsam auf, den Blick auf die Hände gerichtet, daß nichts verlorengeht, und öffnet sie dann langsam: Von selber fallen die Steine zur Erde, und immer wieder: Er wird nicht müde, es immer wieder zu tun, es in Frage zu stellen, herauszufordern, sich von neuem bestätigen zu lassen; ja, es zu üben, es aus-zu-üben, was er sucht und braucht: Verläßlichkeit. Das Lächeln verläßt ihn zuletzt nicht mehr, und jedesmal, wenn „es" wieder gelingt, hebt er seinen dunklen Blick zu mir herauf, als wollte er sagen: Hast du es *auch* gesehen? Was ich kann? Was ich tun lassen kann?

Sprechen konnte er noch kaum. Und zu sagen brauchte auch ich nichts. Ganz allein machte er die uralte Grunderfahrung, aus der schließlich einmal Naturwissenschaft hervorbrechen sollte: Ordnung, Wiederkehr, Voraussagbarkeit ist – unter Umständen – in unsere Hände gegeben.
Bald wird Claudio nicht mehr staunen. Er wird sich gewöhnen. Es wird ihm selbstverständlich werden, daß man „wohnen" kann in dieser Welt. Er wird nicht mehr fragen, nicht mit Blicken, nicht mit Worten: Warum fallen die Steine?
Aber es kann sein, daß er nach vielen Jahren wieder dahin kommen wird, in ganz anderer Weise: Er wird vielleicht Physik gelernt haben: Sie beginnt zwar mit dem Verwundern über das Ungewöhnliche, aber sie gewinnt das Staunen über die gewohnte Ordnung zurück.

8. Versteckspielen

Café-Nischen, halbhohe Zwischenwände. Ein Kind, zwei Jahre alt, sitzt drüben, ich hier. Wenn es sich reckt, lugt es gerade in meine Augen, und ich sehe seine. Wenn es zusammensinkt, sieht es fast nichts mehr von mir. Es „visiert" und guckt, ob es immer wieder so ist, ob er immer wieder da ist? Immer auf dieselbe Weise ist er weg, und immer auf dieselbe Weise kommt er wieder! Alles in Ordnung, denkt es wohl. Es stimmt wieder. Es lächelt nicht einmal: Es meint gar nicht mich, es meint das Wieder-Auftauchen. – Ernst wendet es sich wieder seinem Kuchen zu.

Beiden Geschichten gemeinsam ist das Wieder-holen-Können. Es geht etwas weg – die Kiesel aus der Hand, der Fremde hinter die Wand –, aber es liegt in unserer Macht, sie wieder-kommen zu lassen. Was man immer wieder-holen kann, das ist „in der Ordnung" (der Kausalität). Genauso verlangt der Physiker von einem richtigen Experiment, daß es immer wieder „geht" und daß immer dasselbe dabei herauskommt (übrigens auch: ohne Ansehen der Person, die es macht). – Siehe auch Geschichte 57.

IV. Die Suche nach dem Bleibenden („Erhaltungs-Sätze“)

So nennt man Aussagen der Physik, in denen festgestellt wird, daß eine meßbare Größe gefunden werden kann, die während eines gewissen Prozesses unverändert bleibt. So gibt es den Satz von der Erhaltung der Masse und den Satz von der Erhaltung der Energie. Die vorwissenschaftliche Form dieser Sätze ist die Überzeugung: Es kommt nichts weg. (Und umgekehrt: Ex nihilo nihil fit: Aus nichts wird nichts.)

9. Umgießen

Molkerei. Die Frau mit dem zweijährigen Kind, die vor mir dran war, ist fertig. Aber das Kind will nicht weg. Die kleinen Hände liegen auf der Thekenkante, und es guckt auf meine Plastikflasche, die von der Verkäuferin schon mit Milch aus der Glasflasche gefüllt wird. Es blickt gebannt. „Was guckst du denn?“ fragt die Mutter verwundert. Wird sie das Kind abreißen und mitschleppen? Aber sie ist eine gute Mutter, auch da, wo sie vielleicht nicht versteht. Das Kind ist „ganz weg“. Es läßt kein Auge von der hochgehaltenen, sich langsam mit der weißen Milch füllenden Flasche. Erst wie sie überläuft, ist auch das Kind gefüllt und löst sich von der Theke ab, zufrieden, wie eine reife Frucht, und trottet mit der Mutter hinaus, bereit zu Neuem.

Was hat es nun gesehen in seiner tiefen, tiefen Aufmerksamkeit? Daß das hinüberfließt? Wie man aufpassen muß, daß nichts danebengeht? Langsam die gießende Hand neigen, die andere ruhig halten, immer draufschauen? Und die Flasche ist durchsichtig: wie sie da steigt, die weiße Milch! Und gerade wie sie voll ist, wird die andere leer. Fertig, aus!

Das ist in Ordnung, wird das Kind gedacht haben. Wieder etwas, das stimmt. Sehen wir weiter.

Diese Geschichte ist vorangestellt, weil bei solchem Übergießen das Kind vielleicht ein Vorbild gewinnen kann dafür, wie etwas schwindet und dafür anderwärts aufkommt, ein bißchen anders in der Form (hier der Flasche), aber doch ungemindert an Menge. Vermutlich würde das Kind es gern sehen, wenn die Milch wieder in die erste Flasche zurückgegossen würde; und ob es dann wieder stimmt? (Es kann sein, daß bei solchen Spielen sich der Begriff des Volumens als eines von der Form unabhängigen Quantums vorbereitet.)

10. Wo ist es geblieben?

Konrad, 2 Jahre, 5 Monate (nach den Aufzeichnungen der Mutter [2]):

„Wo ist jetzt der Tag?" – Konrad (Butz) ist größer geworden. „Und wo is' jetzt der kleine Butz?" – Tomatensauce. „Und wo sind jetzt die Tomaten?" – Ausgeschlafen. „Und wo is' jetzt das Schlafen?"

Die Sprache verführt uns dazu: Tag, Butz, Tomaten, Schlaf alle gleichermaßen als Dinge zu bedenken, die ein „Wo", einen Ort haben. Bei Konrad ist nicht ausgeschlossen, daß er das schon merkt und schelmisch damit spielt. – Dasselbe bei Lutz:

11. Das Dunkel

Bericht des Vaters:

Lutz, dreijährig, morgens nach dem Aufstehen, spontan: „Wo geht das Dunkel hin? In die Erde."

Lutz wird noch nicht dafür zu haben sein, daß das Dunkel eigentlich nichts sei, oder gar ein Negativum, das Fehlen des Lichtes. Denn da er die Dunkelheit fürchtet, so ist sie gewiß etwas Wirkliches. Und wenn sie morgens weicht, so muß sie irgendwo bleiben, denn: nichts kommt weg. Sie geht, so denkt er, wohl in die Erde; dort gehört sie hin, denn die Erde ist immer dunkel, ist die Heimat des Dunkels.

12. Das Weg-Radierte

beschäftigt viele Kinder:

a) Brief des Vaters:

Marcus ist 2 Jahre alt. „Ich male etwas vor, radiere es weg, und er ruft entsetzt: ‚Weg! Weg! Machen! Machen!' Male ich es wieder, ist die Freude um so größer."

Das Verschwinden erregt „Entsetzen".

---

[2] S. MERTEN, Das Forschen eines Kindes, in: Neue Sammlung 4/1970, S. 427—436, hier 428.

b) Bericht des Vaters:

Lutz, dreijährig, sieht zu, wie die Bleistiftschrift, vom Vater wegradiert, verschwindet: „Vati, wo geht das hin? Geht das in' Gummi?" – Der Vater deutet auf die Krümel. Lutz versteht, zufrieden: „Das geht in die Krümel."

Er ist dem Satz von der Erhaltung der Dinge auf der Spur. Alles bleibt irgendwo, auch wenn es *nicht* wiederkommt (wie oben, bei Marcus). Nichts ist „weg", es geht nur einen „Weg", anderswohin.

c) Konrad, 5 Jahre, 3 Monate, Aufzeichnung der Mutter[3]:

„‚Wie geht das, daß, wemmer so reibt mit dem Radiergummi, daß das Gemalte dann weggeht?' Ich versuche, es ihm zu erklären, und sage, ich hätte das vorher noch nie überlegt. ‚Soso, Susi, das haste dir noch nit überlegt? Meinst, das wär egal, ob mer das weiß? Egal is es nit. Wenn's egal wär, und wenn's niemand überlegt hätt, dann hätt auch niemand erfinden können. daß mer den Radiergummi fürs Radieren brauchen kann.'"

Konrad ist nicht mehr erstaunt. Er will schon das Genauere wissen. („Wie geht das?") Aber bei diesen Erwachsenen ist nicht viel zu holen. Gedankenlos benutzen sie die Erfindung, ohne sich noch der Entdeckung zu erinnern, aus der sie doch gekommen sein muß.

13. Schwere Musik

Frau W. erzählt aus ihrer Kindheit – vor 1914 – von einem Familienausflug, als sie vier oder fünf Jahre alt war:

Im Matrosenkleid, mit heißem Kopf unter dem „Florentinerhut" marschiert sie mit den Erwachsenen über die sonnigen Felder. Die Mutter ist besorgt, aber die Tante sagt: Es geht ihr noch gut, sie spielt ja noch Mundharmonika!
Das Kind weiß es anders: Die Harmonika hat in der Kleidertasche so schwer gezogen. Nun läßt das Kind ein paar Melodien heraus, damit es leichter wird. – Das ist so, als wenn man einen Käfig mit Küken aufmacht und ein paar entwischen. Ebenso leicht lösen sich die Töne aus dem Instrument. Dann ist der Käfig nachher leichter. Nicht also tut das Kind die Melodien hinein in die Harmonika. Sonst könnte man ja *jede* herausholen! Das kann man aber nicht. Es sitzen welche drin, und man läßt sie heraus. Manchmal wollen sie nicht recht. Aber man kann sie locken.

Auch als das Mädchen später vierzehn Jahre alt ist, glaubt es insgeheim noch ein wenig daran. Mindestens dies: daß es einmal mit den Melodien ein Ende haben könnte; oder doch, daß die Harmonika sich zwischendurch

[3] S. MERTEN. a.a.O. S. 432.

ausruhen müßte, so wie man beim Blumengießen manchmal der Zisterne Ruhe läßt, bis das Grundwasser langsam wieder eindringen kann. So steigen auch die Lieder von unten wieder nach.

Und wie das Körbchen leichter wird, aus dem man die Kirschen holt, oder wie man spürt – in der Schule –, wie schwer der Kopf noch ist, wenn man nicht weiß, wonach man gefragt worden ist, und wie ihm dann leichter wird, wenn es einem eingefallen ist, und man hat es herauslassen können: genauso wird auch die Harmonika leichter, wenn die Melodien herausgekommen sind.

Umgekehrt wie bei der schwindenden Schrift (12) ist hier nicht die Frage: „Wo geht es hin? Wo bleibt es?", sondern: „Wo kommt es her?" – Und, so erfährt es das Kind (wie der Dichter): Es kommt nicht aus ihm. Es kommt aus der Harmonika und läßt sie leichter zurück. Denn, was etwas *„ist"*, das hat auch Gewicht.

Der Physiker wundert sich natürlich über so etwas. Er wunderte sich ja auch, als EINSTEIN fand, daß der warme Stein etwas mehr wiegt als der kalte und der fliegende mehr als der liegende, und glaubte es dann doch. (Und welcher Laie würde, nach soviel Fortschritt, noch verblüfft sein, wenn er eines Tages als Neuestes erführe, daß ausgelesene Zeitungen an Gewicht verloren hätten!)

Etwa um dieselbe Zeit fuhr sie mit ihren Eltern den Rhein hinunter, auf einem Vergnügungsdampfer, und als die Bordkapelle einsetzte, hing sie sich rasch über das Geländer und guckte an die Wasserlinie in der Überzeugung, das Schiff müsse sich heben in dem Augenblick, da die Musik aus ihm herausstieg. – Sie war stumm enttäuscht; die Eltern wunderten sich über sie.

Niemand weiß, auch sie selber heute nicht, ob sie erwartet hätte, das Schiff im Laufe des Musikstückes immer höher steigen zu sehen. Vielleicht wurde der Schock des Einsatzes als besonders schwerwiegend empfunden. (Wie bei der elektromagnetischen „Induktion".)

14. Der Wind

Eine Fünfunddreißigjährige (Frau W.) erinnert sich aus der Zeit, da sie sieben war, wie sie nachgedacht hatte über die Frage:

„Was tut der Wind, wenn er nicht weht?" Die Erwachsenen bemühte sie lieber nicht. Sie fragte in ihrer geheimen Ecke die Gestalt ihrer Phantasie, ihre „eingebildete" Begleiterin, die dort wohnte, in der Wand. Die unsichtbare Freundin sagte es ihr unhörbar: „Wenn er schlafen möchte, dreht er sich mit seiner langen Schleppe im Kreise, immer langsamer, und legt sich unter den Busch. Unter jedem kann er liegen."

Die Frage nach dem Wind ist viel schwerer als die nach dem Dunkel. Denn „der Wind" ist tätiger als „das Dunkel". Er erscheint in unserer Sprache als ein Täter[4]. Es genügt nicht, daß er „da ist": „Der Wind weht", er windet. (So wie der Regen regnet. Das Dunkel dunkelt – dies sagen wir schon nicht.) Er *tut* noch einmal, was er eh' schon *ist*. Deshalb ist es doppelt schwer zu wissen, was er tut, wenn er nicht ist. Es ist kein Ausweg zu meinen, er sei weggeweht anderswohin. Zu schnell „legt er sich", und zu geschwind hat er sich wieder „erhoben". Man sieht es zuerst an den Büschen: Dort muß er wohl gelegen haben, dort muß er geblieben sein.

15. Die Neugeborenen

Nach dem Bericht ihres Lehrers:

Zehnjährige, Sextaner, während der Rast auf einem Schulspaziergang, umlagern ihren Lehrer, von dem sie wissen, daß er „Physik gibt": „Ist es wahr, daß man den Erdball wiegen kann?" – „Ja, das kann man, ganz genau!" – Staunen, Schweigen, Weitergehen. – Nach einer Weile ruft plötzlich einer: „Das kann nicht stimmen!" – „Was?" – „Das mit der Erde!" – „Warum nicht?" – „Weil immer neue Kinder geboren werden!"

Schwer zu sagen, was er dabei gedacht hat. Meinte er etwa, daß die kleinen Kinder doch eine Ausnahme machten, indem sie aus dem *Nichts* kämen? Oder glaubte er, was wir von den Meteoriten[5] wissen, daß sie vom Himmel zu uns heruntergebracht würden?

16. Die Toten

Eine Fünfeinhalbjährige malt das düstere Gegenbild (Bericht des Vaters):

„‚Die Welt wird immer höher und höher, bis an den Himmel.' Begründung: ‚Ja, wenn die vielen Leute sterben und dann eingegraben werden ...' Sie hatte am Tag vorher einen Friedhof besucht."

---

[4] Vgl. HELMUT GIPPER, Die Kluft zwischen muttersprachlichem und physikalischem Weltbild, in: Physikalische Blätter, 1956, Heft 3, S. 98.
[5] Etwa zehntausend Tonnen täglich (Physikal. Blätter, 11/1961, S. 544).

Diese beiden Geschichten zeigen wieder einmal: sobald man an das Welt-*ganze* denkt, wird alles problematisch.

17. Zwei Fälle, bei denen es schwer ist zu sehen, daß etwas erhalten bleibt

a) Bericht des Vaters:

„Volkmar (dreieinhalb) hilft der Mutti beim Bügeln und legt die Wäsche zusammen. Als er ein verhältnismäßig großes Stück bekommt: ‚Das ist zu schwer, das muß ich erst noch zusammenlegen.'"

Da der Vater hinzufügt: „als ob es dadurch leichter würde", darf man wohl annehmen, daß Volkmar nicht gemeint hat: schwer zu hantieren. Wenn diese Deutung stimmt, dann zeigt sich hier spontan, daß die Schwere eines Gegenstandes als nicht unveränderlich empfunden wird, sondern als abhängig von seiner „Größe". Durch Falten wird's, wie man sieht, weniger: Volumen, sichtbare Fläche, Gewicht werden noch nicht unterschieden (vgl. PIAGET).

b)

Während Volkmar noch zu jung ist, zu bemerken, daß das Gewicht des Wäschestücks erhalten bleibt, ist im folgenden Bericht weder dem Achtjährigen noch dem nicht unterrichteten Erwachsenen erkennbar, daß auch hier etwas dasselbe bleibt.
Eine Studentin erzählt von ihrem achtjährigen Bruder:

„Er spielt mit Teilen seines Märklin-Baukastens, wobei er einen langen Träger auf allerlei Weisen in die Balance bringt. Nach langem Spielen: ‚Wenn ich *das* auf der einen Seite immer dicker mache und auf der anderen Seite *das* immer länger: dann stimmt's!'"

Diese Formulierung ist noch lebendig und ungenau. Es ist ein weiter Weg von ihr zu der Formel des Hebelgesetzes „Kraft mal Kraftarm gleich Last mal Lastarm". *Sie* ist präzis. (Aber tot, wenn sie nicht aus der ersten heraus erweckt worden ist.) Wir suchen so lange, bis wir einen Begriff konstruieren können, der unseren Wunsch erfüllt, auf beiden Seiten des Hebels zwar nicht gleiche Gewichte, zwar nicht gleiche Abstände, so doch irgend etwas zu haben, das beiderseits dasselbe ist, wenn die Schaukel waagerecht steht.

V. Bewegung aus sich selbst? („actio = reactio")

18. Stuhl, vom Insassen verschoben

Bericht des Vaters:

„Uwe (1 Jahr, 10 Monate) wollte sich mit dem Sessel an den Tisch setzen. Der Sessel stand aber etwas abseits. Uwe kletterte darauf, zog oben an der Lehne, um so den Sessel 'ranzuschieben."

19. Festhalten an sich selber

Nach der Erzählung des Vaters:

„Als es laufen lernte, überquerte es zum ersten Male einen freien Raum, in dem nichts war, woran es sich halten konnte wie sonst: kein Stuhl, kein Tisch. Da faßt es – es war nackt – mit der Hand in die eigene Bauchfalte und hält sich so an sich selber fest. Und – es ging."

Hier half der Glaube, nicht die Gesetze der Physik. Werden nicht auch wir selbst wieder zweifelhaft: Warum sollte es nichts helfen, beim Sturz nach links am Bauch den ganzen Leib mit der Hand nach rechts zu reißen? Münchhausen in uns selbst!
Bei ihm, der sich am eigenen Zopfe aus dem Sumpf hob, täuscht uns der lange, wie ein Seil eingefügte, die Hand distanzierende Zopf (anders als der unmittelbare Griff des Kindes in den Bauch) darüber hinweg, daß auch er, Münchhausen, an nichts anderem als an Münchhausen angreift. Daß so etwas nicht hilft, ist eine „triviale Erfahrung" (MACH). (Aus ihr hat NEWTON sein drittes Gesetz, von Kraft und Gegenkraft, herausentwickelt.) Es ist immer ein zweites Ding nötig, an dem man sich abstoßen oder an das man sich heranziehen kann, und es darf nicht der gespannte Zopf sein oder der Stuhl, auf dem man sitzt, da man selbst mit ihnen zu einem *festen* Ding verbunden ist. Aber schon von den *beweglichen* eigenen Händen kann man sich ein wenig abstoßen (wie die fallende Katze von ihrem Schwanz), wirksamer noch, wenn diese Hände, wie die des Seiltänzers, eine Stange halten, die schwer beweglich ist, von großer – sozusagen – Unverrückbarkeit („Trägheit").

20. Wagen, von innen beschleunigt

Herr B. erinnert sich:

„Als es noch Pferdeomnibusse gab, setzte sich ein kleines Mädchen gern ganz vorn in den Wagen und drückte dann gegen die Vorderwand. Beweggrund: Sie wollte den Pferden helfen, die ihr so leid taten!"

Dieses Kind (das schon viel älter sein mag als das des vorigen Berichts) operiert wie Uwe und ähnlich wie Münchhausen (wenn auch nicht so egoistisch): Dem Zopf entspricht das unter ihm herumgreifende Holzwerk des Sitzes, mit Vorderwand, Boden und Rückenlehne. Da aber dieses Gestell nicht, wie der Zopf, dem Kinde angewachsen ist, nur angepreßt, hätte es immerhin ein Mittel gegeben, den Pferden zu helfen: aufstehen, an der Vorderwand sich abstoßen und nach hinten in den Wagen springen; wirksam leider nur für die kurze Zeit des Fluges; denn der schräge Niederfall hätte den Wagen nur um so schmerzlicher zurückgerissen.
Im Auto gibt es Entsprechendes auch heute noch, nur darf das Motiv nicht mehr das Mitleid sein.

21. Auto, von innen geschoben

Bericht des Vaters:

„Wir fuhren im Auto eine Strecke mit Gefälle ohne Motor bergab. Bei nachlassendem Schwung – die Straße stieg nun ganz sachte wieder an – bemüht sich der fünfeinhalbjährige Junge durch Drücken im Wagen die Bewegung zu erhalten. Da will ihm die achtjährige Schwester das Unnütze seines Tuns klarmachen: ‚Das hat doch keinen Zweck! Du kannst doch das Auto nicht schieben!' – Er: ‚Doch, ich drücke doch ganz feste gegen die Rückenlehne, daß sie sich sogar nach vorn neigt, trotzdem der Opa da sitzt.' Sie: ‚Ja, aber du bist ja selbst in unserem Auto. Da hat das Drücken doch gar keinen Zweck!' – Er: ‚Doch, das hat Zweck. Ich habe schon manchmal gedrückt, und das Auto ist über einen Hügel weggekommen!' – Sie: ‚Dann ist es vom eigenen Schwung so weit gekommen. Wenn du nach vorn gedrückt hast, dann drückst du nachher immer wieder zurück. Das hebt sich dann wieder auf.' – Der Junge wollte das nicht einsehen, und das Gespräch setzte sich noch eine Zeitlang fort."

Hier ist Newtons Prinzip „actio = reactio" im Kommen. Das Mädchen ist schon auf der Spur. Auffallend, in seinem letzten Satz, das: „nachher immer wieder". Meint sie, daß Kraft und Gegenkraft einander abwechseln? Daß man, sich vorwärts werfend, schiebt und dann etwas später, zurücksinkend, bremst? Stoß und Gegenstoß?

VI. Drehbewegung

22. Unbegreifliches beim Karussell

Nach dem Bericht von Frau W.:

Als sie vier war, besaß sie ein kleines Spielzeugkarussell. – Sie merkt, daß es außen schnell geht und innen langsam. Das wundert sie sehr, ja, es ist ihr unheimlich: dasselbe Ding, und geht doch zugleich langsam und schnell? – Sie sieht ihm immer wieder zu.

Einmal macht sie aus Knetgummi zwei Männchen und setzt eines außen hin, ein zweites weniger außen und ein Knetgummitier in die Mitte. Sie will sehen, ob sie mitmachen! Sie tun es! – Das ist gut. Es hätte sein können, sie widersetzten sich. Ganz zufrieden ist sie erst später (etwa siebenjährig), als sie an einem Ausflugsort ein richtiges großes Kinderkarussell selber betreten und mitfahren kann. Während die anderen Kinder gerade bei einem Äffchen, also abgelenkt sind, probiert sie es, allein und unbemerkt. Das ist sehr aufregend. Denn wie ein Blitz durchfährt es sie, daß dies „dasselbe" ist: daß sie selbst hier herumfährt wie damals die Knetfigur auf dem kleinen Spielzeug. Sie fühlt sich als das Knetgummiwesen. Sie erinnert sich noch nach Jahrzehnten ihres Herzklopfens: wie es ausgehen würde? Es ging gut aus.
„Wie ein Mantel" fällt nach dieser Klärung die Unruhe von ihr ab. Sie hüpft und läuft davon und mischt sich unter die anderen Kinder.
Dann hat sie nie mehr daran gedacht, bis vor kurzem, nach einem halben Jahrhundert, als sie in eine Küchenmaschine hineinträumte, in welcher eine rotierende Scheibe Karotten zerkleinerte.

Die Männchen sind *mehr* als Knetgummi-*Kügelchen,* sie sind Wesen, die sich widersetzen könnten, wenn hier etwas nicht stimmte. Zum Glück tun sie es nicht, sie machen mit, sie fügen sich. Sie bestätigen das Seltsame als doch „in der Ordnung". (Das Tier in der Mitte: Tiere waren ihr immer wesentlicher als Menschen.) Ganz überzeugt ist sie aber erst, als sie selbst, persönlich, als Mitbewegtes prüfen kann. Später lernt man es, sich in der bloßen Vorstellung „hineinzuversetzen".
Und später schrumpfen auch die wachen Ordnungshüter aus Knetgummi zu den leblosen Massenpunkten des Physikers.
Ein ausgedehnter fester Körper, der verwirrenderweise mehrere verschiedene Geschwindigkeiten in sich hat, wird vom Physiker dadurch zur Raison gebracht, daß ihm eine und nur eine „Winkelgeschwindigkeit" zugeschrieben werden kann, die für alle seine Punkte dieselbe ist.

VII. Bewegen, ohne zu berühren? (Der Magnet)

23. Jakob von Uexküll

Der Biologe Jakob von UEXKÜLL schreibt in seinen Lebenserinnerungen:

„Ich war ein dreijähriger Knabe und saß auf dem Schoß meines Großvaters Boris vor dessen Schreibtisch, der, von einer Lampe beschienen, sich grell vom Dunkel des übrigen Zimmers abhob. In dem Schein der Lampe tauchte hin und wieder das mit Runzeln bedeckte Gesicht eines alten Mannes auf. Aber nicht dieses Gesicht war das Bemerkenswerte, sondern ein gekrümmtes Eisen, das imstande war, ein anderes Eisenstück an sich heranzuziehen, ohne daß sie beide mit einem Faden verbunden waren. – Damals gewann ich die Grundüberzeugung meines Lebens, daß es Wunder in der Natur gibt ... Auch heute noch ist der Magnet für mich ein Wunder.“ [6]

24. Albert Einstein

erinnert sich:

„Ein Wunder solcher Art erlebte ich als Kind von vier oder fünf Jahren, als mir mein Vater einen Kompaß zeigte. Daß diese Nadel in so bestimmter Weise sich benahm, paßt so gar nicht in die Art des Geschehens hinein, die in der unbewußten Begriffswelt Platz finden konnte. (An ‚Berührung‘ geknüpftes Wirken.) Ich erinnere mich noch jetzt – oder glaube mich zu erinnern –, daß dies Erlebnis tiefen und bleibenden Eindruck auf mich gemacht hat. Da mußte etwas hinter den Dingen sein, das tief verborgen war.“ [7]

Es ist nicht ganz dasselbe wie bei UEXKÜLL: Ein zweiter wirksamer Körper ist nicht zu sehen. Aber auch hier zieht „etwas“ aus einer bestimmten Richtung wie an unsichtbarem Faden.

---

[6] JAKOB VON UEXKÜLL: Niegeschaute Welten, S. Fischer Verlag, Berlin, 6. und 7. Auflage 1936, S. 25.

[7] ALBERT EINSTEIN: Autobiographisches, in: Albert Einstein als Philosoph und Naturforscher, W. Kohlhammer, Stuttgart, 1951, S. 1 bis 35.

25. Erstes Gerücht

Bericht des Vaters:

„Arnhild (4 Jahre, 4 Monate): ‚Der Eckhard hat ein Ding, da kann Eisen dran springen.'"

Sie kommt *nicht* auf die Lehrbuchformel: Das „Ding" „zieht das Eisen an". Sie faßt mit dem Wort „springt" schon das berührungslose Wirken durch den freien Raum hindurch. – Sie läßt zwar keinen Zweifel, daß das „*Ding*" schuld ist. Aber indem sie die Aktion des Eisens betont, ist sie schon vorbereitet auf die spätere Einsicht, daß es sich hier (wie immer bei physikalischen „Kräften" – von den Trägheitskräften abgesehen –) um eine Aktion auf Gegenseitigkeit handelt. Ist der Magnet der beweglichere, so springt *er*. Sind beide einigermaßen gleich beweglich, so springen sie *einander* an.

26. Erste Bekanntschaft

Brief des Vaters:

„Lorenz (4 Jahre, 4 Monate) bekam von mir einen kleinen Lastwagen mit Anhänger mitgebracht; der Witz: Statt Haken sind da zwei kleine runde Magnete, die verbinden, Aneinanderkuppeln geschieht magnetisch, der eine Wagen zieht den anderen ein kleines Stück an sich heran. Ich zeige es ihm, wie es geht (törichterweise). Er wiederholt es, zunächst sprachlos, immer wieder; dann lautes stoßartiges Lachen, Jubel, schaut mich dabei an (beim Lachen), strahlend, fassungslos; er betrachtet die Kuppelmagnete immer wieder mal genau, fährt mit dem Finger drüber hin – er sitzt dabei auf meinem Schoß, ich sage fast nichts, er spricht vor sich hin (ich kritzele mit), zuweilen mehr für sich, zuweilen sich nachdrücklich an mich wendend (Pausen dazwischen!): ‚Wie fährt das denn so?' – ‚Merkt der das?' – (Dringlicher an mich gewandt:) ‚Wie fährt das denn da so?' – ‚Das schließt sich dann von selbst zusammen.' – ‚Kann man das auch immer wieder abmachen?' – ‚Das hat da gar kein Kopf, wo's 'reingeht, und wieso fährt das?' – ‚Wo geht das nur so hin?' – Ich: ‚Was meinst du denn?' – Er: ‚Ich mein' gar nix. – ‚Das hat kein Knopf, wo man da drücken muß, daß es sich anhängt. – ‚Gell, in der Fahrt geht das nie auseinander, weil's ja aneinanderbleibt.' – ‚Das war 'n Knüller.' – ‚Daß es so was gibt.'

(Fünf Minuten treibt er was anderes, schreibt ...)
Wiederholt das Aneinanderkuppeln:

‚Warum kann man das denn so lustig aneinanderhängen?'
Plötzlich, etwas leidenschaftlich, rufend (jetzt steht er neben mir): ‚Ich hab' schon

wieder was entdeckt.' (Er zeigt's mir – die Magnete sind schwenkbar, der Magnet kann den anderen auch 'rüberziehen, aus seiner alten Richtung, das probiert er jetzt immer wieder:) ‚Des geht 'rüber, wenn des da steht.' (Glücklich:) ‚Jetzt hab' ich was entdeckt, gell! Jetzt hab' ich auch was entdeckt, gell!'"

27. Magnet-Steine im Eisenstaub

In einem schweizerischen Landerziehungsheim findet der neuneinhalbjährige Chris im Zimmer seiner Lehrerin eine Schachtel, in welcher zwei Natur-Magnetsteine liegen, in Eisenstaub gehüllt. „Magnetische Viecher!" ruft er. (Und wirklich sehen sie aus wie zwei aneinandergeschmiegte hellgraue Mäuse.)
Während er sie untersucht, spricht er zu einem dabeistehenden Zwölfjährigen, dessen beziehungslose Belehrungen über „Elektromagnetismus" er spielend überhört.
Aus den Notizen der unauffällig mitschreibenden Lehrerin:

„Er staunt das Pulver an. ‚Was ist denn magnetisch dran? Haben Sie feine Klebe dazugeschmiert? Sonst würde es nicht zusammenkleben ... Sobald man's von den andern wegnimmt, zerfällt's in den Händen!'
‚Wo findet man die?' – Ich erkläre ihnen, das seien richtige Magnete, wie man sie in der Erde findet. Beifälliges Nicken. ‚Ja, die werden nie leer.'"

Er wundert sich nicht *dar*über, daß der Stein das Pulver anzieht. So etwas kennt er schon. Er staunt, weil das Pulver *in sich* zusammenhält, also ein Korn für das andere magnetische Klebekraft entfaltet, und das nur so lange, wie die Strähnen am Stein festhängen. Streift er sie ab, so werden sie dem „Einfluß" des Magnetsteins entzogen, und „es zerfällt in den Händen". (Man meint, er spräche von einem dahinsiechenden Wesen.)
Warum nickt er so beifällig, so beruhigt, als er hört, der Stein werde, so wie er ist, in der Erde gefunden: „Die werden nie leer"? Er traut wohl der Mutter Erde zu, daß sie ihn versorgt, der aus ihrem Schoß genommen ist. Er weiß noch nicht, daß der einzelne Stein, wenn er lange Zeit und einsam, ohne seinen eisernen Anhang, daliegt, sehr wohl fast „leer" wird. Aber er hat insofern recht, als das magnetische Gestein, solange es beisammen in der Erde ruht, durch die Jahrtausende „sich hält". Er versteht es noch nicht physikalisch. Aber es wäre nicht schwer, ihn das weitere suchen und finden zu lassen.
In den Gymnasien kommt der Magnetismus erst „an die Reihe", wenn die Kinder ein paar Jahre älter sind als Chris. Sehr selten gibt eine Schule jedem Schüler einen Magnetstein (er kostet weniger als zehn Mark) in die

Hand zu unbeeinflußtem, selbständig forschendem Spiel. Es wird vielleicht einmal einer von weitem gezeigt. Eine antiquiert anmutende Relique im Vergleich zu den glänzenden rechteckigen Artefakten, wie sie, noch dazu immer mit verschieden bunt lackierten Enden, den Schulen leider fertig geliefert werden. – Manchmal wird der Magnetismus sogar erst später, als ein Anhängsel an die Lehre vom elektrischen Strom, geboten. Muß er dann nicht vielen Kindern ganz und gar wie Menschenwerk erscheinen?

VIII. Unsichtbares bewegt Sichtbares? (Der Wind)

28. Der Wind aus den Bäumen

Erinnerung von Herrn H.:

„Ich habe für Kindheitseindrücke ein gutes Gedächtnis, das bis in mein drittes Jahr zurückreicht und sich durch einige bedeutsame Ereignisse zeitlich ordnen läßt, insbesondere durch einen Wohnungswechsel, der genau mit meinem 4. Geburtstag zusammenfiel.
Die Frage, woher der Wind komme, beantwortete ich mit einer Verwechslung von Ursache und Wirkung: er kam meiner Meinung nach daher, daß sich die Bäume bewegten.
... bin ich natürlich irgendwann einmal von der kindlichen Theorie abgekommen. Ob ich jemals beides zugleich geglaubt habe, daß die Bäume den Wind und dieser wieder die Bäume bewege, ist mir nicht erinnerlich. Ich bin in einer Großstadt (Dresden) aufgewachsen, aber wir verbrachten alljährlich die Sommerferien bei meinen Großeltern in Bayern, die ein *Haus am Waldrand* hatten. Möglich, daß ich dort darauf gekommen bin."

Der letzte der drei zitierten Absätze stand in einem 2. Brief, nachdem ich dem Verfasser mitgeteilt hatte, daß diese Theorie, die Bäume erzeugten mit ihren Zweigen den Wind, nicht selten ist, und „ich bilde mir ein", schrieb ich ihm, „daß Kinder, die an Waldrändern aufwachsen, am ehesten zu dieser Meinung kommen können". Ich berichtete ihm auch, daß der „Kausalzirkel"[8] unter den Kindern seine Anhänger hat. (Die Zweige machen den Wind, und der Wind wieder bewegt die Zweige.)
Folgendes mag mitspielen: Hat man einmal aufgegeben, den Wind als eine Art Person zu verstehen, beginnt man also mechanistisch zu denken, so vermag man vielleicht die Luft doch noch nicht ganz körperlich zu nehmen. Als Antreiber ist ein handfester Zweig wahrscheinlicher als sie.

---

[8] K. ZIETZ, Kind und physische Welt, München, 2. Aufl., 1963. S. 51—58. — M. WAGENSCHEIN, Die pädagogische Dimension der Physik, Braunschweig, 2. Aufl., 1965, S. 72.

29. Windmühle

Bericht des Vaters:
Arnhild ist 4 Jahre, 8 Monate alt.

„Arnhild malt gern. Als sie eine Windmühle malte, sagte sie: ‚Eine Windmühle macht Wind.'"

30. Blätter im Wind

Dieselbe Arnhild, jetzt 5 Jahre, 2 Monate alt:

„Ich erzählte Arnhild ein selbsterdachtes Märchen von einem Blatt, das um die Welt reiste und das dabei vom Wind auf ein Auto geweht war. Arnhild: ‚Die Blätter machen doch den Wind! Wie können dann die Blätter vom Wind 'runtergepustet werden?'"

Sie ist also kein Anhänger des „Kausalzirkels" (vgl. 8.1.).

IX. Unsichtbares bewegt sich im Unsichtbaren (Schall)

Um ausnahmsweise einmal gegen die Altersordnung und auch systematisch zu beginnen, mit dem *Ursprung* dessen, das unsichtbar, als Laut, Pfiff, Wort, die unsichtbare Luft durcheilt:

31. Wie ist Pfeifen überhaupt möglich?

Bericht des Vaters: Gabriele ist sechseinhalb Jahre alt.

„Ein Diktum unserer Gabriele, die den ganzen Tag pfeift: ‚Wie kann man eigentlich pfeifen?‘ Meine Frau versucht zu beschreiben: ‚Die Luft macht einen Ton, wenn sie durch ein kleines Löchlein schlüpft.‘ – ‚Aber woher weiß denn die Luft, was für ein Lied ich pfeifen will?‘“

Diese Geschichte will verglichen werden mit jener (13), die im Zusammenhang der „Erhaltungs-Sätze“ angeführt war, aber auch in die „Akustik“ gehört:
Beide Kinder sind nachdenklich über das Instrument, das sie gebrauchen, die Harmonika, den Mund: Die eine glaubt, daß es die Lieder aus der Harmonika nur herausläßt (genauer: herauslockt), und nur das, was als Vorrat darin steckt. Die andre hat das Instrument nicht vor sich. Dafür weiß sie, daß sie selbst bestimmt und macht, was kommen soll, und fragt, „wie man das kann“. Die Auskunft, die sie bekommt, ist ihr schon zu physikalisch. Die Luft ist ihr noch ein Wesen, das erst erfahren muß, was es tun soll. Sie würde verstehen, wenn es ihr gelänge, die Luft und die eigenen Lippen zu objektivieren. Aber es ist schwer, den eigenen Körper zur „Außenwelt“ zu rechnen. Wer von uns Erwachsenen weiß, wie er es macht, zu atmen (was er doch auch „den ganzen Tag tut“) oder zu saugen? (Und gar zu *denken!* Denn auch das Gehirn gehört zur Außenwelt. Woher weiß es das Gehirn, was ich denken will?)

32. Die Wege der Worte

Aufzeichnung der Mutter
Almuth ist fast 6 Jahre alt.

A: „Mutti, du kannst mir glauben: ich kann alles hören was ich sage."
M: „Hm. – Von deinem Mund bis zu deinem Ohr ist's ja auch nicht so sehr weit."
A: „Das geht hier vorn 'raus und geht da gleich 'rein." (2 Finger, jeder vom Mund zu einem Ohr.)
M: „Und was machen wir mit mir? Ich bin doch auch noch da?"
A: „Dann krieg' ich eine Hälfte *hier*her" (zwei Finger in die Ohren), „und du kriegst die andere Hälfte *da*hin" (auch Hände an Mutters Ohr).
M: „Ja, und wenn der Vater auch noch im Zimmer ist?"
A: „Dann krieg' ich eine Hälfte von der Hälfte, und der Vater kriegt die andere Hälfte von der einen Hälfte, und du kriegst die ganz andere Hälfte."

Die Worte sind *gerichtet* an Menschen, die hören. Dorthin gehören sie und gehen sie, nicht an ihnen vorbei ins Leere. – Die „objektivierende" – vom Menschen absehende – Physik ist noch weit.

33. Der Pfiff der Lokomotive

Ein heute Fünfzigjähriger erinnert sich:

„Etwa im siebten Lebensjahr sah ich bei einer Lokomotive einen weißen Rauch aufsteigen und hörte dann viel später den Pfiff. Ich blieb stehen und wartete weitere Züge ab: immer dasselbe. Ich wollte einfach nicht fassen, daß der Schall durch die unsichtbare Luft Zeit brauchte!"

Vermutlich wunderte ihn, daß „die unsichtbare Luft", also ein „Nichts", doch etwas ist, das „aufhalten" kann.

34. Der Ruf des Raben[9]

Frau W. erinnert sich, wie sie vor fünfzig Jahren, als Fünfjährige, draußen vor der kleinen Stadt allein, über einen Raben staunte:

Er saß weit weg auf dem Zaun, rief „rab-rab", und jedesmal machte er dabei eine Verbeugung. Oder vielmehr, und das wunderte sie so: nicht *dabei*, sondern

[9] Ausführliche Darstellung dieser Geschichte in meinem Buch Ursprüngliches Verstehen und exaktes Denken, 2. Aufl., Stuttgart 1971, Bd. I, S. 346—350.

ein bißchen vorher. Holte er da nun Luft, oder – ist sein Ruf nicht „einfach da", sondern kommt durch die Luft herangeflogen wie ein Ball? – Um das herauszubekommen, tat sie etwas Bemerkenswertes: Sie ging von dem Raben weiter weg. Und da dauerte es denn auch länger: die Zeit zwischen der Verbeugung und dem folgenden „rab". – Sie tat noch mehr: und ihr damals achtjähriger Spielkamerad (heute ein Oberst) erinnert sich noch: Sie ermunterte ihn, eine Kippvorrichtung zu bauen, in der das Wasser eines Baches in Stößen überlief; auch hier war es so: Erst sah sie es kippen, dann hörte sie den Schall. Und je weiter entfernt sie stand, desto größer war die Verspätung. – Nun war sie beruhigt und wußte: die hellen wie die dunklen, die Raben- wie die Wasserrufe kommen wie Bälle durch die Luft angeflogen.

Auch für das helle Alter von fünf Jahren erscheint dies als eine ungewöhnliche Leistung. Aber man glaube nicht, daß dieses Mädchen sich schon für eine „Messung der Schallgeschwindigkeit" erwärmt hätte oder gar für einen Lehrgang der Akustik – eines nach dem anderen, am Schnürchen. Jedenfalls: Als ihr später die systematische Physik „nahegebracht" werden sollte, langweilte sie sich „unendlich".
Hier aber, spontan ergriffen vom hier und jetzt Wirklichen, macht sie sogar ein richtiges Experiment. – Der Knabe bei der Lokomotive wartet nur ab und sichert das Erstaunliche durch Wiederholung, ohne, wie es scheint, eine Variation seines Abstandes von der Pfeife zu versuchen. Deutlicher aber als das Mädchen ist er auch vom *Ergebnis* noch verwundert: daß ein Nichts bremsen soll können. Vermutlich lag ihm die (korpuskulare) Vergleichs-Vorstellung eines Balles fern.

35. Der Hund fängt den Ruf

„Die Sache mit dem Raben war lange vorbei. Aber immer noch ging es mir um die Raschheit der Töne. Ich war etwa zehn. Rowdy, der junge Schäferhund, rast über die Philosophenwiesen davon. Päln ruft ihn zurück. Aber Rowdy scheint es nicht zu hören. Er saust noch schneller weiter. Nicht zu gehorchen kommt Rowdy nicht in den Sinn, sowenig wie mir selber. Wo also ist der Ton geblieben? Die fliegenden Ohren haben sich gestellt, und nun glaube ich es zu wissen: Er rennt dem Ruf nach. Der hat ihn überholt, ist ihm aber nur von hinten über die Ohren gefahren; dann, noch immer schneller als der Hund, ihm vorausgelaufen, bis er ermattete und Rowdy ihn hatte. Der kehrt dann gleich um und bringt ihn Päln zurück und ‚lacht', und es geht von vorn los."

Den Ton, der einen von hinten überläuft, den, denkt sie, hört man natürlich nicht. Er hat einen gestreift, aber man konnte ihn nicht aufnehmen. Das tut Rowdy erst, als der Ton nicht mehr weiterkann.
Alle Kinder, auch nicht wenige Erwachsene, glauben, und das ist nur ververnünftig (denn ihnen selbst geht es so, wenn sie rennen, und den Stei-

nen nicht anders, die sie werfen, daß Schall (wie auch Licht) im Laufe seines Vordringens sich verzögert und schließlich einmal vergeht. Denn sie werden ja immer schwächer, denken sie, und wer weit genug fort ist, der nimmt gar nichts mehr wahr von ihnen.

Als Physiklehrer denkt man meist nicht mehr an diese naheliegenden (und ehemals eigenen) Vorstellungen (könnte sie aber leicht erfahren, wenn man die Kinder alles sagen ließe, was sie zur Sache denken). Man mißt (sei es nun an Wasserwellen oder an Schall oder Licht) die Geschwindigkeit, als sei es selbstverständlich, daß sie „konstant bleibt"; man mißt, um sie zu messen, und nicht, um *die Frage* ihrer Konstanz zu entscheiden.

Aber ganz anders als beim fliegenden Stein, dessen Geschwindigkeit *seine* Sache ist, breiten sich *Erschütterungen* aus (bei Wasserwellen, beim Schall und – analog – bei den elektromagnetischen Wechselbefehlen, die im Lichte reisen). Hier ist die Reisegeschwindigkeit eine feste Eigenschaft des *„Mediums"* (des Wassers, der Luft, des „Raumes").

Die Schwächung des Schalles, je weiter er kommt, ist also nicht die Folge eines Erlahmens seiner Laufgeschwindigkeit. Die Ursache liegt bei der Aus*breitung*, dem Sich-*Verlaufen* in alle möglichen Richtungen, ganz gleich ob da jemand steht und hört oder nicht. Für das Kind ist der Ruf des Vaters an Rowdy *gerichtet*[10], und ihm allein läuft er nach. Deshalb denkt das Kind nicht an Ausbreitung in die anonyme Weite, sondern an das Anrufen dessen, der gemeint ist und hört.

(Mit dem Wort „Ausbreitung" ist übrigens noch nicht die letzte Klarheit erreicht: „Die Schallwelle verbreitet sich nach allen Seiten, und so wird die durch die Explosion hervorgerufene Bewegung einer fortwährend wachsenden Luftmenge mitgeteilt. Es ist vollkommen klar, daß dies nicht ohne Schwächung der Bewegung geschehen kann." [11])

---

10 Siehe 32 und S. THIELS Protokoll über den Schall, S. 107 f.

11 JOHN TYNDALL, Der Schall, Deutsche Ausgabe Braunschweig, 1869, S. 12. — Neudruck der Wissenschaftlichen Buchgesellschaft Darmstadt vorgesehen.

X. Scheinbare und relative Bewegungen (Parallaxe)

36. Der spazierende Baum

Aufzeichnung des Vaters:

„Auf der Bahnfahrt nach Dortmund sagt Arnhild: ‚Baum geht dada (spazieren)' (Arnhild ist 1 Jahr, 7 Monate alt)."

Arnhild sieht Bewegung und *glaubt* sie, wie es scheint noch ohne Staunen.

37. Bäume gehen heim

Uwe (dreijährig) wohnt mit seinen Eltern im Odenwald. Das kleine Dorf liegt am oberen Ende eines Wiesentals, wo der Wald es abschließt. Auf den Wiesen stehen Obstbäume. – Der Vater erzählt:

„Uwe darf am Abend mit im Auto fahren. Er sieht die vorüberfliegenden Obstbäume und meint: ‚Gelt, wenn's dunkel ist, gehn die Bäume in'n Wald?'"

Auch Uwe zweifelt nicht, aber er deutet schon, wenn auch nicht physikalisch.
Der Vater machte nur „hm, hm!" – Wieviel mögliche Belehrung vermied er! („Aber! Bäume sind doch angewachsen! Wir woll'n mal halten! Siehst du: Sie stehn!") – Uwe würde sich vermutlich sein Teil gedacht haben: kein Wunder, daß sie erschrocken stehenbleiben, wenn das Auto auf einmal hält! – Die Bäume gehn für ihn nur zur Nacht zurück in den Wald, wo sie zu Hause sind. Sie kehren heim, wie die Familie am Abend.

38. Der Mond läuft mit

Aus dem Brief des Vaters:

„Benno (gerade drei), sagt beim Anfang eines Spaziergangs (und bei klarem Himmel) immer (nach einem fast beiläufigen Blick hinauf), auch fast beiläufig: ‚Der Mond läuft mit.' – Feststellung, Frage, Vergewisserung des Merkwürdigen?"

Fast alle Kinder haben im frühesten Alter ein leidenschaftliches Interesse am Mond, und viele fragen schon ums zweite Jahr herum: „Mutti, warum geht der Mond mit Marcus immer mit?" (Die Mutter weiß es auch nicht.) Ob Benno sich schon langsam daran gewöhnt?

39. Das Schloß geht mit

Aufzeichnung des Bruders (Student):

Ich ging mit meiner dreieinhalbjährigen Schwester auf dem Heidelberger Philosophenweg spazieren und zeigte ihr die Alte Brücke, das Schloß und den Neckar. Als wir ein Stück weiter den Weg hinab gegangen waren, rief sie erstaunt aus: „Das Schloß geht mit!"

Während Arnhild und Uwe nur Bewegung überhaupt sehen, und zwar das Zurückgleiten der nahen Dinge, fällt dieser kleinen Schwester (ebenso wie Benno) etwas ganz anderes auf: das Mitgehen des Schlosses (des Mondes).
Wir wissen, wie das kommt: Auch das Ferne ist rückläufig, nur bleibt es langsamer zurück als das Nahe und scheint deshalb, bezogen auf das Nahe, *mit*zugehen ...
Das ist viel auffälliger, und deshalb zeigt *dieses* Kind schon Staunen. Wie kann ein Schloß mitgehen? (Das ist viel seltsamer als das Mitgehen des Mondes; er ist ohnehin ein rätselhaftes, weil abstandsloses Objekt.) Der tief liegende Neckar begünstigt die Täuschung: Er unterbricht den Übergang des Blickes vom Nahen zum Fernen.
Bisher wurde nur das Zurückbleiben *oder* das Mitlaufen bemerkt. Anders in dem folgenden Bericht:

40. Nah *und* Fern bewegen sich

Bericht einer Studentin vom kleinen Bruder, dreieinhalb:

„Heimweg von den Großeltern:
‚Der Mond geht mit.
Die Bäume laufen zur Großmutter.'"

Hier wird beides gesehen und beides gedeutet, *nicht* physikalisch.

41. „Der Baum ist fortgegangen“

Berichtet von Frau W.:

Sie war jünger als vier Jahre.

Sie sitzt während der Ferien auf der Veranda des Gasthauses. Über eine Wiese hinweg sieht sie den Waldrand: „Dort, allein, eine hohe Tanne. Hinten, *im* Wald, hebt sich eine Eiche heraus. Die zwei gehören zusammen: die Tanne steht gerade vor der Eiche, fast verdeckt sie sie. So ist das immer.“
Bis sie einmal ein Stück auf dem Weg fortgegangen ist (der parallel zum Waldrand läuft) und dann hinübersieht: plötzlich eine Veränderung: „Die Eiche ist fortgegangen!“ Es „wird ihr kalt vor Schrecken“. Sie empfindet den „Baum und auch sich selbst entwurzelt“.
Schnell läuft sie, ohne *einmal* hinüberzublicken, zum Haus zurück: Von dort aus „ist alles wieder in Ordnung“.
Nun geht sie noch einmal auf den Ort des Erschreckens zu, aber ganz langsam und ohne die Eiche je aus dem Auge zu lassen. Sie bemerkt jetzt, wie die Eiche „sich ganz allmählich von ihrem Ort löst“. Es „war also kein Sprung“! „Dies wenigstens nicht.“

Aber damit war die Unheimlichkeit nicht weggenommen. Sie weiß zwar nun, daß sie selbst, ihre Bewegung, „mit im Spiel ist“. Aber „das machte die Sache nicht harmloser“.
„Wie es kommt, das bleibt unbegreiflich.“ Der Beunruhigung hält an. Sie weiß nur: „Wenn ich selbst sitzen geblieben wäre, dann wäre nichts passiert.“
Der Schrecken muß sehr heftig gewesen sein. Trotzdem methodisches Vorgehen nach nahezu naturwissenschaftlichen Grundsätzen:

1. Ist das Phänomen „reproduzierbar“ (wiederholbar)? – Ja. (Fehlt nur: „für Jedermann“.) Sie holt aber keine Zeugen. Niemals hat sie Erwachsene zu Rate gezogen; nur einmal den Hund in die Untersuchung hineingenommen. (Siehe 46)
2. Rettung der Kontinuität. Natura non saltat. „Dies wenigstens nicht.“

1\. und 2. wirken beruhigend. Dagegen nicht:

3. Sie selbst ist „im Spiel“. Ist das Phänomen etwa „nicht objektivierbar“? Das verwirrt und bleibt undurchschaut.

42. Der Mann im Mond geht mit?

Thomas (fünf Jahre alt) geht mit dem Vater spazieren, gegen Abend, in der Ebene. Kiefern. – Aufzeichnung des Vaters:

Thomas: „Siehst du: der Mond geht mit!" (Zerrt heftig an der Hand.) „Jetzt bleib mal stehn!" (Triumphierend:) „Siehst du: Er bleibt! – Aber ich versteh' nicht, woher das kommt, Pappi?!"
Vater: „Schau mal die Bäume an im Wald!"
Thomas: „Ich seh' nichts!"
Vater: „Laufen da nicht Bäume mit? – Schau mal da hinten!"
Thomas (leicht empört): „Nein, da geht keiner mit!" (Triumphierend:) „Die Bäume haben ja keinen *Mann!!* Der Mond, der *hat* doch einen Mann, *der* geht!" (Eifrig:) „Ja, das glaub' ich: Die Bäume, die haben ja keine Beine, da können sie auch nicht laufen." (Sinnierend:) „Aber den Mann hab' ich noch nie gesehen." (Rechthaberisch:) „Siehst du: Die Bäume gehn doch nicht mit." (Hält mich wieder an:) „Jetzt steht er auch wieder –" (Sinniert:) „Das ist der Wind, der den antreibt, der Sturm!"
Vater: „Es geht doch gar kein Wind!"
Thomas: „Doch! *Der* Wind, der saust so in den Ohren, wenn man geht; der ist das!"

Der Mond übertrifft in der Kunst des Mitlaufens alle irdischen Dinge. Jeder noch so ferne Horizont ist noch nahe, verglichen mit ihm, noch ganz vorn vor dem riesigen Abgrund (die Breite des Neckartales ist nichts dagegen), der ihn von uns trennt. (Richtiger: *Daß* sein Abstand so riesig *ist, erkennen* wir daran, daß er so perfekt mitläuft wie nichts Irdisches.)
Vom Mond abgesehen: Die Unterhaltung mit Thomas ist sehr reizvoll und interessant:
Vermutlich meint Thomas, daß der Mond eine Art Person ist, da der ja einen Mann in sich hat, den „Mann im Mond", und also gehen könne, wie halt Männer können. Die Bäume haben keine Männer, wie man sieht. Auch sind sie – hier übertrifft Thomas den Uwe aus Geschichte 37 an Realismus – festgewachsen. Während, denkt er vielleicht (wie Lutz in Geschichte 1), der Mond ohnehin „so 'rumgeht". – Zum Schluß scheint Thomas ein wenig physikalisch angeweht zu sein: Er erwägt mechanische Ursachen: den Wind. Kein Wunder, daß er, überstürzt vom Denken, *den* Wind wählt, den er selber spürt: den „Fahrtwind". Er durchschaut noch nicht, in der Eile, die Relativität: daß er sich diesen Wind ja selber macht, daß es ein „scheinbarer" Wind ist. Auch die Richtungen verwirren sich ihm: Der Fahrtwind müßte den Mond *zurück*wehen, aber der Mond geht ja *mit.* Wie gut ist aber der Gedanke trotzdem: Thomas hat in diesem Wind etwas gefunden, das nur so lange weht, wie er selber (Thomas) läuft. Und ebenso lang wie Thomas und der Wind läuft ja auch nur der Mond.

Der Wind könnte der Vermittler sein, da er hier sowohl wie auch anderswo (weit entfernt) sein und wehen kann.
Thomas zweifelt, denkt, variiert (indem er wechselnd läuft und steht), er vergleicht (Baum und Mond), er bildet Theorien und springt unbekümmert aus dem magischen Denken (an den Mann im Mond) ins physikalische Argumentieren (mit dem Fahrtwind): ein beweglicher, vordringender Geist.

43. Der Mond läuft mit den Autos

Aus dem Brief des Vaters (Mathematikprofessor):

„... unser Zweiter, heute fünfeinviertel Jahre alt, der zugleich unser ganz scharf beobachtender Wissenschaftler und unser Dichter wird. Von ihm stammt dieses, garantiert authentisch:
Wir sehen eine große Mondsichel im Himmel hängen, gerade beim Zubettgehen: ‚Oh, das sieht aus wie ein lächelnder Mund.'
Zehn Minuten später ist zu unser aller Erstaunen die Sichel verschwunden, untergegangen (der Mond hing sehr tief, darum war auch die Sichel so groß). Alle sind erstaunt, und niemand weiß sich das zu erklären, bis der Kleine plötzlich ausruft: ‚O ja, ich verstehe, ich weiß, warum – ein Auto hat ihn weggezogen' – ??? ‚Ja, doch – heute nachmittag sind wir mit der Mama im Auto gefahren, und ich habe ganz genau gesehen, der Mond bleibt immer ganz neben dem Auto – es ist wie ein Magnet.'"

Also – das Auto zieht den Mond mit quasi-magnetischen Kräften nach sich oder, besser gesagt, führt ihn mit sich (und das ist ja wirklich so, das kann ja jeder beobachten!). Und das Verschwinden des Mondes kommt eben davon, daß ein Auto ihn auf diese Weise weggezogen hat.
Ist das nicht ein hübsches Beispiel kluger und raffinierter kindlicher Theoriebildung?"

Das ist es. Und wie leicht wird derartiges als törichtes, phantastisches Gerede eingeschätzt.
Erfahrung ist es, daß der Mond hinter dem Horizont mitlief, als man Auto fuhr. Er tat es nur, wenn das Auto sich bewegte. Das Auto ist also die Ursache, zumal es seine Anstrengung hören läßt, während der Mond ganz still mitläuft wie ein Hund.
Und nun wird der Mond weggezogen, *ohne* daß unser Auto unterwegs ist? So muß ihn wohl ein *anderes* Auto gezogen haben, das dahinten irgendwo, hinter dem Wald vielleicht, dahinfährt.

Das Kind hat noch nicht bemerkt, und bald wird es soweit sein, daß der Mond nur dann von einem Auto mitgezogen wird, wenn man selbst darin sitzt; daß er dagegen auch dann nachfolgt, wenn man ganz einfach zu Fuß geht. Sein Mitlaufen hat also mit dem Auto garnichts zu tun, nur mit „mir", mit *meiner* Bewegung, mit der Bewegung des „Beobachters".
Wie aber „kommt" das? Eine zweite, eine bessere Theorie ist nötig. Sie wird ihn viel später beschäftigen.
Die Unvollständigkeit seiner Erfahrung hat ihn nicht gehindert, schon seine erste, seine Auto-Theorie zu bilden. *Das Denken kann nicht warten!* Auch unsere, der Erwachsenen, der Forscher Erfahrungen bleiben immer unvollständig. Wir wissen es: Unsere Theorien sind stets vorläufig; werden immer auf Bewährung entworfen.

44. Rechts und links der Eisenbahn

Etwa sieben Jahre alt ist das Mädchen gewesen, dessen Schwester, Studentin, mir das Folgende erzählte:

Sie fahren mit der Eisenbahn. Links sind nahe Waldbäume, rechts weit entfernte Hügel. Das Kind, in der Mitte des Wagens sitzend, guckt bald nach links, bald nach rechts, und verwundert sich: „Da drüben fährt der Zug ja viel schneller als auf der anderen Seite!" (Nicht daß sie eine schalkhafte Bemerkung machen wollte, es war ihr ganz ernst, sagt die Schwester.)

Dieses Kind weiß, daß beide Bewegungen „scheinbar" sind. Es weiß auch schon, daß (physikalisch gesprochen) ein Körper in bezug auf ein starres Bezugssystem nur *eine* Geschwindigkeit haben kann. Hier scheint er zwei zu haben. Das Mädchen ist noch verwirrbar und passiv. Wäre es aufgestanden und hätte rechts wie links aus dem Fenster geguckt, so hätte es auf beiden Seiten Gras und Steine gleich schnell vorüberströmen sehen. Und hätte dann weiter nachdenken können, wie es kommt, daß die fernen Dinge langsamer strömen als die nahen. (Was hätte wohl der Erwachsene dazu gewußt, wenn es ihn gefragt hätte?)

45. Zwischen-Bemerkung

Alle bisher erzählten Berichte des Abschnittes X haben gemeinsam: Eine stetige geradlinige Bewegung des Beobachters hat parallaktische Verschie-

bung zwischen nahen und entfernten Gegenständen zur Folge, die als wirkliche Bewegungen dieser Dinge gedeutet werden.
Die beiden folgenden Berichte sind von etwas anderer Art: Im ersten erscheint die Bewegung des Beobachters unstetig. Im zweiten bewegt nicht er sich, sondern – was relativ dasselbe ist – ein räumlicher Komplex der Außenwelt. Es ergeben sich ähnliche Verkennungen beim Vergleich des Nahen mit dem Fernen wie bisher.

46. Der springende Arm

Nach der Erinnerung von Frau W.:

Es wird in ihrem vierten Jahr gewesen sein.

Sie liegt im Garten auf dem Bauch. Vor ihr die Armbeuge, dahinter Gras und Büsche.
Wenn sie abwechselnd das linke und das rechte Auge schließt, sieht sie etwas, das sie verwundert, ja erschreckt: Der Arm *bewegt* sich, springt hin und her, ganz schnell, ohne doch *selbst* etwas davon zu spüren.
Bewegt er sich wirklich?
„Ich muß genauer hinsehen, ohne daß der Arm es merkt", denkt sie. Sie lauert ihm auf: Ganz langsam macht sie das eine Auge zu, während das andere aus einem schmalen Spalt hervorlugt und aufpaßt: Immer ist es schon geschehen!
Nun legt sie Steinchen auf den Arm, nicht flache, sondern kleine, rundliche, in der Farbe licht. (So wie die leichten Sommerkleider sind: weiß, rosa, hellgelb, lichtblau. Denn satte Farben sind schwer.) Diese Steinchen, kalkuliert sie, müßten bei der leisesten Bewegung abfallen. Sie tun es nicht.
Auf der Suche nach feineren Prüfungen fällt ihr Mömö ein, der Spitz der Familie, ihr Freund. Seine feinen schwarzen Haare gehen beim leisesten Wind in die Höhe. Auf die achtet sie nun, nachdem sie Mömö auf ihrem Arm untergebracht hat: Nichts! Nichts hat sich gerührt. Auch Mömös Gesicht sieht nicht so aus, als sei ihm was geschehen.
(Wenn man ihr glauben darf, ist es ihr auch heute noch nicht ganz geheuer.)

„Parallaxe" nennt die Physik diese scheinbare Verschiebung, meist als Daumensprung praktiziert, wobei die Hand ganz abgestreckt und der Hintergrund weit entfernt ist. Auch das Laufen der Bäume oder des Mondes beim Fahren ist dasselbe, nur daß dabei die Bewegung *stetig* geschieht: Man sieht den Baum, den Mond, in der Zwischenzeit, wie er *unterwegs* ist, wie er von der einen Stelle *hinkommt* zur anderen. Eben das ist bei dem Augenwechsel nicht möglich: erst hier, dann dort, zwischendurch: *nirgendwo.* (Und das ist das Grausige.)
Der Arm selber spürte keinen Ruck. Aber auch „der Beobachter", das

Kind, hat sich nicht bewegt. Es sind eben zwei Beobachter in ihm, in jedem Auge einer. Und der Übergang vom einen zum anderen geschieht sprunghaft. Es ist wirklich schwierig: Das Problem kommt aus dem Widerstreit zweier Sinne: im Arm *kein* Gefühl eines Ruckes, aber die Augen *sehen* ihn springen.
Da das Kind den optischen Charakter des Sprunges nicht durchschaut, verlegt es den Ruck versuchsweise in das Kapitel der Mechanik und prüft experimentell durch das Auflegen der Steine. Offenbar vertraut mit der Beharrungstendenz: Ein jedes Ding will an seinem Ort bleiben. So dürften die Steinchen nicht mitgehen, wenn der Arm sich wirklich verschöbe, und müßten also herunterfallen. (Leichte runde Steinchen rollen leicht. Das hat mit „Reibung" zu tun.)
Das zweite Experiment ist anders: Da lastet ein schwerer Mömö auf dem Arm, drückt sich ein. Entweder könnte er den Ruck durch seine mitgenommene „Masse" erschweren, ja verhindern, oder, da das nicht geschieht, seine Haare müßten im Fahrtwind wehen.
Beide Experimente machen es unglaubhaft, daß der Arm bewegt wird. Aber was ist dann? Ein ungelöstes Rätsel.
Magisches und exaktes Denken durchsetzen sich: physikalisches Experimentieren mit einem Arm, der doch den scharfen Blick des Beobachters *merken* könnte.

47. Herbstblätter im Wind

Frau W. erinnert sich:

Wenn sie als Kind „im Wald vor dem glasblauen Herbsthimmel die goldblinkenden Buchenblätter in Scharen vorübersegeln sah" (fast waagerecht in einem weiträumigen Buchenwald), dann wunderte es sie, „daß die nahen so sausten, sich eilten vorbeizukommen, und die ferneren nur langsam schwärmten". Statt umgekehrt: Die ferneren hatten doch den weiteren Weg, und die nahen hätten sich Zeit lassen können.
Denn vorn ist wenig Platz und hinten viel.
Sie suchte deshalb die Ursache bei sich selbst: daß *sie dabei* war und *zusah.* Ist es etwa wie bei den Vögeln?: Die machen auch daß sie wegkommen, wenn ihnen das große Menschenauge *nahe* ist.
Dann müßten freilich auch die *kleinen* Blätter ängstlicher sein als die *großen* und deshalb schneller flüchten. Ihr Auge folgt den kleinen und den größeren: kein rechter Unterschied. Auch würden sie ihre Furcht *alle* verlieren müssen und zutraulich werden, wenn man lange ganz mäuschenstill stehenbliebe und die Augen zukniffe. Sie tat es: keine Änderung.
Sie blieb lange ratlos, wohl bis in ihr siebentes Jahr.

Sie dachte animistisch. Das heißt: sie trennte die Geschöpfe noch nicht in lebendige und leblose (was den Durchbruch zur Physik eröffnet hätte). Deshalb auch sah sie nicht ab von sich selbst, worum der Physiker sich ja bemüht . . ., sondern sie suchte die Gründe in der Beziehung der Dinge gerade zu ihr selbst.
Dabei setzte sie dem Problem aber so methodisch zu, wie es die Verhaltensforscher tun. Sie verglich: mit anderen Kreaturen (den Vögeln); sie machte sich Gedanken (Hypothesen) durch Vergleich und Variation (Blätter und Vögel, nahe und ferne, kleine und große, stille stehen und gehen, Augen auf, Augen zu), prüfte und verwarf sie alle.
Wann sie dieses Denken aufgab und das Rätsel „richtig" verstand, weiß sie genau nicht mehr. In der Schule war es nicht.

48. Nachwort zu Abschnitt X

Dieses Kapitel gehört physikalisch gesehen in die geometrische Optik. Da es aber offenbar viele, ja vermutlich alle, Kinder sehr stark beschäftigt, ohne daß sie aufgeklärt werden, auch in der Schule nicht (außer wohl beim „Daumensprung"), so daß fast kein Erwachsener weiß, weshalb der Mond immer zur Seite bleibt, ist es hier an die Bewegungs-Erscheinungen angeschlossen [12].

[12] ERNST MACH fand die Erklärung nicht zu simpel, um sie in seine „Populärwissenschaftlichen Vorlesungen" aufzunehmen (5 Aufl. Leipzig, 1923, S. 81).

XI. Das Flüssige

49. Kann Himbeersaft viereckig sein?

Ein Fünfjähriger steht versunken in den Anblick einer eckigen Flasche, die voll ist von Himbeersaft. Man darf sich denken, daß er sie vor seinen Augen dreht und vor sich hin spricht.
Bericht der Mutter, die unmittelbar notierte, was er sagte (die „Gedankenstriche“ bedeuten Pausen):

„Wenn das Glas rund ist, dann ist auch der Saft rund. – Der Saft richtet sich nach dem Glas. – Wenn das Glas viereckig ist, dann ist auch der Saft viereckig. – Der Saft ist rundherum im Glas.“

Hier entfaltet sich in leisem Hin- und Herrucken die volle Einsicht, die dann als „Satz, wie er im Buche steht“, so lautet: Flüssigkeiten nehmen die Form ihres Gefäßes an.
Wir Erwachsenen vergessen bald, daß auch eine solche uns trivial erscheinende Feststellung – im Buche angeführt nur, wie es scheint, aus definitorischer Höflichkeit – aus einer Verwunderung hervorgeht. Hier spüren auch wir es wieder, wenn die Frage sich so stellt wie dem Kinde: Kann Himbeersaft viereckig sein? Es sieht so aus; er sieht so heraus aus seiner Flasche. Aber widerspricht das nicht seiner rund fließenden Natur? In der Flasche wird er eckig und bestimmt. Er „richtet sich nach“ ihren Kanten und Flächen, nach dem „Gefäß“, das ihn „faßt“. Er hat keine eigene Form, aber er kann jede „annehmen“.
Was den Saft zu dieser Anpassung zwingt – das sieht der Kleine wohl noch nicht –, ist nicht die Flasche allein, es ist seine Schwere, die ihn hineinpreßt, bis er „rundherum im Glas“ ist.

50. Die Tropfen im Wasser

Derselbe, jetzt Fünfjährige hat lange mit dem Wasser gespielt und fragt auf einmal, wie die Mutter berichtet:

„Mutti, warum sieht man die Tropfen im Wasser nicht?“

Was mag er sich dabei gedacht haben? Vielleicht so etwas: Was aus dem Wasser herauspurzelt, das muß auch vorher darin gewesen sein. Beim Stein, der unterm Hammer zerspringt, und beim Brot, das zerschnitten wird, ist das ja deutlich zu sehen. Das Wasser ist aber anders, es trennt sich freiwillig, es zerfällt, gibt seine Perlen von selber her. Und ebenfalls anders als im aufgespaltenen Stein oder Brot sieht man im Wasser drin überhaupt nichts, keine Einzelheiten, keine natürlichen Teile. Und doch wirft es solche Teile aus sich heraus. Hat es natürliche Teile, so müßten es die Tropfen sein. Draußen sieht man sie. Warum sah man sie vorher drinnen nicht? Wie Sago, wie Froschlaich?

Wie hätte man ihm antworten können? Vielleicht mit dem Vorschlag, den Zerfall wieder rückgängig zu machen, das heißt, den Tropfen dem Wasser wieder einzuverleiben. Auch das wird anders als beim Stein, der ja endgültig zerfällt, nicht wieder ganz zu machen ist. Er kann nicht, was das Wasser kann: das Verlorene, ohne ihm etwas nachzutragen, wieder aufnehmen und einheilen, als sei nichts gewesen. – So ähnlich mag das Kind denken, wenn es nun den Tropfen wie einen Fisch wieder einsetzt. Weg ist er. – Ob man es nun mit einem Tropfen Himbeersaft versucht? Der verrät etwas – und hat das Kind schon etwas anderes von der Natur des Flüssigen gelehrt.

Die Kinder der beiden ersten Geschichten waren mit der Natur des Flüssigen beschäftigt. Die folgenden bemerken, was die Physik den „Auftrieb“ nennt.

51. Das schwere Bein

Aufzeichnung der Mutter:

„Seit Judith zweieinhalb Jahre alt ist, stellt sie beim Baden fest: ‚Mein Bein wird so schwer‘, wenn sie es ’rausstreckt aus dem Badewasser. Zunächst ohne Erklärungsversuche.

Als sie vier ist, bekommt sie eine Puppe, die man baden kann: ‚Die Puppe wird auch schwer nach dem Baden.‘ – ‚In der Puppe ist Wasser. Vielleicht ist bei mir auch Wasser ’reingelaufen.‘

Die Sache kommt ihr nach einiger Zeit komisch vor. Sie stellt fest (wörtliches Zitat fehlt), daß bei ihr kein Wasser ’reingelaufen sei.

Das schwere Bein beschäftigt sie heute noch, mit fast zehn Jahren.“

Die Sache ist auch gar nicht so einfach. Rousseau gibt im „Emile“ dazu eine auf hübsche Weise falsche Erklärung: Das sei der Luftdruck[13]!

---

[13] Näheres in meinem Buch „Ursprüngliches Verstehen und exaktes Denken“, 2. Aufl. Stuttgart, 1970, Bd. I, S. 281, Fußnote 2.)

52. Die Ente

Bericht des Vaters:

Lutz I. 1., II., 11., 12. b), dreieinhalb, in der Badewanne, im Wasser sitzend, hält die Zelluloidente auf den Boden und freut sich, daß sie sofort wieder auftaucht. Er fragt: „Mama, warum springt die Ente wieder hoch?“ Noch bevor die Mutter antwortet, sagt er selbst: „Das Wasser hebt die Ente ganz schnell hoch.“

Bemerkenswert früh erscheint hier der Umschlag von der Ente aufs Wasser. Aber wahrscheinlich ist es noch nicht die Wendung vom animistischen Denken zum physikalischen. Für das physikalische Denken ist ja gewiß das Wasser am „Auftrieb“ „schuld“. Vermutlich bleibt Lutz im animistischen Reich und erwägt nur, „wer“ von beiden an dem Hochsausen schuld ist. Ältere Kinder würden wahrscheinlich nur noch die Ente für lebendig genug halten, etwas zu wollen und sich selber hinaufzuschaffen. Ihm, Lutz, ist das Wasser noch so belebt, daß man ihm Absichten zutrauen kann. Vielleicht weil er, im Wasser hockend, an sich selber spürt, daß es auch ihn heben möchte, indem es ihn leichter macht.

53. Wasser trägt nicht einmal ein Sandkorn

Herr H. erinnert sich:

„Im Alter von neun Jahren fragte ich mich, wieso ein Sandkorn im Wasser untergehe, während ein großes Schiff, obwohl es viel schwerer sei, schwimme. Eine befriedigende Antwort konnte ich mir damals nicht geben.“

Das wird ein Neunjähriger allein auch nicht können.
Aber bei solchen Fragen findet ein früher Physikunterricht seine Motivationen.
Die wenigsten der heute Erwachsenen sind sich über die Lösung klar. Und falls sie das zuständige „archimedische Prinzip“ noch im Ohr haben, so gibt auch das ihnen keine konkrete Aufklärung.
Das Problem zwingt, der Frage nachzugehen, ob eine Wasser-„Fläche“ in derselben Weise „trägt“ wie eine Tischplatte. Sie führt in die Natur des Flüssigen hinein. –
Bei den beiden folgenden Geschichten ist die *Luft* beteiligt.

54. Mineralwasser

Bericht des Vaters:

Lutz, dreijährig, sieht in der Mineralwasserflasche die Bläschen steigen: „Da regnet's umgekehrt!"

Recht hat er, und doppelt: „umgekehrt" einmal deswegen, weil hier Luftkugeln im Wasser sich bewegen statt Wassertropfen in der Luft; und „umgekehrt" auch deshalb, weil sie steigen und nicht fallen.

55. Druck in der Spritzflasche

(Sie ist halb voll Wasser, und durch den Kork führen zwei – außen umgebogene – Glasrohre. Das erste reicht in der Flasche nur bis in den Luftraum oberhalb der Wasseroberfläche. Das zweite, längere, führt unter Wasser bis fast an den Boden. Bläst man in das erste hinein, so spritzt aus dem zweiten Wasser heraus.) Der Vater sprüht mit einer solchen Spritzflasche eine Gipsfläche an. Hannes (fünf) guckt eine Zeitlang zu und sagt dann auf einmal: „Gell?" Und wieder: „Gell?" – Der Vater: „Ja, Hannes? Was ist denn?" – Hannes: „Gell: Du bläst die Luft 'nein, und da weiß die Luft net, wo sie hin soll, und da drückt sie das Wasser 'naus!"

Man spürt, wie für Hannes die Luft nach einem möglichen Ausgang *rundum sucht*. Der Begriff „Druck" beginnt sich auszubilden: Druck – ein „Tensor" – hat keine bestimmte Richtung, ist aber für alle Richtungen bereit, „in Kraft zu treten" („Druckkraft").

56. Merkt die Wolke, daß ein Berg kommt?

Brief des Vaters:

„In der Schule hatte der Geographielehrer – Martin hat noch keinen Physikunterricht, er ist zwölf – erzählt, daß es zu Niederschlägen komme, wenn die ‚Wolkenluft' sich hebt und dabei abkühlt. Das geschehe unter anderem, wenn die Wolken vor Gebirgen gezwungen würden, sich zu heben. Martin leuchtete dabei ohne weiteres ein, daß die Wolken, wenn sie höher steigen, sich abkühlen und sich wieder in Wasser verwandeln. Aber dann kam die Frage, die zu stellen ihm selbst offenbar recht peinlich war und die mich schon darum rührte: ‚Ich verstehe bloß nicht, woran die Wolken merken, daß ein Berg kommt und sie höher gehen müssen.'"

Offenbar und begreiflicherweise denkt er im Sinne einer Mechanik wohlabgegrenzter Körper, die sich in einem sonst leeren Raum bewegen. Wolken können ja ganz so aussehen. Sie kommen für ihn angeflogen wie Steine oder Flugzeuge. Und nun „spüren“ sie den Berg von weitem? Wie teilt der Berg der Wolke rechtzeitig mit, daß er im Wege steht? Augen hat sie nicht. Und doch muß sie ihn nahen fühlen, sonst gäbe es einen Zusammenstoß.
Sie spürt ihn durch die Vermittlung der anderen Luft, die vor ihr her auf den Berg zutreibt. Sie reist ja mit dem Winde, in der Windluft. Genau wie der Schwimmer im Wasser treibt und das Schiffchen im Bach. Sähe er dies, der Zwölfjährige, oder, besser noch, erlebte er es schwimmend an sich selbst, so würde ihm wohl alles klar, wenn ihm dabei *zugleich* Wasser und Wind im Sinne wären und wenn ihm ganz bewußt wäre, daß Luft ja auch „etwas“ ist, fast so etwas wie Wasser; so wie „Wasser unter Wasser“. – Genau auf den Brückenpfeiler treibt es ihn zu. Aber das Wasser vor ihm muß dem Pfeiler ja ausweichen, und diesem Wasser wieder muß sein (des Schwimmers) eigener Wassermantel folgen: Die Strömung trägt ihn vorbei.
Es ist der Eingang in die Welt des Kontinuums, in die „Hydrodynamik“, der sich hier öffnet. Und er ist für einen Zwölfjährigen mit ein wenig Hilfe leicht zu durchschreiten. Das Staunen über die ferngelenkte Wolke erweckt den Blick für das Besondere der Strömung: Jeder Teil des strömenden Elementes „spürt“ alle anderen. Ein Eingriff irgendwo verändert das Ganze. Das liegt den Knaben gar nicht fern, denn sie alle spielen gern an den Bächen.
Warum muß „Physik“ so spät beginnen und dann gleich der Reihe nach und nicht lieber früh und erst dem Erstaunlichen nach?

XII. Die Wärme

57. Wie die Wärme kommt und geht

An einem heißen Junitag sitzt ein etwa zweieinhalbjähriges Mädchen mit seiner Mutter auf einer neu lackierten grünen Bank in der Sonne. Sie warten auf die Straßenbahn; die Mutter ist beschäftigt. Niemand sieht zu außer mir, und von mir weiß die Kleine nichts.
Sie ist sehr ernst und gesammelt damit beschäftigt, dasselbe Spiel immer wieder in gleicher Weise zu wiederholen: Sie legt die rechte Handfläche eng auf das grüne Holz und wartet, wie horchend, bis sie auf einmal zusammenzuckt und schnell das Händchen wegnimmt. Offenbar, weil es die Hitze nicht mehr erträgt. Sie beherrscht sich wie ein Fakir und gibt erst im letzten Augenblick nach. Das heiße Händchen flüchtet nun in die kühle Linke, die es fest umschließt. Wieder wird gewartet. Dann geht das Spiel von neuem an.

Genauso versunken wiederholend „arbeitet" dieses Kind wie jenes, von dem Maria Montessori berichtet hat, wie es Holzstöpsel *immer wieder* in passende Löcher fügte.
War dieses Herausfordern der drohenden Hitze und des süßen Erschreckens nur eine immer wiederholte Lust? Vielleicht.
Es könnte aber auch sein – die nicht minder als zuvor strenge Aufmerksamkeit während der zweiten, der Abkühlungsprozedur, deutet darauf hin –, daß das Kind auch schon darüber nachgrübelte, „wie die Wärme kommt und geht". Vermutlich hat das Spiel in seinem Geist den Grund gelegt, aus dem später Begriffe hervorgehen können wie „Wärmestoff" (an den alle Kinder genauso glauben wie die früheren Physiker), für „Wärmeleitung", „Wärmekapazität" und die Regeln des „Experiments", zu denen ja die „beliebige Reproduzierbarkeit" gehört. (Siehe Abschnitt 59) Sicherlich dann, wenn der Physikunterricht, der das Kind später einmal erwartet, zu solchen frühen Studien die Verbindung aufnimmt.

58. Fernzündendes Feuer I

Brief des Vaters:

„Eine Kerze brennt. Eine zweite Kerze wird so gehalten, wie es das nachstehende Bildchen zeigt." (Die erste, die brennende, Kerze steht aufrecht. Die zweite, nicht angezündete, wird waagerecht gehalten, so daß ihr Docht einen Fingerbreit über

der Flamme der ersten liegt.) „Die zweite Kerze fängt nach kurzer Zeit auch an zu brennen, obwohl der Docht nicht in die Flamme der ersten Kerze eintaucht.
Reaktion der Kinder (Bettina 6 Jahre, 6 Monate alt; Camilla 3 Jahre, 10 Monate): Beide sind fasziniert. Der Versuch, von meiner Frau vorgeführt, mußte ständig wiederholt werden. Camilla: ‚Kommt das Feuer aus der Luft?' – ‚Ist das Feuer aus Luft gemacht?'
Bettina staunt auch, aber da war noch etwas, was ihre Aufmerksamkeit erregte. Bald fragt sie: ‚Warum brennt die Flamme denn immer zum Himmel? Wenn die Kerze gerade steht, geht sie hoch – aber auch, wenn sie schief steht?'"

Sicherlich würden die beiden nicht so gestaunt haben, wenn die Flamme der ersten Kerze den Docht der zweiten umspült hätte. Was sie verwundert, ist die Ansteckung von *weitem*. (Ähnliches, nur in noch viel rätselhafterer Weise, vermag der Magnet. Er setzt Eisen aus der Ferne in Bewegung und steckt es mit seinem Magnetismus an.)
Die Jüngere, Camilla, sucht den Vermittler: Das Feuer „kommt aus der Luft". *Hinüber* kommt es, meint sie vielleicht. Ihre zweite Aussage geht noch weiter: Das Feuer *ist* Luft, genauer: „ist aus Luft gemacht". Das heißt wohl: es ist etwas mit der Luft geschehen, so daß Feuer aus ihr wird. – Camilla ist auf dem Wege. Die Ältere, Bettina, denkt schon weiter. Sie merkt, warum die Fern-Zündung nur dann gelingt, wenn der kalte Docht *über* die Flamme gehalten wird. Weil die Flamme nach *oben* strebt. Und das hat sie gerade an der *liegenden* Kerze nach ihrer Entzündung gesehen. – Nicht: „nach oben", sagt sie übrigens, sondern: „zum Himmel", genau wie die Griechen sagten. Dort, dachten sie, ist der Ort des Feuers, seine Heimat. Dort gehört es hin, dorthin strebt es.
Wir heute wissen es anders, warum die Flamme aufsteigt; sie will gar nicht, sie muß. Jeder Volksschüler weiß es (oder?). Schön wäre es, wenn er es *so* wüßte und verstünde, wie es Kepler ausspricht (ohne voreilige und verdunkelnde Fachworte wie: „Auftrieb", „verdrängte Luft", „archimedisches Prinzip" . . .):

„das feür begehret nit in den Himmel hinauff,
sondern . . . es weichet dem lufft,
der da vil schwärer ist dan es."

Aber Bettina und Camilla brauchen das noch lange nicht zu wissen, denn sie können es so bald nicht einsehen.

59. Wärmestoff im Bratapfel

Brief des Vaters aus der Schweiz:

„Ich glaube, unser Christopher, mit seinen acht Jahren, treibt Physik: Wir haben neulich auf einer Wanderung Äpfel gebraten. Der Saft kochte und verdunstete. ‚Jetzt ist der Apfel aber leichter!' Und nach einer Weile intensiven Nachdenkens: ‚Nein. Er ist etwa gleich schwer. Der Saft und die Luft kommen zwar heraus, aber die Hitze geht dafür hinein!'"

Wieder die „Wärmestoff-Theorie". Sie ist sehr alt. Vieles spricht für einen Wärmestoff. Denn da ist ein Etwas, das Raum erfüllt, sich fortbewegt, verteilt, verdünnt. – Zwar: Wiegen tut er nichts. (Das könnte Christopher nachprüfen. Hier drängt sich das Messen auf.) Aber auch „die Elektrizität" (die sich so portionsweise kundgibt, daß man von „Ladung" sprechen muß, die auf den Dingen „sitzt" wie das Heu auf dem Wagen), auch sie wiegt auf der Waage nichts. (Und *hier* behauptet wahrscheinlich der Lehrer: Doch, doch, *das* ist ein „Stoff", aber ein sehr, sehr leichter. – Eine Gelegenheit für Christopher, vergleichend kritisch zu werden.) – Aber wie sollte die Sonnenwärme anders denn als Stoff durch die ganz leeren Himmelsräume zu uns kommen? – Es ist eine lange und spannende Geschichte gewesen, bis man diesen Stoff preisgeben mußte (und bis wir heute, in ganz anderer Weise, wieder an ihn glauben müssen, seit wir wissen, daß die heißen Dinge dennoch um eine winzige Spur schwerer geworden sind; ähnlich, wie Christopher meinte, und doch ganz anders).

60. Fernzündendes Feuer II

Brief der Mutter:

„Die Jüngste (in Kürze zehn Jahre alt) erinnert sich – wer weiß warum –, daß man eine Kerze, die man gerade erst ausblies, wieder anzünden könne, ohne mit dem Streichholz den Docht zu berühren. Die großen Schwestern (dreizehn und vierzehneinhalb) bestätigten diese Erfahrung und sagten gleich, das käme daher, daß es eben ‚in der Nähe der Kerze noch so warm' sei. (Ausspruch der Großen.) Die Kleine – anders als ihre bereits ‚verdorbenen' Schwestern – wollte die Sache noch mal überprüfen und neu beobachten. Sie holte Kerzen, zündete an, löschte, zündete wieder an, beobachtete, aus welcher Entfernung man die Kerze wieder zum Brennen bringen könne, und so weiter. x-mal! Die Großen blieben immer bei ihrer Vermutung, es liege eben an der Wärme, die da um die Kerze herum sei. Ich fragte ein bißchen dazwischen, ob sie schon mal in der Schule einen Docht allein angezündet hätten? – nein! Oder Wachs allein mit einem Streichholz angezündet hätten? – nein! Die Kleine hörte dies und probierte sofort und kam zu den entsprechenden Ergebnissen. Aber dann fing sie wieder an, Kerzen an- und auszumachen, und erklärte dann ganz bestimmt und plötzlich: ‚Jetzt weiß ich's. Es ist der Nebel über der ausgelöschten Kerze, der wieder anfängt zu brennen!' Die Großen waren verblüfft. Aber sie gaben zu: ‚Wenn kein Nebel mehr da ist, geht der Versuch nicht mehr.' (Beide Aussprüche von der Ältesten.)

Es zeigt sich einwandfrei: Die Kleine – bisher ohne jeden naturwissenschaftlichen Unterricht – fand allein zum völlig richtigen naturwissenschaftlich-methodischen Verfahren. Die Großen, die fabelhafte physikalische Gesetze und hochtrabende chemische Definitionen im Heft haben, waren ratlos – nicht gewohnt, durch Probleme zu Versuchen, zum Lösen von Problemen, angeregt zu werden!
Auch hier wieder die Beobachtung bei der Kleinen: keine mystische oder mythische Theorienbildung, sondern ganz kühle Beobachtung und Feststellung, nachdem ihr die Tatsache verwunderlich vorkam."

Man darf noch verschärfen: Die Großen waren nicht nur nicht gewöhnt, sie waren entwöhnt worden. Vorgefaßte Vermutungen machen ihnen die Prüfung unnötig.
(Man nähere das Streichholz am besten von oben, nachdem sich eine senkrechte Nebelfahne wieder ausgebildet hat. Die Flamme „springt" über 1 cm weit.)

XIII. Licht

61. Wettstreit der Lichter

Aufzeichnung von Frau W. in der Erinnerung an die Zeit um 1910, als sie 11 Jahre alt war:

„Wir haben elektrisches Licht bekommen. Wie ich es zum erstenmal anknipse, bin ich erschocken. Es hat den Mondschein auf meinem Bett umgebracht.
Der hat es auch sonst schwer, aber das ist nicht so schlimm. Wenn eine Wolke vorübergeht, verkriecht er sich wie eine Maus im Moos, lebt aber weiter, zugedeckt. Scheint noch ein bißchen darunter heraus und wartet.
Man kann ihn auch mit einer Kerze oder Petroleumlampe umschleichen, dann bleibt er doch liegen, wird nur etwas matter. Wenn das Kerzenlicht auf das vom Mond nur halb beschienene weiße Bett fällt, dann wird nur dessen eine Hälfte gelblich, und die andere, wo die beiden sich mischen, bläulichgrau: Der Mondschein lebt weiter.
Aber das Elektrische hat ihn zugeschüttet.
Ist es, weil dies kalte Licht so plötzlich herangeschossen kommt, daß der Mondschein sich nicht mehr wehrt, wie beim langsamen Hellerwerden von Kerze und Lampe?
Oder weil es so überallhin auseinanderplatzt, daß man sich nirgendwo verstekken kann?
Oder weil es so gewaltig hell ist, daß das darunterliegende Sanftere sich nicht mehr erkennen läßt, trotzdem es vielleicht noch da ist?
Wenn ich das Elektrische wieder ausknipse, kommt das Mondlicht langsam zurück. Ist es noch das gleiche, wie vorhin? Oder hat der Mond neues vergossen an die leere Stelle?"

Keine Rede von „Lichtstrahlen". Sie sind nicht das „Gegebene". Lichter liegen da, vermischen sich, und es gibt viele Fragen und Möglichkeiten.

XIV. Schatten

62. Nicht zu haschen

Uwe (1 Jahr, 3 Monate). Aufzeichnung des Vaters (wie 3, 18, 29):

„Als Uwe an der Wand stand, versuchte er seinen Schatten zu erhaschen."

63. Abbildung

Volkmar (2 Jahre, 3 Monate). Aufzeichnung des Vaters (wie 17, 18, 29, 62):

„Volkmar sah, durch die Nachttischlampe verursacht, den Schatten der Mutter an der Decke: ‚Da, Decka Mama, große Mama Decka.'"

Die folgenden Geschichten sprechen nicht dafür, daß Volkmar schon den Zusammenhang mit der Lampe entdeckt hat. Wohl aber den zwischen der Mutter und ihrem Bild. Wahrscheinlich sieht er beide zugleich, gleich an Gestalt, gleichzeitig in der Bewegung.

64. Nicht zu fangen

Frau W. erzählt aus der Zeit, da sie noch sehr klein war, aber gerade schon laufen konnte:

„Ich erinnere mich genau, wie ich merkte, daß es etwas gibt, das es doch nicht gibt. – Ich sah in unserem Garten auf einem grauen glatten Stein den zierlichen schwarzen Schatten einer Grasrispe, ohne ihn aber als Schatten zu erkennen. – Ich nahm den Stein auf: Da war er leer, es war weg. Erschrocken legte ich ihn wieder hin: Nun war es wieder da! Noch mal: Wieder hoch – wieder weg! – Nun machte ich den Versuch: Ich legte den Stein wieder hin (da war es wieder), nahm ihn aber nun in beide hohle Hände (so wie wenn eine Raupe darauf säße), trug ihn weit weg und guckte dann ganz vorsichtig durch die Ritze zwischen den Fingern: Doch weg! – Damals habe ich wohl resigniert. Das Gras selbst habe ich nicht bemerkt. – Erst später wurde alles klar."

Hier geht es nur um „Erhaltung“ (IV.). Es ist etwas „weg“, ohne daß sein „Weg“ zu sehen war. Das Kind ist noch zu klein, um das Hinuntergleiten des Schattens vom *langsam* gehobenen Stein „scharf“ zu „beobachten“. Aber es macht, wie bei dem Raben (34) ein „Experiment“, freilich ein magisches: Den Stein mit den Händen umschließen, das unbekannte Wesen also „fangen“, hätte, so scheint es uns, genügt. Dem Kind genügt es nicht: Es will „den Stein, bei dem etwas nicht stimmt, in Sicherheit bringen, fort von dem Ort, wo es nicht geheuer ist und wo die Umgebung zusehen kann“.

65. Untilgbare Flecken

Bericht von Frau W. am italienischen Strand:

„Ein kleines italienisches Mädchen, etwa drei Jahre alt, hält einen riesigen Ball im Ellenbogen an sich gepreßt; das Händchen ist abgespreizt: Der Schatten der Finger liegt auf der blanken Wölbung.
Mit der anderen Hand versucht die Kleine vergebens, ihn wegzuwischen. ‚Voglio pulire!‘ (‚Will ihn saubermachen!‘) sagt sie klagend und bleibt vor mir stehen.
Ich lege meine eine Hand unter den Ball, löse mit der anderen den haltenden Arm und zeige ihr, daß der Schattenflecken verschwunden ist: weg! – ‚Wohin?‘ fragt sie, ratlos auf die leere Stelle starrend. ‚Warum?‘
‚Das hat die Sonne gemacht‘, sagte ich und deute nach oben. Und dann auf mein dunkles Bild auf dem Sand.
Nachdenklich umkreist sie mich. Dann, mit gekrauster Nase und zugekniffenen Augen mal nach oben, mal nach unten spähend, hält sie der Sonne den Ball hin und den Fuß. Dreht sich um und entdeckt den eigenen beweglichen Schatten. ‚Hiergeblieben!‘ (Resta qui!‘) sagt sie streng und baut ihm aus Steinen einen Käfig. Aber er kümmert sich nicht darum und flattert ihr nach wie ein Rabe. Da läßt sie ihn fahren und beschleicht dafür einen hölzernen Pfosten. Und dort findet sie, was sie sucht: einen soliden, verläßlichen Schatten.
Schon von weitem durchschrillt ihr ‚Capito!‘ die Brandung, wie sie – nun ohne Stirnfalte – zu mir zurückhüpft und zu ihrem Ball: ‚Ich hab's!‘“

Viel ist hier zu verstehen gewesen: Daß die Beziehung zwischen der Sonne, der Hand und den Flecken schnurgerade ist. Daß der Schatten des Dinges durch die Sonne „geworfen“ wird. Daß er deshalb seinem Ding immer folgen muß.
So gehörte viel Hinsehen, viel Tun und Denken dazu. Was das Kind von der Frau als Hilfe erfahren hat, ist „nur“ das eine und allerdings Wichtige: Das hat mit der Sonne zu tun. Alles sonst hat es selbst herausgebracht. Kein Wunder, daß es glücklich ist.

Mit der Beziehung zur Sonne ist aber noch nicht alles entdeckt. Das zeigt die nächste Geschichte.
Ohne die Hilfe der Erwachsenen würde dieses italienische Kind wohl noch haben warten müssen, wie Arnhild:

66. Bald vorn, bald hinten

Arnhild (5 Jahre, 8 Monate). Aufzeichnung des Vaters (wie 17, 18, 29, 39, 63):

„Arnhild wunderte sich, als sie abends mit der Großmutter draußen war, wieso der Schatten (bei den Laternen) einmal vor ihnen, einmal hinter ihnen war."

Hier kommt verwirrend hinzu, daß nicht die eine Sonne, sondern mehrere Lampen durcheinander spielten.
Auch wenn die Beziehung zur Sonne erkannt ist, bleibt noch ein letzter Schritt zu tun, bis „Physik" erreicht ist:

67. Verwandlung

Aufzeichnung der Mutter:

Johannes, siebenjährig, sagt: „Die Sonne geht durch einen durch – und hinten kommt sie als Schatten wieder heraus. Und wenn keine Sonne da ist, gibt es ja auch keinen Schatten."

Der Schatten ist für ihn nichts Negatives, wie für den Physiker. Dem ist er einfach nichts als „Mangel" an Licht. Hier ist er noch der schwarze Doppelgänger. Wir treffen den Johannes mitten auf dem Wege zur Physik: Er hat die Beziehung zur Sonne durchschaut. Aber er glaubt noch eher an Verwandlung als an Subtraktion.

68. Nachwort zu Abschnitt XIV

Herauszufinden, wo der Schatten herkommt, ist viel schwieriger, als der Erwachsene glaubt. Es genügt nicht, nur den Schatten anzusehen, so wie es ausreicht, die Blume allein genau zu betrachten, die man kennenlernen will. Man darf nicht starren, man muß „sich umsehen". Es ist nötig, drei Dinge in ihrem Zusammenhang zu entdecken, die zunächst nichts „miteinander zu tun haben", da sie weit auseinanderliegen können, wenn auch auf gerader Linie: der Schatten, das Ding, das ihn „wirft", und die Sonne. (Ist das Ding „man selber", so sieht man das Problem kaum unbefangener.)

Verstehen heißt: Zusammenhänge entdecken. An die Stelle der „stückhaft verbissenen Sorgfalt" muß das „strukturelle Erfassen" treten[14]. Der lokkere, der gleitende Blick ist eine Voraussetzung des „produktiven Denkens", nicht der fixierende.

Wo in unseren Lehrbüchern der geometrischen Optik von Schatten die Rede ist, da pflegen auch „Lichtstrahlen" gezeichnet zu sein. Aber sie gehören nicht zu den „Phänomenen", sie sind unsere nützliche Erfindung: „Von Strahlen ist gar die Rede nicht: sie sind eine Abstraktion, die erfunden wurde, um das Phänomen in seiner größten Einfalt allenfalls darzustellen", schreibt GOETHE[15]. Und der moderne Physiker STEPHEN TOULMIN[16] nennt sie „neuartige" und „revolutionäre" Vorstellungen. Sie sind nicht zu sehen, außer als schwarze Linien in unseren Zeichnungen.

---

[14] M. WERTHEIMER, Produktives Denken, Frankfurt, 1957.

[15] Naturwissenschaftliche Schriften, Insel-Ausgabe, Bd. II, S. 513.

[16] Einführung in die Philosophie der Wissenschaft, Bd. 308 S, der Kleinen Vandenhoeck-Reihe, S. 15 ff.

XV. Das Spiegelbild

69. Andere Kinder — andere Agnes

Aufzeichnung des Bruders (Student):

„Als Agnes zwei bis zweieinhalb Jahre alt war, entdeckte sie die mit zwei Spiegeltüren versehene Kommode. Als sie zum Essen kommen sollte (ihren Kopf zwischen die beiden beweglichen Spiegeltüren haltend): ‚Ich muß noch die vielen Kinder sehen.‘ Später sprach sie noch gerne, sooft nur ein Spiegelbild da war, von der ‚anderen Agnes‘."

70. Zwei Stücke Arnhild

Aufzeichnung des Vaters (wie 66):

Arnhild (zwei Jahre, ein Monat) schaut in den Spiegel: „Zwei Stücke Arnhild." (Sie zeigt auf sich und das Spiegelbild.)

71. Verkehrt herum

Aufzeichnung des Vaters (wie 70):

Volkmar (zwei Jahre, drei Monate) sah auf der Glasplatte des Wohnzimmertisches das Spiegelbild des Nachbarhauses: „Da din kehrt-hum (verkehrt-rum) Haus."

72. Hinter dem Spiegel

Aufzeichnung des Vaters (wie 70):

Arnhild (zwei Jahre, zehn Monate) hat vor sich ein Stück Brot liegen, hält dahinter einen Taschenspiegel. Interessiert schaut sie in den Spiegel und sucht mit dem anderen Händchen hinter dem Spiegel das Brot fortzuholen.

73. Wie weit dahinter?

Aufzeichnung der Mutter (wie 10, 12):

(Konrad: Fünf Jahre, neun Monate).
„Konrad hat einen Maggibüchsendeckel, in dem er sich spiegelt. ‚Mama, was meint mer denn, wie weit ich im Spiegel von dem Deckel entfernt wär?' – ‚Das Bild von dir ist da im Deckel[17].' – Er lacht: ‚Das weiß ich doch; aber was meint mer, hab ich dich gefragt. Gell, so weit *hinterm* Deckel, wie ich vorm Deckel bin.'"

Aus: S. Merten, Das Forschen eines Kindes, Neue Sammlung, 4/1970, S. 431.

74. Anmerkungen

sind im einzelnen nicht nötig. Der Fortschritt des Erkennens und der Genauigkeit des Sehens ist deutlich. Von Konrad muß man wissen, daß er ein Hochbegabter war.

---

[17] Aus: S. MERTEN, Das Forschen eines Kindes, Neue Sammlung, 4/1970, S. 431.

XVI. Augentäuschendes Wasser (Brechung)

75. Kurze Finger

Brief der Mutter (wie 51, 60):

Judith (3 Jahre): „In der Badewanne beschäftigt sie sich ein halbes Jahr lang mit den verkürzt aussehenden Fingern. Einfach nur sich wundernd und die Finger abwechselnd außerhalb des Wassers und im Wasser ansehend. Ohne Erklärungsversuche.
Mit vier Jahren beobachtet sie im Schwimmbad, ‚daß ihre Beine kürzer werden'. Wieder nur Feststellung."

76. Tasse im Wasser, so klein?

Nach dem Bericht der Mutter (wie 49):

„Der Vierjährige sieht im Spülstein eine Tasse stehen, eine ihm wohlbekannte, unter Wasser. Er ruft die Mutter: ‚Guck, die Tasse ist ja auf einmal viel kleiner?' (Er meint: niedriger. ‚Auf einmal': man hat ihr vorher noch gar nichts angesehen!) – Nun probiert er: holt sie heraus: da ist sie wieder richtig; taucht sie wieder ein: da ist sie wieder niedrig! Immer wieder."

Er sah etwas Absonderliches. Denn Tassen bleiben sonst, wie sie sind; sie sind nicht aus Gummi. – Er sah genau hin. Dann experimentierte er: Er wiederholte. Genau wie das Mädchen auf der grünen Bank und wie das Montessori-Kind, genau auch wie der Physiker prüfte er die „beliebige Reproduzierbarkeit". Und die „Objektivität": Jeder andere muß es bestätigen können. Deshalb holt er die Mutter und fragt, ob auch sie es sieht.
Der Bericht sagt nichts darüber, wie er wohl weiter gedacht hat. Eltern nehmen sich meistens nicht die Zeit, so etwas unauffällig zu verfolgen und sogleich zu notieren. Es wäre wichtig, über solche spontanen Forschungen viel zu wissen. „Es wird am Wasser liegen", wird er wohl gegrübelt haben. Das Wasser muß „schuld" sein. Das Wort „Licht" wird in seinen Gedanken wahrscheinlich nicht vorgekommen sein. Denn „Sehen" ist ihm noch kein Problem. Daß gar „von der Tasse Licht ausgehe", bis dahin ist noch ein weiter Weg, und ein noch längerer führt zum „Brechungsgesetz". Es

zu kennen ist nicht schlecht. So scharfsichtig wie dieser Kleine zu bleiben ist wichtiger. Beides zu verbinden ist viel.
Möglich, daß er sich fragt, ob die Tasse „wirklich" niedriger geworden ist? „Wollen wir mal messen", hätte man dann zu ihm sagen können, „mit dem Lineal?" Ein Fall, bei welchem Messen sich empfiehlt und sogleich problematisch wird; der Maßstab selbst erliegt der Verzauberung: Er macht mit. Das Wasser muß schuld sein!

77. Der Maßstab macht mit

Nach der Erinnerung von Frau W.:

Als Kind von etwa vier Jahren schräg in das Halblitermaß blickend, das, wie sie wußte, innen schwarze Striche trug, die in gleichen Abständen bis zum Rand aufstiegen; das aber nun mit Wasser halb gefüllt war, so daß die obersten drei Striche noch im Trockenen saßen, die unteren alle unter Wasser getaucht, sah sie: daß die eingetauchten Striche enger aneinanderlagen als die oben in der Luft. Sie erklärte sich das damals so: Die da unten, die sitzen alle gedrückt und bedrückt im Wasser. Was sich aber oben herausgeschafft hat, das atmet auf. Wenn man aufatmet wird man größer.

Das ist richtig gesehen; und gedeutet durch eine (animistische) Theorie, die den Vergleich herstellt mit eigenen Erfahrungen.

78. Wasserlinsen im Sieb

Konrad (5 Jahre, 10 Monate). Aufzeichnung der Mutter (wie 10, 12, 73)[18]:

„Konrad hat mein Sieb mit Löchern von etwa 3 mm Durchmesser. Läßt Wasser durchlaufen, merkt, daß Wasser in einigen Löchern als eine Art Haut bleibt, schaut und ruft begeistert: ‚Guck, das sind lauter kleine Spiegele, da sieht mer alles ganz klein drin. Guck, da, jetzt is es Lorle ganz klein da drin und da auch und da auch.' Nach einer Weile: ‚Spiegele sind's nit, sonst tät ich ja mich sehen. Es is wie beim Photographen-Apparat.'"

[17] Aus: S. MERTEN, Das Forschen eines Kindes, Neue Sammlung, 4/1970, S. 431.

XVII. Woraus geworden? (Chemie)

79. Mondsubstanz

Aufzeichnung des Vaters (wie 72):

„Uwe (2 Jahre, 11 Monate) fragte: ‚Aus was ist denn der Mond?' – Die Mutter: ‚Wie meinst du das?' – Darauf Uwe: ‚Ist der aus Sonne?'"

Er kann nicht meinen, was wir wissen: weder chemisch (daß alle Himmelskörper aus denselben Elementen bestehen) noch physikalisch (daß der dunkle Mond im Sonnenschein leuchtet). Vermutlich ist es eine Art Licht-Substanz, aus der er beide gebildet denkt.

80. Verwandlung

Aufzeichnung der Mutter (wie 5, 26, 38): Lorenz ist dreieinhalb Jahre alt.

„Wir haben den Papa an der Bahn abgeholt und uns eine Bahnsteigkarte gelöst. Lorenz wirft die zwei Groschen ein, der Apparat brummt, die Karte fällt heraus. Lorenz betrachtete die Karte erstaunt: ‚Wird die daraus?' (Aus den Groschen.)"

Er staunt zwar, doch weniger, als wir es tun würden. Er hält es für möglich. Verwandlungen liegen ihm nicht fern.

81. Umwandlung

Aufzeichnung des Vaters (wie 79):

„Arnhild (viereinhalb): ‚Mutti, bei dir geht oben die Milch 'rein' (Mund) ‚und kommt da wieder 'raus' (dabei zeigt sie auf die Brust).
Ein anderes Mal fragt sie: ‚Wo bekommen denn die Kühe die Milch her?' – ‚Wenn sie viel Gras fressen, dann kriegen sie viel Milch.' – Arnhild: ‚Im Gras ist doch gar keine Milch drin.'"
„Vier Monate später:
Arnhild: ‚Wie macht man denn Milch?' – ‚Die machen wir gar nicht. Da brauchen

wir nur die Kühe zu melken.' – Arnhild: ,Wie machen denn die Kühe Milch?' – ,Die trinken Wasser und fressen Gras.' – Arnhild: ,Rührt der Bauch Gras und Wasser um, und dann wird's Milch?'"

Arnhilds Fortschritte sind deutlich: Wenn irgendwo Milch erscheint, so muß sie als solche anderswo eingedrungen sein. Das stimmt bei der Mutter, doch nicht bei den Kühen. Deshalb ist in ihnen Umwandlung anzunehmen. Gras und Wasser gut vermischt und gehörig umgerührt mögen schon solche Verwandlungen erfahren, wie man sie ja in der Küche sehen kann, der Urform des chemischen Laboratoriums.
Titus Lucretius Carus (etwa 50 vor Christus)[19]:
„Zwar der Regen vergeht ... Aber die glänzende Saat steigt auf (...) legt das gesättigte Vieh auf blumigen Auen nieder den schweren Leib (...) aus seinem (...) Euter quillt der (...) milchige Saft. (...) Eines stellt immer Natur aus dem anderen her (...)."

[19] LUKREZ, Von der Natur der Dinge, Fischer Bücherei EC/4, S. 16.

XVIII. Enttäuschung, Verwirrung, Abfindung („Belehrungen", Schule)

In den bisher erzählten Geschichten wurde vom spontanen Denken der Kinder berichtet. Im Gespräch mit den Eltern und zunehmend in der Schulzeit kann es nun geschehen, daß es mit den Auskünften und dem Gelernten nicht zurechtkommt und sich mit ihm auf seine eigene Weise auseinandersetzt: erstaunlich kritisch, meist verschwiegen, und wenn offen, dann den Erwachsenen in Verlegenheit setzend.

82. Sonnen-Feuer

Aufzeichnung des Vaters (wie 81):

„Volkmar (5 Jahre, 2 Monate): ‚Man denkt, die Sonne wär Feuer.' – ‚Ist sie doch auch!' – ‚Wie kommt das denn, die brennt doch gar nicht und raucht nicht.'"

Dieses „Man denkt" bedeutet: „Man könnte fast meinen, aber ..."
Er hat recht mit seinem Zweifel und mit seinem Argument. Was auf der Sonne geschieht, ist nicht nur heftiger, sondern auch von ganz anderer Art, als „unsere" Feuer sind.
Wir Erwachsenen müssen aufpassen, daß wir mit unseren „kindertümlichen" Antworten nicht unter das Niveau der Fragenden geraten:

83. Donner

Aufzeichnung des Vaters (wie 82):

„Arnhild (5 Jahre, 1 Monat): ‚Wie kommt denn der Donner?' Die Mutter: ‚Da stoßen die Wolken zusammen, wenn der Blitz hindurchgeschlagen hat.' – Arnhild: ‚Sind denn Wolken hart?'"

Viele Erwachsene wissen auch nicht *mehr,* als daß sie das als Kinder erzählt bekamen. Heute glauben sie es nicht mehr so ganz, aber doch halb: „Ja, wie ist es denn eigentlich?"

84. Was sind Wolken?

Aufzeichnung des Vaters (wie 83):

„Arnhild (5 Jahre, 3 Monate) erkundigt sich nach den Wolken. Ich erklärte, daß das eigentlich lauter kleine Wassertröpfchen seien. Arnhild: ‚Warum sind dann Wassertropfen nicht weiß?'"

Es scheint nicht, daß Arnhild eine Antwort bekam. Eine Variante ihrer Rückfrage richtete ich (1956)[20] an Pädagogik-Studenten: Warum ist Schnee weiß, wo doch Eis durchsichtig ist? Alle gaben vage Antworten, keine traf das Richtige. Offenbar hatte ihr Schulunterricht diese Frage nicht für nachdenkenswert gehalten, dafür aber soviel weitgehende Fach-Gelehrsamkeit vermittelt (etwa: $\sin \alpha / \sin \beta = \text{const.}$), daß nicht nur die Lösung mit deren Hilfe nicht mehr gefunden, sondern auch die *Frage* nicht mehr empfunden wurde. Nur einer schreibt: „Das habe ich mich auch schon gefragt, normalerweise müßte doch der Schnee durchsichtig sein." Wie wenig dazu gehört: Jeder Wassertropfen wirft das Licht zweimal zurück (einmal an seiner Vorderfläche, einmal an der inneren Rückseite). Von vielen Tropfen kommt *viel* Licht zurück. Viel diffuses Tageslicht heißt „weiß". Das Licht dringt nicht durch. Es wird „in einer Un: masse von ‚Echos' erschöpft", schreibt TYNDALL[21], ein Meister verständlicher Darstellung.

Die Frische des Sehens und die kritische Prüfung der Erwachsenen-Auskünfte scheinen in der Schule in Autoritätsgläubigkeit umzuschlagen (siehe auch 60).

85. Sonnenaufgänge?

Die *Schule* beginnt und damit oft Verwirrung; *Umwege* zur Physik. – Nach der Erzählung eines Pädagogen:

„Ein Mädchen hat das erste Schuljahr in einem kleinen westfälischen Ort erlebt. Nennen wir ihn Münse.
Es kommt dann, mit den Eltern versetzt, in ein anderes Dorf mit anderer Schule und anderem Lehrer. Der sagt einmal: ‚Die Sonne geht auf!'

---

[20] Abgedruckt in meinem Buch „Ursprüngliches Verstehen und exaktes Denken", Stuttgart, 2. Aufl. 1971, Bd. I, S. 385—399.
[21] JOHN TYNDALL, Das Licht, Braunschweig, 1876, S. 38.

Da meldet sich das Kind und merkt an, vermutlich nicht eigentlich widersprechend, doch einschränkend, die Treue zum ersten, vielleicht verehrten Lehrer wahrend und zu ihrer Heimat Münse, wo es ganz andere Dinge gab als Sonnenaufgänge: ‚Bei uns in Münse dreht sich aber die Erde!'"

86. Nachts auf der Unterseite

Eine Studentin erzählt:

Als sie gerade in die Schule gekommen war, durfte sie einmal zuhören und zusehen, wie der Lehrer den Älteren an einem Globus überzeugend demonstrierte, wie sich die Erde einmal an jedem Tag herumwälzt. Sie erwartete nun voller Angst die Nacht, in der sie unten zu hängen und abzustürzen fürchtete. Zu ihrem Glück dachte sie nicht konsequent genug, um den Sturz auch der Bettstelle in ihre Furcht einzubeziehen! So half es denn, daß sie sich an ihr festklammerte, und es geschah nichts sichtlich Gefährliches. Nur die Angst.

87. Verlöschende Sonnen

Angst faßt auch die Kleine, die von der Schwester Oberprimanerin, die schwer von „Kenntnissen" einhergeht, beiläufig informiert wird:

Die Sterne seien alle Sonnen, und jede Sonne müsse einmal erlöschen. So blickt sie nun lange Zeit nachts nie ohne Sorge zum Himmel auf, ob nicht ein paar Sonnen-Sterne verlöschend fallen, und tags, ob nicht gar unsere Stern-Sonne wegsinkt und die große Dunkelheit hereinbricht.

88. Kopernikanische Schnellinformation

Brief des Vaters (Physikprofessor):

„Ich habe das Gespräch mit meiner Tochter mal aufgeschrieben:
Vor ein paar Tagen ist sie 8 Jahre alt geworden. Sie geht jetzt in die 3. Klasse.
„Heute war's in der Schule schön: Wir haben was über die Sonne gelernt."
„Was denn?"
„Wo sie auf- und untergeht. Im Osten geht sie auf und im Westen unter. Und nachts ist sie im Norden." Deutet mit dem Arm in die genannten Himmelsrichtungen. – *(Pause)*
Aber in Wirklichkeit dreht sich ja die Erde um sich selbst; die Sonne bewegt sich nicht."

„Wie soll sich denn die Erde drehen wie ein Karussell, davon merken wir doch gar nichts? Außerdem kannst du doch sehen, wie sich die Sonne am Himmel bewegt; genauso wie der Mond auch."
„Na, die riesige Sonne soll sich um die kleine Erde drehen?"
„Wieso ist denn die Sonne so riesig? Du weißt doch, wie klein sie am Himmel ist."
„Doch nur, weil sie so weit von uns weg ist!"
„Woher weißt du denn das?"
„Fahr doch mal hin, dann wirst du's schon merken. – Sie ist ein paar Meilen von uns weg."
„Wieso ein paar Meilen?"
„Gibt es denn noch was Größeres als Meilen?"
Kurze Diskussion über Längenmaße; dann fährt meine Tochter fort:
„Aber wenn sich die Erde um sich selber dreht, dann sind wir ja manchmal oben und manchmal unten; mit dem Kopf nach unten! Und fallen trotzdem nicht 'runter!"
An dieser Stelle dachte ich erleichtert: nun sind ihr doch Zweifel gekommen. Aber offenbar war die Frage nur rhetorisch gemeint und vermutlich schon von der Lehrerin in dieser Form als rhetorische Frage gestellt worden. Die Antwort kam nämlich gleich darauf:
„Wir fallen nicht 'runter, weil die Erde magnetisch ist und alles anzieht."
„Aber du weißt doch, daß ein Magnet nur Eisen anzieht."
„Na ja, es ist ja nicht richtig magnetisch. Das ist noch zu schwer, das kriegen wir erst später. Und dann: Stell nicht so dumme Fragen, du weißt's ja doch besser als ich."

Könnte es sein, daß manche Eltern, vielleicht auch einige Lehrer, wenig einzuwenden hätten gegen diese Informationen, die das Kind in der Schule empfangen hat? Ist nicht fast alles in Ordnung? (Der Vater ausgenommen, offenbar ein Spezialist, der mit seinem Wissen versucht, das Kind wieder irrezumachen und in Verlegenheit zu setzen. Aber es gibt's ihm!) Hat es die Lehrerin nicht gut gemacht? Und das alles in *einer* Stunde. Das Kind hat etwas mit nach Hause gebracht, etwas Richtiges, und ist glücklich darüber. Es war „schön in der Schule". Auch ist es vernünftig genug, einzusehen, daß es „diese Sache mit dem Magnetismus erst später kriegt".
Alle Lehrpläne und Reformen scheinen bis jetzt nicht daran zu zweifeln, daß es in diesem Alter höchste Zeit ist, aus dem Kind einen Schein-Kopernikaner zu machen. Wo käme es sonst hin! (In die Ecke. Es müßte sich schämen.) Hohe Zeit, nicht mehr für wahr zu halten, was man sieht, sondern zu glauben, was der Lehrer sagt.
„Was die Leute nicht verstehen, das glauben sie noch am ehesten" (schrieb ein Franzose, dessen Namen ich vergessen habe).
Sachlich gibt es übrigens keinen Grund, die Erdrotation so früh zu indoktrinieren. Um einzusehen, daß es am Äquator so heiß ist, braucht man nichts von ihr zu ahnen. Es genügt zu wissen (und zu *sehen:* warum bliebe sie

sonst immer im Süden!), daß die Sonne, immer (mehr oder weniger) über dem Äquator bleibend, in 24 Stunden den Erdball umrundet. Es kommt nur auf die Relativbewegung an.

89. Antipodische Innenarchitektur

Nach dem Bericht einer Studentin:
Die Vorstellung, nachts unten zu hängen, muß nicht bei allen Angst erregen. Es gibt auch glücklichere Naturen, gefaßte und beschauliche, die sich nicht in Schrecken versetzen, sondern eine unerhörte Situation nicht ungenutzt vorübergehen lassen. So ein Mädchen, das es mir nachher, als Studentin, erzählte. Sie hatte, muß man vorausschicken, von klein auf Interesse an „Innenarchitektur".

In dem Alter, wo die Erdrotation in der Schule drankommt (also zu früh), verstand auch sie die ungemein anschauliche Globus-Demonstration in dem Sinn, daß wir die Nächte an der Unterseite der Erde hängend verbringen. Anders als die Sechsjährige (von Geschichte 86) dachte sie nun aber nicht nur an sich selbst, sondern an das ganze Mobiliar des Schlafzimmers mit. Indessen: Nicht das beschäftigte sie, ob nun die Möbel von der Decke fallen würden. Sondern sie bemühte sich wach zu bleiben, um zu sehen, wie nun das wohlvertraute Interieur unter den so verkehrten Umständen (und eben in einer nicht vorauszusehenden Weise) „wirken", unter dem neuen Aspekt „sich machen" werde. – Leider blieb die antipodische Innenarchitektur unentdeckt: es gelang dem Mädchen trotz fester Absicht niemals, wach zu werden!
Wenn sie also überhaupt und unabsichtlich auf einem Weg zur Physik geraten war, so hat sie ihn verschlafen.

90. Bloß H_2O?

Herr L. erinnert sich:
(Das Erinnerte muß etwa 50 Jahre zurückliegen.)

„Ich habe eine merkwürdig deutliche Erinnerung aus der Obertertia, in der ich zuerst Chemie ‚bekam', und natürlich gleich quantitative. Ich habe seit meiner Kindheit ein leidenschaftliches, fast magisches Verhältnis zum Wasser, zum fließenden und stehenden. Als ich H_2O gelernt hatte, wurde ich für einige Wochen tief traurig, als sei das alte Schöne nun aus, denn ich würde ja nun immer denken müssen ‚das ist ja doch bloß H_2O'. Sehr kindlich, aber ich war wirklich traurig und tief gespalten. Danach verging das wieder, ‚ganz von selbst', und die alte Magie war wieder da. *Wie* diese innere Heilung vor sich gegangen ist, weiß ich nicht (habe es nie gewußt), meine Lehrer haben jedenfalls nichts dazu getan. Und ich glaube, sie konnten auch wirklich nichts dazu tun."

Sie konnten es damals wohl wirklich noch nicht, zu tief befangen in ihrem physikalischen Aspekt, der ihnen als *die* Wahrheit erschien.

Ernst Goldbeck (1861–1940) beschreibt in der Skizze „Die Knaben und die Tulpen" [22], wie er als Physiklehrer in einer Oberklasse des Gymnasiums verschieden gefärbte Papiere durch Beleuchtung mit Natriumlicht ihrer Farben beraubte und sich dann *(„Ich fühlte gar nichts mehr, wenn ich sie* [solche Auffassungen] *aussprach")* zu Sätzen verstieg wie: „Die Tulpe sei an sich gar nicht rot", oder die Farbigkeit eines Sonnenuntergangs sei „in Wirklichkeit . . . nicht vorhanden". Es folgte der „zornglühende" Protest eines aufspringenden Schülers: „Das ist nicht mehr auszuhalten! Solche Lehren müßten in der Schule verboten sein . . .!"

Heute wird der Lehrer derartig philosophisch wie physikalisch Unhaltbares auch nicht sagen, *wenn* er etwas sagt. Er sollte aber unbedingt etwas sagen, denn auch das Unausgesprochene erzeugt Mißverständnis und Abwehr; nicht immer, leider, so zornige wie bei Goldbeck.

Der Quantenphysiker Walter Heitler berichtet [23] ebenfalls eine Erinnerung aus einer Philosophiestunde seines letzten Gymnasialjahres: „Der Lehrer rief mich auf (weil er meine Neigung zur Physik kannte): ‚Beschreiben oder definieren Sie die Farbe Rot!' Ich war schon im Begriff etwas von Wellenlängen zu stottern, als mir klar wurde, daß dies mit der Frage des Lehrers gar nichts zu tun hatte. (. . .) – Man möchte wünschen, daß allen, die heute jung sind, ähnliches in der Schule mitgegeben wird."

Und nicht jeder wird das, wie damals H., *selber* erkennen. Auch der Physiklehrer wird es zum Thema erheben müssen, ob die Qualität *„Rot"* durch die Wellenlänge beschrieben ist und nicht vielmehr in ganz unphysikalischen Worten, solchen etwa, wie Goethe [24] sie gebraucht für die Farbe Karminrot: „Sie gibt einen Eindruck sowohl von Ernst und Würde als von Huld und Anmut."

---

[22] E. GOLDBECK, Die Welt des Knaben, Ratingen, 2. Aufl. 1962, S. 165 ff.
[23] W. HEITLER, Naturphilosophische Streifzüge, Braunschweig, 1970, S. 82.
[24] GOETHES Naturwissenschaftliche Schriften, Insel-Ausgabe, Leipzig, o. J., Bd. II, S. 224.

Agnes Banholzer

Kinder untersuchen physikalische Sachverhalte

Einführung

Zu Anfang der Dreißigerjahre plante Prof. Dr. Oswald KROH, damals Ordinarius für Psychologie und Pädagogik an der Universität Tübingen, ein großes Werk zur pädagogischen Psychologie der Schulfächer. Es sollte einen Beitrag zur Neugestaltung des Unterrichts bringen.
Im Rahmen dieses Planes untersuchte ich „Die Auffassung physikalischer Sachverhalte im Schulalter" [1]. Vor allem wollte ich feststellen: „Wie fassen Kinder verschiedener Altersstufen physikalische Vorgänge auf? Wie erklären sie eine beobachtete physikalische Erscheinung?"
Nachdem ich schon längere Zeit vorher Äußerungen von Kindern über Physikalisches gesammelt hatte, führte ich im Sommer 1933 planmäßige Versuche mit Knaben und Mädchen einer Tübinger Volksschule durch. Die Schüler sollten vorgeführte Versuche beobachten, sich dazu äußern, fragen und das Beobachtete erklären. Ich ergänzte diese Untersuchungen im Sommer 1935 durch Versuche mit Stuttgarter Kindern und durch Beobachtungen im Unterricht an Stuttgarter Schulklassen.
Meine rund 1600 Protokolle verwertete ich in einer Dissertation, die 1936 von der Philosophischen Fakultät der Universität Tübingen angenommen wurde.
Bis heute habe ich meine Ergebnisse überprüft und meine Stoffsammlung durch Beobachtungen an vorschulpflichtigen Kindern, an Schülern von Volksschulen, Realschulen und Gymnasien und an Lehrerstudenten erweitert.
Im Lauf der Jahre wurde mir deutlich, daß die „primitiven" Auffassungen bei der fortschreitenden Möglichkeit rationalen Erkennens nicht völlig verschwinden, sondern als untere Schichten im Weltbild des Menschen weiterbestehen, da und dort auch deutlich wieder zum Vorschein kommen.

Agnes Banholzer

[1] Tübinger Dissertation, Stuttgart 1936, vergriffen.

Zu den Übersichten

Mit der freundlichen Erlaubnis der Autorin habe ich die Kinderaussagen zu den wichtigsten Themen in Übersichten zu ordnen versucht. Dabei sind die Ordnungs-Folgen A, B, C, ... dem jeweiligen Thema angepaßt, wollen also nicht verallgemeinert werden. Sie sind nicht als Stufen zu verstehen in dem Sinn, als müsse E gedacht sein, bevor F gedacht werden könne.

Man wird aber sagen dürfen, daß animistische Deutungen früher sind als kausale; daß die Aussage „das Wasser ist schuld“ undifferenzierter ist als „das Wasser drückt“; und daß bei der Brechung die optische Deutung (Das hat mit dem Licht zu tun) nicht früh sein kann.

Zu einigen Aussagen habe ich „Anmerkungen“ angefügt.

Martin Wagenschein

Schwimmen (von Holz, Eisen, Papierschiffchen)

(nach Banholzer § 4.1, S. 11–13; 67)

Anstelle von Anmerkungen zum Kapitel „Schwimmen" wird hingewiesen auf die Seiten 63 bis 66 in Wagenscheins „Die Pädagogische Dimension der Physik" 3. Aufl. Braunschweig 1971, S. 70-73

A Das schwimmt halt	**B** Holz schwimmt halt	**C** Das Schwere schwimmt	**D** Das Schwere sinkt
6;3 Jahre **K.** Das geht nicht unter. Weil es halt nicht untergeht. **K.** Die schwimmt. Weil sie schwimmt. Da schwimmt man. **6;6 Jahre** **M.** Das schwimmt, weil es schwimmen kann.	**6;2 Jahre** **K.** Die Schachtel schwimmt, die ist aus Pappdeckel, und Pappdeckel ist aus Holz, und Holz sinkt nicht unter. **6;9 Jahre** **M.** Weil das Pappdeckel ist, kommt es 'rauf, und das, weil's Holz ist. **8;2 Jahre** **K.** Holz schwimmt, weil ich's schon im Neckar habe schwimmen sehen.	**6;2 Jahre** **M.** Das Schiffchen kommt 'rauf, weil es schwer ist. **6;5 Jahre** **M.** Weil es schwer ist, schwimmt's. **6;4 Jahre** **K.** Das Holz schwimmt, weil's schwer ist. Dann wird's Herr über das Wasser. **6;7 Jahre** **M.** Die (Schachtel) schwimmt. Die ist groß und schwer. Die kleinen Sachen zieht das Wasser 'runter.	**9;1 Jahre** **K.** Was schwer ist, sinkt unter. **9;3 Jahre** **M.** Das Leichte geht nicht unter, aber das Schwere. **12;2 Jahre** **M.** Das kommt darauf an, wie schwer das ist. Aber nicht bloß auf die Schwere. Wenn man ein kleines Stückche Seife ins Wasser fallen läßt, geht's unter. Und wenn man die Seifenschüssel hineinwirft, kann sie schwimmen. Und die ist doch schwerer.

E Das Wasser trägt das Leichte	F Worauf es sonst ankommt	G Lösungsansatz
11 Jahre **K.** Weil das Wasser stark ist. Dann drückt das unten 'rauf. **11;1 Jahre** **K.** Die Schachtel geht nicht unter, weil das Wasser trägt. Das Wasser drückt die Schachtel 'rauf. Wenn es leicht ist, dann bleibt es oben. Dann kann das Wasser das Leichte tragen. Wenn es schwer ist, dann kann das Wasser nicht tragen. **11;4 Jahre** **M.** Die Schachtel bleibt oben, weil sie leicht ist. Das Wasser hebt die Schachtel. Das Wasser hat eine Kraft, daß es das hebt. **11;7 Jahre** **M.** Das schwimmt, weil es leicht ist. Das hat keine Kraft, und das Wasser hat eine.	**10 Jahre** **K.** Das schwimmt, weil es leicht ist. Wenn nicht soviel Wasser drin ist, schwimmt es nicht so gut. Und ein größeres Stück Holz schwimmt in dem Wasser auch nicht so gut. Das kommt drauf an, wie groß das Ding ist und wieviel Wasser da ist. **10;9 Jahre** **M.** Das kommt drauf an, wo man's schwimmen läßt. Im Neckar könnte etwas schwimmen, wo da untergeht. Im Neckar ist mehr Wasser. **11;6 Jahre** **K.** Das hat mit der Form etwas zu tun. Das ist, wie wenn man ein Papier fallen läßt. Wenn man's so nunterläßt, fliegt es in der Luft. Und wenn man's zusammenballt, fällt's gleich nunter.	**13;3 Jahre** **K.** (Er füllte das Papierschiffchen und die Schachtel langsam mit Wasser) „Die schwimmen immer weiter drin, je mehr Wasser hineinkommt." (Als die mit Wasser gefüllten Gegenstände endlich untersanken, stellte er erfreut fest): „So jetzt hab ich's. Das schwimmt so lang, bis es so schwer ist wie das Wasser, wo hineingeht. Das kommt auf das Gewicht an, und auf die Form. Wenn man ein kleines Ding nimmt und grad so schwer wie ein großes, dann geht das kleine leichter unter, weil da nicht so viel Wasser hinein kann, wie in das große."

Magnet und Eisen

(Nach Banholzer, S. 43—69, 60, 65)

A. Beschreibung — **B. Deutungen**

A 1 Anziehung	**A 2** Von weitem	**A 3** Festhalten	**A 4** Pole	**B 1** Animistische Deutungen und ihre Überwindung
6;2 Jahre **M.** Der schnappt halt immer rein. (46) **6;4** Jahre **K.** Der Magnet hebt das Eisen. (45) **7;2** Jahre **M.** Da schnappt das Stückle rein. Das geht halt so, daß es rein-schnappt. (46)	**6;2** Jahre **K.** Das weiß ich gar nicht, wie das ist, daß das schon von wei-tem hebt. (45) **6;9** Jahre **K.** Das hebt . . . Das kommt her. Das ist fein, wie das her-kommt. (46) **7;2** Jahre **K.** Das hopft schon, wenn's noch weg ist. (45)	**6;1** Jahre **M.** Das geht schwer weg. (45) **6;6** Jahre **K.** Da muß man fest ziehen, bis das wieder weg-geht. (47)	**6;9** Jahre **K.** Das hält bloß vorn, hinten hält's nicht. (45)	**6;1** Jahre **M.** Ja, da geht bloß das Eisen hin, weil es dahin möchte. Das Fließblatt, das möchte liegen-bleiben. Dem Fließblatt gefällt's nicht bei dem Magneten. (47) **7;3** Jahre **K.** Da sind 2 Vöglein drin. Die gehen dahin, wenn es nah dran ist.

B 6: Kraft, Fluß, Strömung

9;3 Jahre
K. Das gibt Strom. Wenn man ein Eisenstück hinhängen will, hängt es hin, weil Strom raus kommt. Da gibt es einen Strom, der geht dann ganz herab durch alle die Eisenstücke. (48)

9;6 Jahre
K. Von dem Eisen geht etwas Elektrizität. Nicht richtig Elektrizität. Weil kein Draht da ist. Wie es den Strom hineinleitet in die Lampe, so leitet's da das Ding hinein. (49)

10; Jahre
K. Der Magnet gibt Strom. Wie wenn man ein Birnlein an eine Batterie hintut. Dann kommt der Strom herein. (49)

10;5 Jahre
K. Da gibt es einen Strom. Vorher ist der nicht da. Den gibt's erst, wenn das Eisen kommt. Dann fließt er von dem Magnet durch das Eisen, und dann wieder in den Magnet zurück. Der hält das Eisen fest. (48)

13;2 Jahre
M. Das ist so ein besonderes Eisen. Das zieht anderes Eisen an. In dem ist etwas wie Strom. Das ist wie so eine Kraft. Die zieht das Eisen an. Wie wenn sie durch das Eisen durchginge. Dann kann man an das eine Eisenstück eiserne Sachen hängen. Das Eisen geht schwer weg. Wie wenn etwas ziehen würde. Wenn man das eine Eisen von dem Magneten wegtut, kann's die Schlüssel und die Sachen nimmer halten. Dann ist es nicht mehr magnetisch. Bloß noch eine Sekunde, dann fällt alles ab. Wie wenn jetzt keine Kraft mehr da wäre. (49)

(Fortsetz. B 4)

11;6 Jahre
K. Man könnte fast meinen, das Eisen rieche es, wenn ein Magnet kommt. Aber so kann man nicht sagen. Wie wenn man den Magne-ten spüren würde. Aber das ist nicht richtig. Das kön-nen bloß die Menschen. (60)

B 2 technische Magie: Feuer, Elektrizität	B 3 „Papp"	B 4 Luftzug	B 5 Zugkraft
6;4 Jahre **K.** Das hebt, weil man da elektrisches Feuer hineingetan hat. Ich hab' schon elektrisches Feuer gesehen beim Schlosser. Das ist rot und gelb. Das (= den Magneten) hat man hingehalten an das Feuer. Der hebt jetzt einfach, weil er drinnen elektrisch ist. Das hat die Fabrik gemacht. (47) **7;1** Jahre **K.** Da ist etwas drin, da ist vielleicht ein Strom drin . . . Den tut man hinein, gleich wenn mans macht. (47)	**6;2** Jahre **K.** Das pappt daran. Da ist Papp dran. (46) **6;7** Jahre **K.** Ich habe sehen wollen, was da pappt. Hab' nichts gefunden. Da hat man etwas hineingetan. Herausholen kann man's nicht. weil's Eisen ist. Das hat man hineingebracht, wie man es gemacht hat. Etwas, wo anpappt. Das sieht man nicht. Papp kann keiner drin sein. Da ist Eisen drin, und dann ist nochmal etwas drin. (47) **7;3** Jahre **K.** Da wird etwas Pappiges dran sein. Das hat man so gemacht. Da darf dann bloß etwas Eisernes hinkommen, dann bleibt's hängen. (46) **7;3** Jahre **K.** Der geht nicht weg, der hebt fest. Das ist halt Eisenpapp. Den macht die Fabrik. Die Fabrik macht auch Magneten und schmiert den Eisenpapp hin. (47)	**(Forts. v. B 1)** **11;6** Jahre **K.** Die blasen, wenn es nah dran ist. Dann gibt's Luft. Die treibt das Stückle hin. (Einspruch **K. 7;5**): Die hätten ja gar keinen Platz da drin. (Antwort): Die sind so klein, daß sie gut hinein gehn. (Einspruch **K. 7;5**): Die werden ja kaputt. Wie wenn in einer Maikäferschachtel keine Löcher sind. Dann kannst du deine Käfer sehen. (Antwort): Die blasen, dann haben sie genug Luft, und ganz kleine Löcher hat das Eisen auch. (48) **7;4** Jahre **K.** Da hat man Gas hineingetan, das zieht das Eisen her. (47) **9;1** Jahre **M.** Da (an dem Magneten) hat man vielleicht Gas hingetan. Das hebt das Eisen. (65)	**6;9** Jahre **K.** Da ist ein Zug drin. Das hat man in eine Zugmaschine hineingetunkt, in eine Eisenbahn. Dann kommt etwas hinein, wo zieht. (48) **7;2** Jahre **K.** So Eisen kann man machen, wo es raufzieht. Das ist dann Magneteisen. Da sollte man ein Fernglas haben, dann kann man innen hineingucken. Dann würde ich einen Zug sehen. Aber keinen Eisenbahnzug. Etwas, wo zieht. (48) **7;9** Jahre **M:** Da ist ein Zug drin. So ein Bändle oder ein Gummi, und wenn das Eisen da hinkommt, zieht's an. (47) B 6: **Siehe S. 80 unten links**

Lichtbrechung

(Nach Banholzer, S. 34 ff., 68)

A: Reine Beschreibung (Was man sieht)	**B:** Was ist schuld?: das Wasser	**C:** Wie ist das Wasser schuld? I. Animistisch-magische Deutungen	**D:** Wie ist das Wasser schuld? II. Physische Verursachungen
6;2 Jahre **K.** Der bricht ab, wenn man ihn ins Wasser tut, und nachher ist er wieder ganz.	**6;4** Jahre **K.** Der Bleistift wird krumm vom Wasser.	**6;2** Jahre **K.** Das möchte nicht auf dem Boden bleiben, weil das schwimmen möchte.	**6;6** Jahre **M.** Weil das Wasser fließt.
6;5 Jahre **K.** Wenn man den Bleistift ins Wasser tut, dann bricht er ab.	**6;4** Jahre **K.** Das macht das Wasser.	**6;3** Jahre **M.** Das ist ab, weil der wollte nicht drunten bleiben, dann ist er ab.	**6;7** Jahre **M.** Weil der Stab hart ist.
6;5 Jahre **K.** Wenn man den Stab ins Wasser tut, dann bricht er ab. **(Forts. s. F.)**	**6;8** Jahre **M.** Weil das Wasser da ist.	**6;4** Jahre **K.** Der Stab ist abgebrochen . . ., weil er nicht hat ins Wasser wollen.	**6;11** Jahre **K.** Weil das Wasser hell ist.
7 Jahre **M.** Der wird krumm, wenn er ins Wasser kommt.	**7;6** Jahre **K.** Das kommt, weil das Wasser so rum ist.	**6;9** Jahre **K.** Weil der Bleistift bunt ist.	**7;1** Jahre **M.** Weil das Wasser kalt ist.
		8;10 Jahre **M.** (Der Stab) biegt sich, vielleicht weil das Wasser kalt ist. Wie man die Füße raufzieht, wenn's einen drin friert im Bett oder so.	**7;1** Jahre **M.** Das Wasser liegt drauf, dann biegt's das Stäbchen ein bißchen. Nachher wird es wieder gerade.
			8;5 Jahre **M.** Da ist vielleicht in dem Wasser etwas drin.
			9;2 Jahre **K.** Das kommt daher, weil das Wasser Wellen schlagen kann.
			10;5 Jahre **K.** Da liegt ein Druck drauf vom Wasser, der macht, daß der Stab sich biegt. Wenn der Druck nicht mehr da ist, zieht sich der Stab wieder gerade.

E: Die Scheinbarkeit wird erkannt	**F:** Einzelheiten werden gesehen, auf die es ankommt	**G:** Optische Deutungen
6;2 Jahre **M.** Der Bleistift ist krumm. Nein, er ist schon gerade, aber das meint man halt so. **6;2** Jahre **M.** Das ist ein Bogen. Man meint, das sei krumm. **(Forts. s. F)** **6;10** Jahre **K.** Man hat einen Bleistift ins Wasser gesteckt, dann meint man, er breche ab, weil man ihn ins Wasser gesteckt hat. **7;3** Jahre **K.** Ich habe grad' gemeint, der sei krumm. Aber wenn ich herunterfahre, ist er's eben nicht. Ich meine immer, er sei verbogen. Aber das kann man bloß meinen und gar nicht spüren. **7;9** Jahre **M.** Der ist krumm, der ist aber nicht krumm. Das meint man bloß im Wasser. **7;9** Jahre **M.** Das Wasser bricht ihn ab. Das bricht ihn aber nicht richtig ab. Das ist halt eine Meinung. **9;6** Jahre **M.** Man könnte meinen, der Stab breche ab, wenn er er ins Wasser kommt, und nachher sei er wieder ganz. Das kann aber nicht sein. Eisen kann nicht bloß so abbrechen. Und dann wieder so aneinander hin. Das müßte zuerst zum Schlosser.	**(Forts. v. E)** 6;2 Jahre M. Weil man das Bleistift so ins Wasser hebt und weil dann das Wasser ganz rum geht. Dann wird das Bleistift krumm, weil es **schief** dran ist. Wenn das so ganz im Wasser ist, dann ist das nimmer so krumm. Wenn man es so hinhebt, dann ist's krumm, aber wenn man es raustut, nimmer. **(Forts. v. A)** 6;5 Jahre K. **gerade da,** wie das Wasser hoch ist. Weil die Hälfte ins Wasser kommt und die Hälfte nicht ins Wasser. **6;9** Jahre **K.** Der ist ab . . . weil das Wasser ist und **oben keins.** **7;7** Jahre **M.** Weil der Stab **schief** zum Wasser liegt. **7;11** Jahre **K.** Weil das Wasser gerade ist und der Stab geht schief herunter. **10;10** Jahre **K.** (Der aufrecht gestellte Stab erscheint im Wasser verkürzt), weil das bei allen Dingen im Wasser so ist. Das ist gerade wie bei einem Brückenpfeiler, wenn man da hinuntergruckt, meint man, der sei bloß so klein. Aber wenn das Wasser nimmer dort ist, ist er ganz groß. Das hab ich an der Neckarbrücke gesehen, wo man die Staue abgelassen hat.	**12;8** Jahre **K.** Das hängt mit dem Wasserspiegel zusammen und mit dem Licht. Da, wo der Stab den Wasserspiegel berührt, ist er ab. Da fällt das Licht dazu von oben, und das Wasser ist waagrecht . . . Da stoßen das Wasser und das Licht zusammen. **13;6** Jahre **K.** Das Wasser wirft die Augenlichtstrahlen zurück, daß das näher vorkommt . . . Das Wasser biegt die Strahlen zurück, daß es schiefgeht. Die Strahlen kommen vom Auge. Das ist wie beim Fotografenapparat. Da ist es auch so ähnlich . . . Zuerst schaut man auf den Stab. Dann, wenn man auf den Wasserspiegel schaut, lenkt's ab. Weil der Stab schief ist, lenkt's ab von den Augen. **13;6** Jahre **M.** Das kommt vom Licht. Das fällt auf den Stab. Sonst könnte man ihn gar nicht sehen. Dann kommt es in die Augen. Wenn man den Stab ins Wasser tut, könnte man meinen, das Licht mache einen andern Weg. Dann sieht es aus, wie wenn der Grund weiter oben wäre. Dann scheint auch der Stab unten weiter oben. Und wo das Wasser aufhört, wird nichts anders. Da bleibt der Stab. Dann meint man, er sei abgebrochen, grad da, wo er eingetaucht ist.

Fortsetzung von D, E, F: S. 84

D: Wie ist das Wasser schuld? II. Physische Verursachungen	**E:** Die Scheinbarkeit wird erkannt	**F:** Einzelheiten werden gesehen, auf die es ankommt
10;6 Jahre **M.** Das Wasser ist kalt; dann zieht sich der Stab zusammen. Nachher vergrößert er sich wieder. **11;2** Jahre **K.** Wie Wellen kommt es am Stab rauf, und das Wasser biegt sich gegen den Stab, weil er trocken ist. Durch das meint man, der Stab wäre abgebrochen.	**11;2** Jahre **K.** Das ist ein Bug, aber bloß wenn man hinsieht, nicht wenn man hingreift. **11;11** Jahre **K.** Der Stab sieht aus, wie wenn er abgebrochen wäre. In Wirklichkeit ist er gar nicht abgebrochen. Wie wenn ein Stück vorrutschen täte. Aber nicht ganz richtig vorrutschen, daß das nachgeht.	**11;1** Jahre **M.** Weil das Wasser gerade ist, und man legt das Stäble hinein, und dann ist es schief drin. Das wäre auch so, wenn das Stäble gerade wär und das Wasser schief dazu. Aber so kann man's halt nicht machen. **11;5** Jahre **K.** Das ist gerade entgegenstellend, das Wasser liegt flach, und der Stab liegt schief. **12;5** Jahre **M.** Der Grund täuscht auch und durch das täuscht das auch. Da meint man, das wäre gar nicht tief. Weil der Grund weiter oben ist, dann kommt der Stab auch weiter rauf, dann meint man, er müsse abbrechen.

Anmerkung zu den Übersichten

1) Zu „*Magnet und Eisen*“

Spalte A_1; 6;2 und 7;2.: „Schnappen“ ist ein gut gewähltes Wort. Es enthält sowohl das Ansich-Reißen, wie das Nicht-wieder-Hergeben (Festhalten).

Spalte A_2; 6;2 und 7;3: Diese beiden sind die einzigen, die ihre Verwunderung aussprechen und das Verwunderliche nennen: „von weitem“ und „noch weg“.
6;2 spricht von sich selber; 7;3 nimmt die Verwunderung hinein in die Prägnanz seines kurzen Satzes.
Unsere Lehrbücher nehmen die Verwunderung selten in ihre „objektive“ Beschreibung auf. Ist das Motiv der Forschung weniger wichtig als das, was dabei herauskommt?
6;9: scheint sich mehr zu freuen als zu verwundern. Freude über den Gehorsam.
7;2: wundert sich nicht. „Das geht halt so.“

Spalte B_1: 6;1 und 7;3 sind die einzigen festen Animisten, aber wie verschieden! 6;1 sagt ganz schlicht „möchte“, „gefällts“. — 7;3 entwickelt ein hartnäckig verfochtenes Bild von winzigen blasenden „Vöglein“. Über die Vögel werden vielleicht die Tiefen-Psychologen etwas sagen können. „Blasen“ (Pusten) ist ein viel besseres Bild als das abgenutzte „Anziehen“ (man sieht keinen Faden) und „Abstoßen“ (auch keine Fährmannstange ist zu bemerken). Wo nichts zu sehen ist, erscheint „Blasen“ als die einzig vertraute Weise, etwas von weitem und ungesehen in Bewegung zu setzen. Georg HARTMANN (1544): „So zeucht der Magnet die nadel do selbst nit mer zu sich sonder treubts und plests von sich.“ (Er spricht allerdings von Abstoßung, wo das Blasen noch näher liegt, als bei der Anziehung.)
11;6 überwindet den Animismus.

2) Zu *Lichtbrechung*

Spalte C 6.2.: Eine Mischung aus animistischem Denken und Erfahrung: Holz „*will*“ schwimmen. Der eintauchende Teil des Bleistifts wird nach oben gedrängt, das gelingt nicht ganz und so kommt es zum Knick, den man sieht.

Spalte D Wenn, wie hier oft nicht zu erraten ist, was gedacht wurde, so schließe man daraus nicht, daß nichts gedacht worden ist.
7.1.: „*Kalt*“ kann auch animistisch gemeint sein, wie bei C (8.10.).
7.1.: „*Das Wasser liegt darauf*“*:* Nicht verständlich. Es klingt, als drücke das Wasser an der Knickstelle nach unten. — Ähnlich bei (10.5.).

Spalte E 6.2.: Da ist ein „*Bogen*“*:* Bogen = Bug = Knick.
7.3.: Experimenteller Eingriff: der Finger kontrolliert.
9.6.: Offenbar hat sie jetzt einen Eisenstab.
11.2.: „Da ist ein Bug“. Er sagt nicht, welcher der beiden Sinne die richtige Auskunft gibt.

Spalte F 10.10: Daß etwas immer so ist, bedeutet schon fast eine Erklärung. Es nimmt die „*Sonder*“barkeit weg.
11.1.: Der zweite Satz ist richtig, und daß er gesagt wird erstaunlich.
12.5.: „*Der Grund täuscht auch und durch das täuscht das auch*“. Eine sehr selbständige Entdeckung. Gemeint ist: durch die Hebung kommt der Knick. Die Knickung des

Stabes wird einer allgemeinen Hebung untergeordnet. Damit sind zwei zunächst verschiedene Beobachtungen als wesensgleich verstanden. Bei Teichen sieht man: 1. daß schräg aus dem Wasser wachsende Schilfstengel einen Knick zu haben scheinen, und 2. daß der Boden des Teiches wie gehoben aussieht. Die Leistung ist: beides als dasselbe zu sehen. — Von Licht ist dabei noch keine Rede.

Spalte G 12.8., 13.6.: Damit ist das Licht als wesentlicher Faktor erreicht. Da die Spiegelung viel auffälliger und verständlicher ist als die Brechung, wird zunächst sie in unbestimmter Weise verantwortlich gemacht.

13.6.: Dieselbe wichtige Entdeckung wie bei 12.5. Fast gleichlautende Gedanken gegen Ende des vollständigen Gespräches v. S. 87. Erste Andeutung des Gedankens, daß vom Stab, auch dem ins Wasser getauchten Teil, Licht ausgeht, damit man ihn sehen kann. (Diese Entdeckung nehmen wir in der Schule oft zu leicht.)

Gespräch zwischen drei Buben zur Lichtbrechung (Banholzer, S. 76)

A: 13 Jahre, 7 Monate; B: 13 Jahre, 9 Monate; C: 13 Jahre, 10 Monate.

B. Der Stab erscheint gekürzt.

A. Mir ist etwas anderes aufgefallen. Er ist abgebogen.

B. Das ist optische Täuschung.

A. Das weiß ich ungefähr.

C. Das Wasser vergrößert den Stab, und infolgedessen ist der Stab so, und das täuscht, und der Stab wird durch das größer und ist gebogen, und wie er rauskommt, ist er nimmer vergrößert.

A. Weil der Stab ist so schief drin, und die Wasserfläche ist eben. Dazwischen ist ein Raum.

B. Dann erscheint das uns krumm durch die ebene Wasserfläche.

C. Den kannst drehen, wie du willst, dann ist er halt krumm.

B. Je weiter der Stab hineinkommt, desto weniger ist er krumm.

C. Das ist alles erhoben. Das ist die Spiegelung vom Wasser.

A. Ich mein's anders. Wenn wir so runtergehen, dann ist das Wasser ganz von oben herunter. Wenn wir von der Seite kommen, senkt sich der Gesichtskreis.

B. (stellt den Stab aufrecht.) Jetzt erscheint mir der Stab verkürzt. Der Grund erscheint, wie wenn er näher wäre.

A. Der ist viel verkürzt.

C. Ich meß einmal. Wenn er drın ist, ist aber immer noch die gleiche Länge. Aber das täuscht. Das ist ganz kurz.

B. Der Kreis da oben ist mir so unerklärlich. Wie ein Luftkreis.

C. Ich möcht einmal etwas probieren. (Er nimmt den Stab und hält ihn an den Ofen.) Ich hab gemeint, er sei magnetisch.

A. Magnet wirkt doch nicht aufs Wasser.

C. Das weißt du nicht. Laß mal probieren. Der Stab ist außen viel schwerer als im Wasser. Infolgedessen.

B. Das haben wir in der Schule gelernt. Im Wasser sind die Lasten viel leichter zu heben, als in der Luft.

C. Beim Menschen ist es allerdings ein bißchen anders. Der hat Luft in sich.

B. Und das Fleisch hat ein spezifisches Gewicht.

C. Ja, von 0,1 zum Wasser. Das ist ein bißchen schwerer als Wasser.

A. Vielleicht ist das das Wasser. Wenn der Winkel klein wird, daß das dann auch klein wird. Der Winkel, wo ich sehe. Wenn ich von oben guck, wird er größer.

B. Ich mein', daß die Spiegelung vom Wasser hervorgerufen wird. An die Decke hinauf spiegelt's. Die Decke gibt den Schein wieder. Dann gibt's doppelte Spiegelung. Das verkürzt die Strecke ums Doppelte. Außen ist es gerade ums Doppelte länger.

Gespräch zwischen zwei Buben zur Lichtbrechung (Banholzer, S. 71 f.)

A: 12 Jahre, 5 Monate; B: 12 Jahre, 8 Monate.

B. Der (Stab) sieht aus, wie wenn er abgebrochen wäre.

A. Ja, wie wenn er abgeknickt wäre.

B. Unten kriegt er eine andere Farbe.

A. Das kommt vom Wasser.

B. (taucht einen Bleistift ein) Der Bleistift sieht aus, wie wenn er ein Eck hätte. Ist er auch ganz grad?

A. Ha ja, das kommt vom Wasser.

B. Ja, das ist der Wasserspiegel. Wenn man so herguckt, gibt es einen Schatten hinunter. Dann macht's der Schatten. Der spiegelt das ab, dann gibt's einen Knick.

A. Von oben her ist er gerade, aber weil wir von der Seite hergucken.

B. Das macht das Wasser, das da oben liegt am Stab. (Er stellt den Stab aufrecht.)

A. Da verkleinert's.

B. Au ja.

A. Das kommt auch vom Wasserspiegel. Wenn man kerzengerade hinunterguckt, ist er nicht ab, aber so.

B. Das macht das Wasser aus. Da ist am Wasser ein kleiner Kreis. Macht es das aus? Das Eisen zieht das Wasser ein bißchen an. Aber dann müßt es höher werden, wenn es anzieht. Wenn man immer weiter hinunter geht, meint man, der Spiegel sei weiter drunten. Hat da vielleicht das Auge etwas, daß das eine optische Täuschung ist? Wie bei so Buchstaben im Schatten, da sieht man bloß einzelne Teilstriche.

A. Das kommt vom Wasser.

B. Da täuscht der Wasserspiegel.

A. Ha ja, aber grad wie er täuscht, das sollt man eben wissen. Das ist glatt (seltsam), da meint man, es sei bloß so groß.

B. Unten meint man grad, das Eisen sei dicker.

A. Das kommt vom Wasser. Aber grad, wie es kommt?

B. Weil das Wasser anzieht. Dann wird es ein bißchen dicker.

A. Ja so, jeder Körper zieht Wasser an. Dann wird er dicker.

B. Das hab' ich jetzt noch nie ausprobiert, daß das kleiner wird. Bloß daß es abgebrochen wird.

A. Das hab' ich auch schon oft gesehen, aber ich hab' nicht darüber nachgedacht.

B. Da gibt's einen kleinen Kreisring. Ich glaub', daß das etwas ausmacht.

A. Das kommt vom Eisen. Der Stab steht ruhig und zieht an. Das Eisen bewegt das Wasser durch. Durch das gibt es einen Kreis. Das kannst du doch niemals ruhig halten.

B. Da spielt sicher auch das Aug' mit und das Licht. Wenn das Licht so entgegenfällt.

A. Das Licht kommt auf den Wasserspiegel, und dann täuscht der Wasserspiegel. (Beide versuchen, das Wassergefäß abzudunkeln.)

A. Das hat keinen Wert. Wenn gar kein Licht da herkommt, könnte man es ja gar nicht sehen. Das täuscht überhaupt. Wenn man da herguckt, meint man, das Wasser sei gar nicht so tief.

B. Man meint, das Wasser sei nieder. Wie wäre jetzt das, wenn das Wasser ganz ruhig ist? Wäre es dann gerade so?

A. Das kommt bloß vom Wasserspiegel. Vom Stab kann es nicht kommen. Sonst würde man an ihm etwas sehen.

B. Oder ist es so, daß das Glas das Wasser anzieht? Dann ist es nicht so tief. Jeder Körper zieht Wasser an. Dann ist es nicht so tief. Dann ist nimmer so viel drin. Dann wird es kleiner.

A. Das wird nicht so arg sein. (Er steckt den Finger ins Wasser.) Siehst, da hab' ich ganz kleine Finger!

B. Wenn es oben dicker wäre, dann würd' ich es wissen, wie es ist ... Daß das unten anzieht und dann wird es kleiner.

A. Das kommt daher, das liegt schief drin, und der Wasserspiegel liegt waagrecht, und daher kommt's. Wenn der Stab senkrecht ist, ist er nicht abgebogen. Aber sobald er liegt.

B. Das hängt mit dem Wasserspiegel zusammen und mit dem Licht. Da, wo der Stab den Wasserspiegel berührt, ist er ab. Da fällt das Licht dazu von oben, und das Wasser ist waagrecht. Dann druckt es so hinunter. Da stoßen das Wasser und das Licht zusammen. Dann geht das Licht anders. Da bin ich überhaupt einmal hereingefallen. Da hat mein Bruder einen Besen in den Brunnen gehalten, und dann hat er gerufen und gefragt, ob ich den Besen abgebrochen habe. Und dann hab' ich gemeint, der sei richtig abgebrochen und bin reingefallen. Unten ins Wasser kommt kein Licht dazu.

A. Doch, sonst würdest ja gar nicht hinuntersehen.

B. Doch, weil das Wasser weiß ist.

A. Da nimmst einmal eine weiße Farbe und guckst durch, ob du da drin etwas siehst. Das ist, weil das Wasser gar keine Farbe hat. Da kommt überhaupt Licht hinunter, sonst würden ja die Fische nicht sehen.

B. Ja so, das hab' ich jetzt wieder nicht gedacht. Und so ein Fischreiher würde gar keinen Fisch erwischen, wenn es unten nicht hell wäre. Da unten ist auch ein Schatten. Da kommt das Licht so her. Dann gibt's einen Schatten.

A. Immer gegen den Stab kommt's. Dann gibt's Schatten.

B. Ich glaub, das ist so wie beim Glas. So von der Seite her sieht man durch. Aber wenn man anders reingucken will, sieht man nicht durch in der Dicke vom Glas. Vielleicht ist das so wie beim Glas. Wie bei einer Kugel. Wenn man sie in die Sonne hebt, gibt es ein paar Farben. Da kommt Violett herein. Aber das ist dann hinter der Kugel auf der andern Seite. Das sind doch ein paarerlei Farben, die Strahlen. Und hinter dem Glas sind sie umgekehrt.

A. Das Licht kommt von allen Seiten. Dann kommt's drauf an, wo man herguckt. Bei einem Haus kommt das Licht nicht von allen Seiten, bloß wo die Sonne scheint. Im Wasser täuscht der Grund, und durch das täuscht das auch. Da meint man, das wäre gar nicht tief.

B. Vom Licht meint man, daß der Grund weiter oben ist. Weil das Licht ins Wasser geht. Weil der Grund weiter oben ist, dann kommt der Stab auch weiter rauf. Dann meint man er müsse abbrechen.

SIEGFRIED THIEL

Grundschulkinder zwischen Umgangserfahrung und Naturwissenschaft

EINFÜHRUNG

Die folgenden Unterrichtsprotokolle (Tonbandaufnahmen) sollen einen Eindruck davon vermitteln, wie versucht wird, mit Grundschulkindern über befremdende Naturphänomene in die Naturwissenschaften einzudringen.
Es soll dabei gezeigt werden, wie unterschiedliche Vorwissensformen aufgenommen, neue Erfahrungen geschaffen, die Entstehung von Modellvorstellung verdeutlicht und über einen Wandlungsprozeß der kindlichen Sprache in wissenschaftsorientierte Sicht- und Verfahrensweisen eingeführt werden kann.
Die Protokolle entstanden als Vorversuche im Rahmen einer größeren Untersuchung an der Grundschule auf der Wanne, Abteilung Winkelwiese – einer Versuchsschule des Pädagogischen Seminars der Universität Tübingen.
Da für solche Versuche ein entsprechender Handlungsspielraum notwendig ist, wurden diese außerhalb des sonstigen Unterrichts in besonderen Kursstunden durchgeführt. In diesem Zusammenhang muß darauf hingewiesen werden, daß den Schülern dieser Schule pro Schulhalbjahr mehrere Kurse aus den unterschiedlichsten Gebieten angeboten werden, z. B. Werken mit unterschiedlichsten Materialien, Orffmusik, Flötenkurs, Laienspiel, Drucktechniken, Redaktion einer Schulzeitung, Sonderturnen, Naturwissenschaftliche Beobachtungen, Handarbeit für Buben, Malen u. a. Aus diesem Angebot konnten die Kinder 1–3 Kurse auswählen, die sie neben dem normalen Kernunterricht in den Eckstunden des Vormittages oder auch am Nachmittag besuchten.
Die abgedruckten Protokolle stammen aus dem Kurs „Naturwissenschaftliche Beobachtungen", an welchem in verschiedenen Abteilungen folgende Einzelgruppen freiwillig teilnahmen: Eine Bubengruppe des zweiten Schuljahres (20 Teilnehmer), eine Buben/Mädchengruppe des 3. Schuljahres (30 Teilnehmer), eine Mädchengruppe des 4. Schuljahres (15 Teilnehmer), eine Bubengruppe des 4. Schuljahres (9 Teilnehmer) und eine 23

Buben umfassende Gruppe des 4. Schuljahres, wobei letztere beinahe über 2 Jahre hinweg an diesem Kurs teilnahm; die Geübtheit in Rede und Argumentation, die in den Protokollen dieser letzten Gruppe zu erkennen ist, kann zum Teil auch mit dieser langfristigen Schulung erklärt werden.
In diesem Zusammenhang ist darauf hinzuweisen, daß es in der Wanne-Schule zum Unterrichtsprinzip gehört, mit allen Schülern vom ersten Schultag an eine gründliche Schulung im „Miteinanderreden" durchzuführen, wobei die Kinder immer wieder in größeren und kleineren Gruppen in die verschiedenen sprachlichen und sozialen Kommunikationsformen eingeführt werden. Dies geschieht nicht zuletzt auch deshalb, um auch ohne die ständige Führung des Lehrers miteinander arbeiten zu lernen.
Diese Ziele wurden aber von vornherein auch durch die räumliche Lage der Abteilung Winkelwiese der Wanne-Schule begünstigt, weil ein hoher Prozentsatz der Kinder aus den oberen Mittelschichten stammte, und von daher schon über eine entsprechend geschulte Sprache verfügte. Die Ungleichheit in der sozialen Zusammensetzung – bezogen auf die Bevölkerung in der Bundesrepublik – konnte auch durch solche Kinder nicht ausgeglichen werden, die aus einer benachbarten Siedlung kamen, in welcher eine Bevölkerung aus verschiedenen sozialen Schichten wohnte. Aus diesem Grund wurde das Protokoll einer Bubengruppe abgedruckt, die sich vorwiegend aus solchen Kindern zusammensetzte, die von den Lehrern zunächst als weniger motivierbar, sprachschwächer und zu den Randgruppen der Normalklassen gehörend bezeichnet wurden. (S. 130–144)

Zum Versuchsansatz

In diesen Unterrichtseinheiten wurde versucht, ob sich in der Auseinandersetzung von Grundschülern mit Naturphänomenen Wege zur Physik gehen lassen, wie sie Martin Wagenschein vorgeschlagen hat[1].
Dieser Ansatz ist aus der Beobachtung entstanden, daß Kinder schon im Vorschulalter gegenüber befremdenden Naturphänomenen Erklärungsmodelle und Lösungsvorschläge entwickeln, die oft verblüffende Ähnlichkeiten mit Gedankengängen aufweisen, wie sie aus der historischen Entwicklung der Physik bekannt sind. Gleichzeitig wird das Streben sichtbar, zunächst unerklärbare Prozesse durch den Rückbezug auf schon vertraute Vorgänge zu verstehen und über Analogiebildungen Lösungen zu erreichen.

---

[1] Martin Wagenschein, Die pädagogische Dimension der Physik, Braunschweig 1962 — 3. Aufl. 1971 — Martin Wagenschein, Ursprüngliches Verstehen und exaktes Denken, I (2. Aufl.) u. II, Stuttgart 1970.

Solche Erklärungsmodelle aufzunehmen, Fragestellungen der Kinder zu berücksichtigen und sie behutsam in die Welt der Physik einzuführen, ist das Hauptanliegen dieses Ansatzes. Kinder auf den Weg zur Physik zu führen, bedeutet aber nicht, daß eine vereinfachte Physik in die Welt des Kindes hereingeholt wird, wie es eine volkstümliche Bildung über die „Kunden" versuchte. Es bedeutet vielmehr, daß dem Kind ermöglicht wird, in die Welt der Physik und die damit verbundene Fachsprache einzudringen und so die Unterschiede zwischen Umgangserfahrung und aspekthafter wissenschaftlicher Erfahrung begreifen zu lernen.
Die Einführung in die Welt der Physik als Aufgabe des Schulunterrichts geschieht im herkömmlichen Physikunterricht zumeist über das in Lehrbüchern niedergelegte System der Physik – aufbereitet vielleicht noch dadurch, daß man mit Grundbegriffen und formalen Fertigkeite beginnt, diese als wesentlich voraussetzt und erst nach ihrem Erwerb sozusagen zu wissenschaftlichem Verständnis fähig wird. Wird aber das System der Physik mit der historischen Entwicklung der Wissenschaft so eng verbunden, so wird dabei übersehen, daß die wissenschaftliche Systematik sich nicht auf das Nachzeichnen ihrer historischen Entwicklung beschränken kann. Fritz Loser hat dies in Anlehnung an Martin Wagenschein folgendermaßen beschrieben:

„Der ‚Witz' der physikalischen Systematik ist ja gerade in der Möglichkeit zu suchen, von jeder neu gewonnenen elementaren Einsicht aus das Ganze der Physik jedesmal neu zu ordnen und zu systematisieren." [2]

Damit wird unser Versuch begründet, mit Grundschülern an irgendeiner Stelle einzusteigen, an einem Phänomen, das zum Staunen und Nachdenken anregt, und an welchem „Einzelkristalle des Verstehens" [3] gebildet werden. An diesen Einzelkristallen ist dann – wenn auch erst in späterer Schulzeit – zu zeigen, wie von ihnen her und mit ihnen das ganze Wissen geordnet und systematisiert werden kann. Das System steht somit nicht am Anfang und bestimmt den Lehrgang vollständig selbst, sondern das System wird zum Ziel des Lehrgangs selbst. Wenn also unser Unterricht die Systematik wissenschaftlichen Denkens anstrebt, muß gezeigt werden, daß „Systematik nicht eine Funktion der vorgegebenen Sache, sondern eine Funktion der Auseinandersetzung mit ihr, eine Funktion des Denkens ... ist" [4].

---

[2] Fritz Loser, Sachunterricht als Sprachunterricht, in: Pädagogische Rundschau, Nr. 8/1968, S. 398.
[3] Martin Wagenschein, Die pädagogische Dimension der Physik, Braunschweig, 3. Aufl. 1971, S. 210.
[4] Fritz Loser, a.a.O., S. 399.

Ein Grundproblem ist es nun, wie der oben schon angesprochene Unterschied zwischen Umgangserfahrung und wissenschaftlicher Erfahrung didaktisch bewältigt werden kann. Jede Wissenschaft stellt mit ihrer Begrifflichkeit ein eigenes Sprachfeld dar, welches sich bewußt von der Umgangssprache unterscheidet, um deren „Ungenauigkeiten" zu vermeiden. Durch neue Begriffe und Symbolsprachen werden dabei Sichtweisen und Zugriffe erzeugt, die sich von den Umgangserfahrungen des Laien und seiner Sprache unterscheiden. Eine Sache aber so sehen wie sie die Wissenschaft sieht, ist aber nur dem möglich, der diese wissenschaftliche Sprache als notwendig und sinnvoll erkannt hat und beherrscht.

Dem Unterricht stellt sich hier die Aufgabe, einerseits die in einer dem Laien unverständlichen Sprache formulierte wissenschaftliche Aussage in die Umgangssprache zu übersetzen, denn nur in der eigensprachlichen Formulierung kann der Schüler zeigen, ob er eine Sache verstanden hat. Andererseits muß aber auch die Umgangssprache in einem sprachlichen Reduktionsprozeß in die Sprache der Wissenschaft überführt werden, um dem Schüler zu zeigen, wie das aspekthafte Vorgehen der Wissenschaft eine andere Sicht der Phänomene überhaupt erst erzeugt.

Innerhalb unserer Versuche bemühten wir uns, daß die Kinder zunächst befremdende Naturphänomene in *ihren* Begriffen ansprechen und so verfügbar machen konnten, denn die Worte der Umgangssprache sind nicht situationsunabhängige Begriffe, sondern nur im Gebrauch innerhalb einer Situation zu erschließen, wie es Hans LIPPS nachgewiesen hat.[5]

In einem zweiten Schritt versuchten wir, Experimente und erste Einsichten so differenziert wie möglich und so exakt wie nötig in der Umgangssprache zu formulieren, um die Grenze des umgangssprachlich Sagbaren und Erfahrbaren genauer festlegen zu können.

Innerhalb des WAGENSCHEIN'SCHEN Konzeptes wäre nun in einem dritten Schritt die *Fachsprache* als notwendige Maßnahme einzuführen, um zu zeigen, wie das, was innerhalb des zweiten Schritts in einfacher Weise gesagt wurde, mit einer normierten und präzisierten Sprache, die ihre Begriffe als „Termini" genau definiert, ausgedrückt werden kann.

Wir werden anhand der Protokolle zu zeigen versuchen, wie dieser Weg in den ersten beiden Phasen beschritten wurde, glauben aber auch zeigen zu können, daß das Problem der Einführung in die Fachsprache in manchen Situationen, auf die wir noch eingehen werden, auch anders aufgegriffen werden muß.

---

[5] Hans Lipps, Begriff der Konzeption, in: Untersuchungen zu einer hermeneutischen Logik, Frankfurt/Main 1938, S. 55 f. Zit. nach Fritz Loser, Sprachunterricht ... a.a.O. S. 406.

Diese idealtypische Stufenfolge stellt eine pädagogische Gliederung des Unterrichts dar, die sich nicht allein an den „Sachstrukturen" einzelner Wissenschaftsbereiche oder an einer spezifischen Lernfähigkeit des Kindes orientiert, sondern beides erst im Kind erzeugen möchte.
Jerome S. BRUNERS Konzept der „Struktur der Disziplin", das darauf aufbaut, daß sich aus den Fachwissenschaften eine Reihe von Grundbegriffen (*Basic concepts*) und fundamentalen Einsichten (*Fundamental ideas*) herauslösen lassen[6], die große erfahrungserschließende Wirkung haben und deren hoher Erklärungswert sich in ihrer umfassenden Anwendbarkeit zeigt, muß in diesem Zusammenhang kritisch hinterfragt werden. Nach Hans TÜTKEN und Kay SPRECKELSEN, die auf BRUNERS Konzept aufbauen, eignen sich solche Grundbegriffe und fundamentalen Einsichten besonders dazu, um „Erfahrungen zu erschließen und zu organisieren"[7]. Hier aber muß mit Karl R. POPPER kritisch betont werden, daß „Wissenschaft kein System vom Begriffen ist, sondern ein System von Sätzen"[8], wobei Begriffe sich nicht direkt auf Erfahrungen beziehen, sondern immer schon auf Sätze (Aussagen) und Satzverbände (Aussageverbände). Tatsachen in Begriffe zu fassen, erscheint nicht möglich, denn dies ist nur in Sätzen möglich, in denen Tatsachen behauptet und Beziehungen gestiftet werden, die wiederum die Frage nach dem Wahrheitskriterium der Sätze entstehen lassen, weil diese nicht unmittelbar evident sind.[9]

Klaus GIEL hat dieses Problem wie folgt formuliert:
„Theoretische Aussagen ... bedürfen der ausdrücklichen Aneignung und des Verständnisses, in welchem Sinn sie genommen werden wollen. Dieses Bewußtmachen ihrer Eigenart kann nicht ohne weiteres durch die Konstruktion des Systems geleistet werden, weil in der Konstruktion theoretischer Sprachen nicht zugleich, wie in der Kantischen Erkenntnistheorie, die Deduktion des Systems auf die Wirklichkeit vollzogen wird. Die theoretischen Systeme werden nicht durch eine transzendentale Urteilskraft in die Wirklichkeit herabgesetzt. Die Subsumtion ist in jedem Fall neu zu erbringen und stellt eine eigene produktive Leistung dar, die im Medium der Umgangssprache erbracht werden kann."[10]

Für den Unterricht hat dies die Konsequenz, daß sich Schule nicht allein um die Produktion des Wissens zu kümmern hat, sondern auch dazu verhelfen muß, außerschulisch erworbenes Wissen zu durchschauen.

---

[6] Jerome S. Bruner, The Process of Education, New York, Vintage Book, 1960.
[7] Hans Tütken, Kay Spreckelsen, Zielsetzung und Struktur des Curriculums, in: Naturwissenschaftlicher Unterricht in der Grundschule, Bd. 1, Berlin, München 1970, S. 12.
[8] Karl R. Popper, Logik der Forschung, Tübingen 1969, S. 9.
[9] Werner Nestle, Didaktik der Zeitmessung, Diss., Tübingen 1972, S. 96.
[10] Klaus Giel, Operationelles Denken und sprachliches Verstehen, in: Sprache und Erziehung, 7. Beiheft der Zeitschrift für Pädagogik 1968, S. 121, Zit. nach: Werner Nestle, Didaktik, a.a.O., S. 96.

Schon der obengenannte dreischrittige sprachliche Wandlungsprozeß kann in seiner idealtypischen Konstruktion nicht immer durchgehalten werden, denn die Sprache des Kindes muß auch schon als Spiegel modernen Bewußtseins verstanden werden, in welchem die sogenannte „Umgangssprache“ als historisch-kulturelles Gebilde schon eine Mischung aus Elementen der Alltagsprache und den Sprachen der Wissenschaften darstellt. Unsere Kinder verwenden heute Sätze wie „Die Erde ist rund“, „Der Ball fällt durch die Erdanziehungskraft nach unten“, „Das Flugzeug hat die Schallmauer durchbrochen“ als selbstverständliche Elemente ihrer Weltsicht. Hier ist es Aufgabe der Schule, diese zunächst oft unverstandenen Sätze in ihrer modellhaften Richtigkeit deutlich zu machen und die Bedingungen aufzuweisen, innerhalb derer ihre Verwendung nur sinnvoll erscheint.

Dennoch steht im Mittelpunkt unserer Versuche zunächst die umgangssprachliche Auseinandersetzung der Kinder mit befremdenden Naturphänomenen. In der Grundschule stellt sich in diesem Zusammenhang die Aufgabe, von einem immer wieder anzutreffenden anthropomorph-animistischen Denken des Grundschulkindes aus dem Zugang zu einem sachlicheren Denken zu finden. Dabei sind wir uns immer bewußt, daß die anthropomorph-animistischen Deutungen der Kinder zwar zum Teil aus der primären Sozialisation im Elternhaus herstammen, andererseits aber auch Mittel des Kindes darstellen, undurchschaubare Zusammenhänge auf schon bekannte Vorgänge zurückzuführen. Dazu aber legt auch die Struktur unserer Sprache es nahe, anthropomorph-animistisch zu denken, denn diese verführt ja auch dazu, im Subjekt jeweils einen Verursacher oder Täter zu vermuten: „Der Wind weht“, „Der Ball fliegt“. Warum sollten wir nicht Kindern bewußt machen, daß unsere Denkstrukturen auch von übernommenen Sprachformen beeinflußt werden?

Gleichzeitig ist aber zu zeigen, wie anthropomorph-animistische Muster zwar durch sachlichere Aussagen ersetzt werden können, aber als Denkhilfen nicht tabuisiert sind. Äußerungen von Kindern zeigen, daß es sich so „leichter denkt“. Auch wir Erwachsenen haben uns unter einer verdeckenden Schicht von sachlichen Äußerungen meist eine Spur von anthropomorph-animistischen Sprechgewohnheiten bewahrt und greifen in besonderen Situationen auch immer wieder darauf zurück. Erich KÄSTNER hat dieses notwendige Bewahren kindlicher Denkvorstellungen in seiner „Ansprache zum Schulbeginn“ in etwas anderem Zusammenhang treffend beschrieben:

„Laßt euch die Kindheit nicht austreiben! Schaut, die meisten Menschen legen ihre Kindheit ab wie einen alten Hut. Sie vergessen sie wie eine Telefonnummer, die nicht mehr gilt. Ihr Leben kommt ihnen vor wie eine Dauerwurst, die sie allmählich aufessen, und was gegessen worden ist, existiert nicht mehr. Man nötigt euch in der Schule eifrig von der Unter- über die Mittel- zur Oberstufe. Wenn ihr schließlich drobensteht und balanciert, sägt man die „überflüssig" gewordenen Stufen hinter euch ab, und nun könnt ihr nicht mehr zurück! Aber müßte man nicht in seinem Leben wie in einem Hause treppauf und treppab gehen können? Was soll die schönste erste Etage ohne den Keller mit den duftenden Obstborden und ohne das Erdgeschoß mit der knarrenden Haustür und der scheppernden Klingel? Nun – die meisten leben so! Sie stehen auf der obersten Stufe, ohne Treppe und ohne Haus, und machen sich wichtig. Früher waren sie Kinder, dann wurden sie Erwachsene, aber was sind sie nun? Nur wer erwachsen wird und Kind bleibt, ist ein Mensch! Wer weiß, ob ihr mich verstanden habt. Die einfachen Dinge sind so schwer begreiflich zu machen!" [12]

An den Protokollen wird immer wieder abzulesen sein, wie wir versuchten, an anthropomorph-animistische Erklärungs- und Deutungsversuche anzuknüpfen und von dort aus den Übergang zu stärker sachbezogenen oder wissenschaftsorientierten Sichtweisen und Sprachformen zu ermöglichen.

Beispiele Protokoll S. 173 f.

Thomas II: Das höhere Wasser drückt nach unten, da hat der Stephan recht, das kommt von der Erdanziehung, das Wasser will immer gleich sein – *nein, so kann man nicht sagen,* das Wasser fließt halt so, daß es gleich wird, es will Gleichstand haben ...

Aus einem anderen Protokoll „Beobachtungen am Heber" [13]

Nicolai II: ... Das Wasser hört ja nicht von allein auf, weil's keine Lust hat, von irgendwoher muß es ja kommen, daß es aufhört.

Robby: Das Wasser kann ja keine Lust haben, das wissen wir ja schon, es denkt ja nichts. Aber sie haben ja gesagt, Herr Thiel, daß man so sagen kann, wenn's auch nicht ganz stimmt.

Lehrer: Stimmen tut's schon, nur hat man es dann halt so gesagt, wie wenn das Wasser ein lebendiges Wesen wäre.

Aus einem Gespräch über das Verhalten von Gegenständen bei einem Bremsvorgang (noch unveröffentlicht)

Eva: Meine Mutter hat auf dem Rücksitz oft viele Schachteln liegen, und wenn sie gebremst hat, sind sie runtergefallen. Die Schachteln haben

[12] Erich Kästner, Ansprache zum Schulbeginn, in: E. Kästner, Gesammelte Schriften in sieben Bänden, Bd. 5, Vermischte Beiträge, S. 181. Verlag Kiepenheuer und Witsch, Köln-Berlin.

[13] Siegfried Thiel, Kinder sprechen über Naturphänomene „Kann Wasser auch den Berg hinauffließen, in: Die Grundschule, Vorschläge zum Sachunterricht auf der Grundstufe, Heft 3, Juli 1970, S. 7, Braunschweig 1970.

doch keinen Instinkt, die nicht, nur Menschen, aber die fliegen doch auch (vor) . . .

Aus dem Protokoll der 2. Klasse zum Phänomen des Schalls, S. 119 f.

Lehrer: Darf ich kurz mal eingreifen? Wir haben bisher folgendes gehört: Der eine hat gesagt, der Schall fliegt durch die Luft, ein anderer hat gesagt, die Luft trägt den Schall, wieder ein anderer könnte sagen, der Schall schwimmt durch die Luft.
Wie ist's nun? Trägt sie, schwimmt er, fliegt er oder wie ist es? Robert!

Robert: Der Wind, der trägt sie.

Lehrer: Mit seinen Händen?

Einige: Nein, nein, ja.

Robert: Die Erde, die zieht uns auch an, aber der Schall, der ist so leicht, den zieht die Erde nicht an, den trägt die Luft. Ulf!

Ulf: Aber der Wind, der ist doch so, der geht doch so durchs ganze Zimmer und dann braucht er ja keine Arme zu dem Tragen, da muß der ja nur so auf's Flache draufsitzen und dann fliegt er.

Richard: Da möcht' ich noch etwas dazu sagen. Der Schall schwimmt nicht, der Schall fliegt nicht, er geht schon durch die Luft, aber nicht mit den Füßen, sondern er hat Wellen, das ist so ähnlich, man kann sich auch mit Wellen fortbewegen.

Achim: Ja, der Schall, wenn ich so sagen darf, der geht ohne Füße, der fliegt ohne Flügel, der schwimmt ohne Hände, der, der ist halt einfach da und geht, halt ohne Füße, anders kann man's nicht sagen.

Wie an der Aussage von Richard („. . . man kann sich auch mit Wellen fortbewegen.") deutlich wird, stellt sich bei einem solchen Unterricht, der Kinder freisetzt, ihre Gedanken spontan zu äußern, das Problem, wie Begriffe und Vorstellungen aus den Fachwissenschaften, die von den Kindern aufgegriffen und angewandt werden, sinnvoll in den Unterricht mit einbezogen werden können. Dieses Problem wird in der Schule meist übergangen. Zu schnell werden die Kinder dazu angehalten, anscheinend fertige, logisch gereinigte Begriffe der Fachwissenschaft einfach zu übernehmen, um damit ein „Wörterbuch der Fachwissenschaft" verwenden zu können. Dabei wird den Schülern selten verdeutlicht, welche Bedeutung und Funktion solche Begriffe in den Zusammenhängen haben, denen sie entstammen. Sieht man Lehr- und Schulbücher einmal unter solchen Kriterien durch, dann werden Begriffe vorwiegend und vorschnell als „Namen" von Gegenständen und Vorgängen verwendet, d. h. Worte, die aus der Umgangssprache erwachsen und Umgangsbedeutung haben (Feld, Welle, Schall, Pendel, Geschwindigkeit, Kraft, Arbeit, Zeit) werden in Form von

Artbegriffen verwendet, wobei der Unterschied zum wissenschaftlichen Terminus mit derselben Bezeichnung selten deutlich gemacht wird.
Es macht aber gerade den Unterschied zwischen *Umgangserfahrung* und *wissenschaftlicher Erfahrung* aus, ob Begriffe wie Kraft, Arbeit, Feld, Schwingung oder Geschwindigkeit als umgangssprachliche Artbegriffe oder genau definierte wissenschaftliche Termini verwendet werden, denn je nach der Verwendung als Artbegriff oder als Terminus verschiebt sich die Sichtweise. In der verschiedenartigen Verwendung von Begriffen und ihrer unterschiedlichen Definition kann Kindern der Unterschied zwischen Umgangserfahrung und wissenschaftlicher Aussage bewußt gemacht werden. Natürlich ist dies für Kinder nicht leicht zu verstehen, denn dazu muß das entsprechende Abstraktionsvermögen erst erworben werden, welches nur in einem längerfristigen Prozeß zu erreichen ist. Andererseits hätte aber auch das alleinige Ausgehen von einer anscheinend wissenschaftsfreien Umgangssprache ihre Grenzen, denn die Welt des Kindes und damit seine Sprache müssen immer schon als vom Erwachsenen und seinem Angebot her struktuiert gesehen werden.
Das bedeutet für die sogenannte Umgangssprache, daß auch sie schon als Spiegel modernen Bewußtseins verstanden werden kann, in welchem sich Vorstellungen und Begriffe aus den Wissenschaften mit Sprachformen des Laien gegenseitig durchringen.
Grundschulkinder verwenden Begriffe wie Atom, Erdanziehung, Schallgeschwindigkeit, Welle und Schwingung manchmal wie selbstverständlich – der Lehrer muß deshalb mit solchen Beiträgen rechnen und sie dort, wo er sie seinen Schülern produktiv zutrauen will, aufnehmen und „intellektuell redlich" in den Erkenntnisprozeß einzubauen versuchen, d. h. kritisch allmählich immer annehmbarer zu machen.

Ein Beispiel aus dem Protokoll S. 146 f.

Roland: Der Schall braucht Zeit, gleich ist er nicht da, ich hab's gesehen, ich weiß es.

Jochen: Es war nur ein ganz kleiner Unterschied, aber ein Unterschied war es, das hat man gut gesehen.

Georg: Der Schall ist halt eine Luftschwingung, der schwingt sich halt so zu uns her und vom Flugzeug herunter. Da braucht er halt schon Zeit.

Matthias I: Mein Vater hat gesagt, das seien so Wellen, so Luftwellen, die macht das Flugzeug oder die Becken, die Motoren, die stoßen die aus.

Nicolai II: Hier ist das Flugzeug, und hier ist die Erde. Der Schall geht da vom Flugzeug ab, und bis er erst bei der Erde ist ... (Zwischenrufe: Aber er geht auch nach oben) Ja, er geht auch nach oben, nach allen Seiten, das wissen wir ja, aber bis er auf der Erde ist, da muß immer ein Teil das andere anstoßen.

Robby: Das sind die Moleküle, die Teilchen, und da habe ich in einem Buch nachgeguckt. Da habe ich gelesen, daß der Schall sich in der Luft seltsamerweise schlechter fortpflanzen kann als im Wasser. Denn im Wasser wohnen die Wassermoleküle enger zusammen, und da wird weniger Energie verbraucht, als wenn die Moleküle weiter auseinander sind. Ich sage ein Beispiel: Wenn ich's hier anzeichne, dann sind da viele Moleküle nebeneinander, so kleine Teilchen, aus denen die Luft besteht – und das Wasser, so ganz kleine Tröpfchen. Wenn der Düsenjäger so durch die Luft fliegt, da machen die Motoren Lärm, so den Schall, und da werden die Moleküle aneinandergestoßen, und die geben den Stoß an andere weiter. Im Wasser sind sie enger beieinander, da pflanzt sich der Schall besser fort als in der Luft, denn bei der Luft sind die Moleküle nicht so eng beieinander.

Lehrer: pfeift überrascht.

Robby: In der Luft pflanzt sich der Schall mit 333 Meter in der Sekunde fort, im Wasser ungefähr mit 1480 m, ja soviel schafft der Schall im Wasser. Im Stahl kann er bis 5800 m schaffen, weil da die Moleküle noch viel enger aneinanderliegen.

Die Mitschüler reden durcheinander, anscheinend hat sie Robbys Rede überrascht.

Lehrer: Nun gut, Robby hat das in einem Buch nachgelesen. Wir haben nun die Aufgabe, zu verstehen zu versuchen, was Robby gesagt hat. Robby, kannst Du es uns vielleicht selbst noch mehr erklären?

Die wichtigste Aufgabe des Lehrers wird es in diesem Zusammenhang sein, den Kindern verstehen zu helfen, wie man zu solchen Begriffen und Sätzen kommen konnte und wie entsprechende Begriffe als Termini in Wissenschaften etwas anderes aussagen als in der umgangssprachlichen Verwendung als Artbegriff.

Gleichrangig steht deshalb neben den Verfahren des Problemlösens (als Produktion von Wissen) die Aufgabe, Kindern zu zeigen, wie anscheinend fertige Informationen – die Luft besteht aus kleinsten Teilchen, die Erde ist eine Kugel, Töne kommen durch Schwingungen zustande – auf ihre Entstehungsgeschichte hin analysiert und somit im Nachhinein durchschaut werden können. In der angemessenen Verbindung zwischen diesen induktiven und deduktiven Unterrichtsverfahren, welche jeweils ihre eigene didaktische Bedeutung haben, wird sich zeigen, wie wir Kinder dazu erziehen können, im Denken beweglich zu werden und mit verschie-

denen Zugriffsweisen eine komplizierte Wirklichkeit an einigen wenigen ausgewählten Punkten zu erfassen und zu durchschauen.
Damit soll gleichzeitig verhindert werden, daß Kinder den auf sie einstürzenden, zunächst unverstehbaren Informationen hilflos ausgeliefert bleiben. Eine anzustrebende Mündigkeit und Weltoffenheit des Menschen wird sich daran zeigen müssen, wie er die Fülle von Informationen bewältigen kann.
Ein Auszug aus den abgedruckten Protokollen möge verdeutlichen, wie Kinder sich gegen plötzlich auftauchende, zunächst unverständliche Informationen und Erklärungsmodelle aus den Wissenschaften zur Wehr setzen, und wie diese dennoch produktiv in den Unterrichtsverlauf eingebaut werden können.

Aus dem abgedruckten Protokoll S. 150f.

Bernhard I: Herr Thiel, ich war nicht damit einverstanden, mit den Molekülen. Robby hat gesagt, er hätte das im Buch gelesen. Aber das kann jeder, so nachlesen und es dann sagen. Wir wollen es aber selber finden.

Nicolai I: Der Georg hat so was auch gesagt, was er aus dem Buch hat, mit Schwingungen und Hertz und so. Aber das hat er aus dem Buch so abgelesen, von selber weiß er es nicht.

Georg: Aber es ist doch nicht falsch.

Lehrer: Nein, das nicht. Ich habe wirklich nicht damit gerechnet, daß ihr so etwas sagt. Aber wir sollten ruhig einmal darüber sprechen. Was meint ihr?

Robby: Wir haben doch auf der Straße, letzte Woche mit der Trommel so einen Versuch gemacht. Am Abend habe ich es dann erzählt und in einem Buch nachgelesen über den Schall. Da stand das drin, daß Töne aus Schwingungen entstehen und daß man nur bestimmte Schwingungen hören kann. Auch von den Molekülen, den Luftteilchen war geschrieben und wie sie sich gegenseitig anstoßen. Das stimmt doch, Herr Thiel!

Nicolai II: Aber sehen kannst du die Moleküle nicht, Robby. Das steht halt so drin im Buch, ich glaube schon, aber ganz wissen wir es nicht.

Lehrer: Ja, wie ist es. Stimmt das, was Robby und Georg gesagt haben?

Bernhard I: Ich glaube schon, daß es stimmt, im Buch ist es ja immer richtig, wenn's kein, ja, wenn's kein Druckfehler ist, aber so einfach ablesen und sagen, das mag ich nicht.

Robby: Aber es gibt so kleinste Luftteilchen, so Moleküle, nicht, Herr Thiel? Wenn man sie auch nicht sehen kann, aber die Wissenschaftler wissen es und Sie auch.

Lehrer: Ja, die Wissenschaftler sprechen von Molekülen. Warum ich es nicht gleich am Anfang sage? Ja, ich möchte euch halt den Weg zeigen, wieso man z. B. so denken kann, als ob die Luft aus lauter kleinen Teilchen besteht, wie man dazu kommt, so zu denken. Einer muß das ja einmal zuerst so gedacht haben, Gründe dafür gehabt haben. Das mit den Molekülen ist nicht leicht. Anfassen kann man sie nicht. Aber wie ist es mit dem Luftballon, den ich drücke, da kann ich doch Luft anfassen, auch die Teilchen?

Thomas I: Doch, da ist die Luft wie im Ball, so gedrängt.

Stephan II: Anfassen kann man sie nur, weil sie eingesperrt ist, den Gummi faßt man nur an. Aber ein kleines Luftteilchen kannst du nicht anfassen mit deinen groben Fingern – nur wenn sie alle zusammen eingesperrt sind.

An diesem Auszug kann deutlich werden, wie angebotene Konzepte, Lösungsvorschläge und scheinbar feststehende Erkenntnisse immer wieder kritisch zu überprüfen sind und auch das anscheinend fertige Wissen eines Lehrbuches nicht einfach übernommen werden muß – ein Vergleich verschiedener Arbeitshefte mehrerer Verlage zum gleichen Thema kann auch Grundschulkindern schon rein äußerlich deutlich machen, wie verschiedene Sachverhalte unterschiedlich dargestellt werden können.

In einem solchen Lernprozeß muß der Lehrer die Reaktionen der Kinder genau beobachten. Viele Grundschulkinder reagieren sehr empfindlich darauf, wenn der Lehrer Gedanken anspricht, die nicht so schnell mit ihrer Umgangserfahrung in Übereinstimmung gebracht werden können. Es ist daher notwendig, eine solche Beweglichkeit im Denken durch entsprechende Unterrichtskonzepte immer wieder *anzuregen*, anstatt sie *vorauszusetzen.* Wichtig dabei ist, den Kindern zunächst eine gewisse Sicherheit, ein Zutrauen in ihre eigenen Gedanken und eigene Sprache zu verschaffen. Auf einer solchen Grundlage fällte es ihnen dann leichter, sich in das verunsichernde Abenteuer operationaler Gedankenspiele einzulassen.

Macht man Grundschulkinder z. B. vorschnell darauf aufmerksam, daß ihre Aussagen auch von animistischen und anthropomorphen Elementen bestimmt werden, so kann es geschehen, daß sie daraufhin verstummen – ihre Sprache ist ihnen plötzlich bewußt und damit fremdartig und fragwürdig geworden. Nur behutsam sollten deshalb Kinder zu solchen Einsichten in die besondere Struktur ihrer eventuellen anthropomorphen Aussagen geführt werden – eine humorvolle Behandlung ist hier von großer Hilfe.

Auch bei der Aufnahme von zunächst fremden Begriffen gilt es, deren Tendenz, Kinder gegenüber ihren eigenen Wortschöpfungen zu verunsichern, dadurch zu unterlaufen, daß man dort, wo dies möglich und sinnvoll erscheint, die Genese eines solchen neuen Begriffs und seine Verwendung in bestimmten, genau festgelegten Bereichen verdeutlicht und so in der wechselseitigen Einschätzung als Artbegriff oder Terminus überhaupt erst sinnvoll verfügbar macht.

Der Titel unseres Buches heißt „Kinder auf dem Weg zur Physik", d. h. Kindern soll gezeigt werden, wie in die Welt der Naturwissenschaft und ihrer spezifischen Sprache eingedrungen werden kann. Dieser Ansatz ist nicht als eine Fortsetzung der „Kunden" zu verstehen, die in den jeweiligen Schüler integriertes Erfahrungswissen übermitteln wollten, sondern möchte im Gegensatz dazu die Kinder über die spezifische Sprache der Physik dem Menschen den besonderen Weltaspekt der Physik verstehen lassen.[14]

Die abgedruckten Protokolle können diesen beabsichtigten Weg noch nicht vollständig zeigen, weil sie zunächst als Vorversuche für Konstruktionselemente dienten. Sie vermögen aber einen Eindruck davon zu geben, wie freigesetzte Kinder mit ihren Mitteln versuchen, Lösungen von Problemen zu finden und dabei schrittweise auch Elemente und Modellvorstellungen der Fachwissenschaft zum Verstehen von Naturphänomenen einsetzen lernen.

[14] Fritz Loser, a.a.O., S. 397.

Erstes Protokoll

Thema: Der Schall

2. Klasse, Buben (7–8 Jahre alt). 1. Stunde, Montag, 30. Juni 1969

Bei einem Lerngang konnte mit der Klasse auf Hinweis des Lehrers beobachtet werden, wie ein Rammbohrgerät einer Baufirma die Rammgeräusche seltsam verschoben von sich gab. Die Kinder sprachen darüber, und in einer Schulstunde wurde nun versucht, dieses Phänomen zu wiederholen.
Zur Anknüpfung wurde auf das Phänomen verwiesen, daß man das Geräusch eines Flugzeugs aus ganz anderer Richtung hört, als es im Augenblick fliegt.

Versuch: Ein Schüler (Richard) stellte sich mit einer Trommel ca. 300 m von der Klasse entfernt auf und schlug deutlich sichtbar auf das Trommelfell und nahm den Schlegel sofort wieder weg. Anschließend erfolgte das nachfolgende Gespräch mit der Klasse.

Lehrer: Draußen sahen wir etwas Interessantes. Wir wollen deshalb zunächst versuchen zu beschreiben, was wir gesehen und gehört haben.

Thilo: Da war draußen ... wenn der Richard geklopft hat, dann kam das Klopfen erst nachher, das Klopfen, da hat's ein bißchen gedauert, so ein, ein, ja, bißchen.

Lehrer: Danke! Robert!

Robert: Also, nach dem Richard hat der Thomas geklopft, und als er die Hände erst wieder auseinander hatte, da hat's erst bei uns geklopft, nämlich wir haben's erst da gehört, als er die Hände wieder auseinander gemacht hat, weil der Schall ja auch 'ne Zeit braucht, bis er, bis er bei uns war. Jens!

Jens: Der Schall, der muß, der kann doch nicht so schnell, wenn der da 100 Meter weg ist, der ist nicht so schnell da, der muß doch auch erst herkommen.

Richard: Ich möchte noch mehr sagen als der Jens. Der Schall braucht auch eine gewisse Zeit, daß man ihn hört. Manchmal hört man ihn überhaupt nicht, wenn er so in 'ne andere Richtung geht.

Matthias: Wenn der Wind anders ist.

Thomas: Als der Richard geklopft hat, als er geklopft hat und dann die Hände schon auseinander hatte, dann ist er, dann hat's erst bei uns geklopft. Aber wenn man danebensteht, da klopft's zu der Zeit, wenn man draufklopft.

Lehrer: Das hast du genau beobachtet.

Ulf: Aber man muß erst mal ganz arg draufhauen, sonst geht's ja gar nicht, daß man's hört. Sonst hört man's nirgends.

Achim: Ja, ich hab' fast so arg draufgeklopft, daß ganz, beinahe die Trommel kaputtgegangen ist.

Michael: Aber der Achim hat's auch falsch gemacht. Der hat zweimal da schnell hintereinander draufgeklopft, und da kommt man nimmer hören, ob's so später kommt.

Lehrer: Thomas hat das wirklich gut gemacht, er wartete immer einige Zeit bis zum nächsten Schlag.

Robert: Sie haben es ja auch so gesagt. Der Achim macht's halt gern anders.

Lehrer: Nun, wenn wir das, was wir gerade gesehen haben, übertragen auf die Geschichte mit dem Flugzeug, die ich euch auf dem Lerngang erzählt habe, können wir sicher einiges dazu sagen.

Matthias: Das Flugzeug ist viel weiter oben und dafür auch doppelt so laut. Auf die Trommel kann man ja nicht so fest draufhauen, sonst geht die Trommel kaputt.

Christian: Das Flugzeug hat ja Düsen, und die Düsen sind laut und des, die sind so laut, daß man sie sogar hört, wenn sie in der Luft sind.

Thilo: Herr Thiel, wenn man nämlich einen Düsenjäger nimmt und würd den oben fliegen lassen, ganz oben in der Luft, dann kommen die Geräusche auch runter, und da fliegt 's Flugzeug weiter, und wenn's oben feucht ist, da kommt an dem Auspuff da so weiße Strahlen raus, so Striche. Ralf!

Ralf: Wir haben auf dem Lerngang gesehen, daß da, wo das Flugzeug fliegt, so, da braucht der Schall auch Zeit. Und wenn da der Schall auf die Erde kommt, da fliegt das Flugzeug weiter. Stehenbleibt's ja nicht da in der Luft. Und da hört's man, und da ist's schon weiter. Albrecht!

Albrecht: Wo da keine Luft ist, da schallt's auch nicht. Da kommt's auch nicht zurück, weil, wenn man so nachmacht, so dringt die Luft erst her.

Kilian: Ich möchte was da zum Albrecht sagen. Der Albrecht hat gesagt, wo keine Luft ist, ist auch, kann auch der Schall nicht kommen. Das stimmt, aber wenn da Luft ist, da kommt er wieder. Wenn's da keine Luft wär, tät's nicht kommen, weil der Luft den Schall trägt.

Robert: Ja, das stimmt.
Siegfried: Ja, die Luft trägt den Schall.
Lehrer: Die Luft trägt den Schall – schauen wir uns den Satz mal genau an.
Siegfried: Die Luft ist das ...
Tillmann: Wie macht die Luft das so, wenn sie den Schall trägt? Hat die ein' Rucksack oder mit'n Händen?
Robert: Das ist genauso wie mit'm Funkgerät. Oben im Weltraum, da, wo keine Luft ist, wo die Raketen sind, da, das geht auch nicht, weil da keine Luft ist.
Richard: Des geht schon, funken kann man, das geht immer, das wissen wir.
Aber wenn man so macht (klatscht in die Hände), da hört man nichts, weil da keine Luft ist. Deshalb tut man funken, sonst könnt man ja miteinander sprechen, Achim!
Achim: Also, das wär umständlich, wenn's, wenn ... Den Schall hören wir da, der kommt nie aus dem Mund raus und fliegt dann in unser Ohr, denn der überträgt sich von dem Hauch. Wenn man die Hand so hinhält und schwätzt, da merkt man's, da stupft's. Und in der Badewanne macht's so „blubber", wenn man da unter Wasser schreit. So muß man auch Haifische wegjagen.
Ulf: Aber wenn man, ja wenn man, wenn man 'n Flugzeug hört, und man sitzt innen drin, da hört man nichts, nur von außen hört man's.
Uli: Ich weiß warum. Da sind die Düsen hinten, und da schmeißt's, da fliegt der Schall hinten weg, so ganz schnell.
Thilo: Herr Thiel, im Fernsehen hab' ich mal einen Film gesehen, die Tasse oder was da bei den Astronauten, die kann man da fliegen lassen, die fällt nicht runter.
Lehrer: Zurück zum Schall. Wir sagten, man braucht die Luft dazu, daß der Schall zu einem kommen kann und man etwas hört.
Tillmann: Das glaub' ich auch, daß der Schall die Luft so braucht, aber da braucht man nicht sagen, die Luft trägt den Schall. Aber ich möcht' noch was zum Flugzeug sagen. Da, wenn man da auf dem Boden steht, da auf der Erde, da braucht der Schall vom Flugzeug eine gewisse Zeit, bis er auf die Erde kommt und bis der Schall auf die Erde runterkommt, da ist das Flugzeug schon weitergeflogen, so ganz, ganz arg schnell. Und da guckt man: Wo ist das Flugzeug? Und da ist's nicht dort, wo der Schall herkommt, es bleibt ja nicht stehen in der Luft, da ist's schon weitergeflogen, so 'n Stück.
Lehrer: Kann das einer nochmals sagen, was Tillmann gerade sagte?
Richard: Der Tillmann hat gesagt, wenn das Flugzeug da ist, da braucht

der Schall eine gewisse Zeit, bis er unten ist – aber mit Wellen –, das hat der Tillmann nicht gesagt, das kann man an bestimmten Meßgeräten sehen. Da hat der Tillmann gesagt, da fliegt das Flugzeug so weiter, während der Schall runtergeht. Und da ist das Flugzeug schon da, viel weiter, und da kommt der Schall erst an bei mir, und da guck' ich, wo der Schall herkommt, und mein', dort ist das Flugzeug, und da ist's nicht mehr, ist schon weiter. Achim!

Achim: Aber das Flugzeug, wenn das da weiterfliegt, dann, dann, dann kann doch der Schall nicht, da, das kann man doch nicht hören, weil das Flugzeug kann doch nicht stehenbleiben und dann den Motor ausmachen und wieder anmachen, damit man den Schall einmal hört.

Lehrer: Das will ich dir zeigen, Achim. Der Motor macht dauernd Lärm, und der Lärm dringt bis zum Boden. Der Lärm oder der Schall, den das Flugzeug an jeder Stelle ausstößt, kommt zur Erde, und zwar von jedem Punkt, wo das Flugzeug durchfliegt. Es kommt ein Schall von dem Punkt, vom nächsten und so weiter. Und wir? Wir auf der Erde hören den Schall nacheinander, zuerst von einem Punkt und dann vom zweiten, dann vom dritten ...

Robert: Das Flugzeug fliegt viele Punkte, das kann man aber nicht so gut sagen, es fliegt so einen Strich, viele Punkte nebeneinander.

Lehrer: Da hast du recht, Robert. Mit den Punkten wollte ich nur zeigen, wie man sich die Stellen deutlich machen kann, wo der Schall herkommt.

Siegfried: Ich hab' mal im Fernsehen gesehen, da ist ein Flugzeug abgestürzt, und da kam der Krach auch erst dahinter, da ist's schon auf dem Boden gelegen, bis man's gehört hat.

Jens: Mein Bruder hat mir ..., da hab' ich die Stampfmaschine gesehen, und da ist der Stampfer schon wieder hochgegangen, da hat man's erst gehört, wie's auf'n Boden stampfte. Da sind wir alle weit weggegangen, und da hat's noch länger gedauert, bis man's gehört hat.

Thilo: Die Stampfmaschine hab' ich auch gesehen.

Robert: Das war so wie unsere Trommel, da ha'm wir auch hingeschlagen und wieder weggenommen, und da, da kam der Schall auch erst, als man's wieder weggenommen hatte. Wie beim Stampfer da auf dem Sand drüben, ganz weit.

Matthias: Wir sind ganz nahe gewesen, bei dem Stampfbagger, da ist's ganz gleich gewesen, da hat's gestampft und gebumst – ganz gleich. Ralf!

Ralf: Das ist klar, nur wenn du weiter bist, braucht der Schall länger, sonst muß er ja nicht fliegen. Ulf!

Ulf: Wenn man irgendwo landet, dann hört man's ganz arg. Wenn man auf dem Flugplatz ist, auch zum Beispiel, hört man die Düsen grillen.

Lehrer: Da sind wir auch nahe dran an dem Flugzeug. Wie ist es, wenn wir weiter weg sind?

Ulf: Da ist's viel leiser, da summt's nur so.

Lehrer: Wie war's, als der Richard nahe bei uns die Trommel zusammengeschlagen hat?

Uli: Da war's auch gleichmäßig. Da hat er geschlagen, und da hat's auch schon gebumst. Da, als er so weitergegangen ist, so 300 Meter, da hat's erst hinter dem Schlagen gebumst, eine ganze Weile.

Lehrer: Und wenn der Richard 1000 Meter weggegangen wäre?

Uli: Da hätt's noch länger gedauert.

Lehrer: Und wenn er 10 km weggegangen wäre?

Ralf: Da hätt's furchtbar lange gedauert.

Achim: Nein, da hätt' man gar nichts mehr gehört. Das hat man ja auch nicht mehr gehört, wenn da beim Richard ein Auto vorbeigefahren ist. Da hätt' man eine Kanone nehmen müssen, so bei 10 Kilometer.

Uli: Ich möcht' noch was zum Sigi sei'm Film sagen. Aber im Fernsehen, da ist das Flugzeug doch auch ganz nah. Da kann der Siegfried des nicht später gehört haben, da, als es schon abgestürzt war, des Flugzeug.

Siegfried: Da, als meine Oma beerdigt wurde, da ist ein Flugzeug gelandet, 100 m von uns weg, und da hat man auch alles erst später gehört, da war der Ton schon lange aus, der Propeller und alles.

Lehrer: Wenn der Siegfried das gesehen hat, da war das ja ein Film, und, Uli, du kannst selbst sagen, wo das Filmgerät stand, direkt neben der Absturzstelle oder weiter weg?

Uli: Ja, weiter weg, sonst wär's ja auf ihn drauf.

Lehrer: Kann also Siegfried recht haben, wenn er sagt, das Geräusch des Absturzes sei später gekommen als das Bild, wie das Flugzeug aufschlug?

Uli: 's kann sein, aber ich hab' gedacht, der Fernseher ist nur 5 Meter weg, aber es ist ja a Film.

Richard: Ich möchte gleich ein paar Sachen sagen. Der Schall ist eigentlich so, der geht nicht, wenn man oben ist, da geht der nicht so runter, so gerade, aber meistens geht er so runter. Beim Menschen ist es senkrecht, da kommt der Schall direkt zum Menschen.

Lehrer: Nun, würde ein Mensch, der 2 km von mir wegsteht, ein Flugzeug nicht hören?

Achim: Richard, was du wieder sagst! Der Schall geht überallhin, der andere tät' ihn auch hören, der kommt net bloß zu dir, so wichtig bist du auch nicht. Wenn wo Schall ist, hören es alle Leute.

Lehrer: Auch die Vögel in der Luft?

Uli: Die haben doch auch Ohren, also hören sie es auch. Den Schall hört man überall, aber zu weit weg, nein, zu weit weg darf man nicht sein.

Richard: Ja, das glaub' ich, daß alle hören den Schall.

Robert: Der geht überall rum, nicht nur von mir zum Richard. Auf dem Pausenhof, da hört man alles Geschrei.

Lehrer: Nun, probieren wir es!

Versuch: Der Lehrer ruft, und die unterschiedlich aufgestellten Kinder auf dem Pausenhof zeigen durch Handzeichen, ob sie gehört haben.

Uli: Wenn da einer im Heißluftballon über uns gesessen wär, der hätt' den Herrn Thiel auch gehört.

Tillmann: Ich möchte was anderes sagen. Wenn eine Kapsel zum Mond fliegt und fällt dann ins Wasser, da muß, ja das weiß ich ganz sicher jetzt, wenn die Kapsel ins Wasser fällt, kommt der Schall auch erst später.

Lehrer: Moment, wo muß ich stehen, damit ich den Schall später höre, gleich neben der Kapsel im Schlauchboot oder weiter weg auf dem Flugzeugträger?

Achim: Neben der Kapsel ist's gefährlich, da könnt's einen totschlagen. Aber ich hab' einen Spaß gemacht, man muß weit wegstehen, ganz weit, aber nicht zu weit, dann hört man's nachher, den Schall vom Aufklatschen.

Uli: Aber ich möchte noch was zum Richard sagen. Wie kann man bei der Trommel, wenn der Richard draufgeschlagen hat, dann kann doch der Schall nicht zu uns kommen, weil der Richard ist doch so unten gestanden und wir so oben?

Lehrer: Uli, haben wir den Schall gehört oder nicht?

Viele: Klar haben wir den gehört.

Richard: Das ist ein Beweis, daß der Schall überall hingeht, auch von unten nach oben.

Robert: Uli, das mußt du dir gut merken. Auch hinter dem Richard hätt's man gehört.

Lehrer: Und wenn bei Richard ein 200 Meter tiefes Loch gewesen wäre, und da drin wär einer ...

Viele: Der hätt's auch gehört.

Ralf: Der Schall geht überallhin, nur zu weit weg kann er nicht, da ist er zu wenig stark.

Robert: Überall geht der Schall hin, überall um einen rum, wenn man drin ist.

Tillmann: Als ich mal klein war, da hab' ich gerufen: „Bumm", und da hab' ich gehört, da hat jemand hinter mir auch „bumm" gerufen, und da hab' ich gerufen: „Wer ist da?", und da hat der hinter mir auch gerufen „Wer ist da?", weil es der Schall ist.

Matthias: Wenn der Bauer da in den Ferien, da die Zäune aufbaut und da die Pfosten einschlägt, ja, da schlägt er drauf, und dann hebt er den Hammer hoch, und da klopft's erst.

Thomas: Es gibt auch ein Echo, das spricht dann wieder, wenn man spricht, alles kommt dann wieder.

Lehrer: Wer kann das Echo erklären, wer kann sich vorstellen, wie das vor sich geht?

Kilian: Einmal, da wollt' ich mit'm Thilo auf den Sand gehen, und da, wie wir gegangen sind, da ist da so ein Tunnel, und da hab' ich ein Knallkäpsele gefunden, und das hab' ich genommen und draufgeschlagen, und da hat's geknallt, und da hat's wieder geknallt.

Matthias: Das Echo ist wie 'ne Wand, wo man den Ball dranwirft. Der kommt auch zurück. Wenn man, wenn da ganz viel Wand ist, und man da dagegenredet, so kommt's wieder, weil's da nicht durch kann, das ist Echo. Albrecht!

Albrecht: Wenn man aber ganz nah am Wald steht, dann hört man's nicht so gut. Da muß man ein bißchen zurückgehen, da geht's auf einmal ganz toll das Echo. So ein Stück, so wie der Pausenhof. (40 m)

Uli: Wenn man so am Wald steht, da so, so sind da Höhlen, und da sammelt sich das Echo und kommt zurück.

Ralf: Manchmal, oder immer, da kommt aber nur der halbe Schall zurück. Thomas!

Thomas: Und wenn man bei uns ins Kellerfenster reinruft, dann kommt das gleich auch wieder zurück, das Ganze aber, aber wenn man am Hochhaus hinschreit, nur das Halbe.

Robert: Ja, weil's ja im Raum ganz sammelt und da kommt alles wieder zurück, und am Hochhaus geht die Hälfte daneben vorbei.

Jens: Meine Schwester, die hat mal so in ein Gitter an der Terrasse reingesprochen, und da ha'm wir das Ohr ans andere Gitter gepreßt, und da ist's wieder rausgekommen.

Christian: Aber wenn hier ein Berg ist, und da – zum Uli seiner Frage – und hier ist eine Höhle, und das kommt da herein, und wenn da die Höhle aufhört, da kommt's vielleicht auch wieder zurück.

Lehrer: Wenn man also im richtigen Abstand zu einer Wand, einem Wald oder auch einem Hochhaus steht, so kommt der Schall wieder zurück, wenn man vorher etwas gegen die Wand geschrien hat?

Achim: Beim Wald geht's Echo aber durch, nicht, wie der Matthias gesagt hat, daß so nicht durch kann und dann wär's das Echo.

Matthias: Es kann gar nicht durchgehn, sonst tät's nicht zurückkommen, und dann wär's kein Echo, warum gäb's dann ein Echo?

Robert: Ich kenn' einen Witz. Da hat einer gesagt: „Guck mal, das Tonbandgerät ist ein Echo", und hat da reingesprochen und umgeschaltet, und da ist's wiedergekommen.

Lehrer: Ich weiß auch einen: Da hat der Bürgermeister von Wesel sich vor einen Wald gestellt, weil man ihm gesagt hat, das Echo sage immer die Wahrheit, und da hat er stolz hineingerufen: Was ist der Bürgermeister von Wesel?

Viele: Esel, Esel!

Ralf: Da kam auch nicht alles zurück, nur „Esel".

Lehrer: Noch eine Geschichte mit dem Echo: Ein Ehepaar hat sich einmal nicht einig werden können, ob er oder sie auf den Markt gehen solle. Jeder wäre gerne gegangen. Da beschlossen sie, das Echo zu befragen. Der Mann rief: Soll ich zu Hause bleiben?

Schüler: bleiben, bleiben!

Lehrer: Die Frau fragte: Soll ich auf den Markt gehen?

Schüler: (Das Echo) gehen, gehen!

Matthias: Die war schlau, da muß man bloß richtig reinrufen. Die hat halt denkt.

Lehrer: Vielen Dank!

2. Stunde, 7. Juli 1969

Lehrer: In der letzten Stunde machten wir draußen auf der Straße einige Versuche, wobei wir seltsame Dinge beobachten konnten.

Thomas: Da ist der Richard mal weiter weggegangen und hat geklopft, aber erst, als er halb auseinandergenommen hat, da hat man erst bei uns gehört, daß es gebumst hat. Robert!

Robert: Nämlich der Schall, der braucht ja auch 'ne Weile, nicht nur bei Richard, bis der da runtergerannt ist, der Schall, der braucht auch ein bißchen, bis der da oben ist bei uns, weil der viel schneller ..., aber trotzdem. Uli!

Uli: Ich hab' noch 'ne Frage. Aber weil, bei dem Richard ist doch der Schall auch so schnell, aber warum kommt er dann beim Flugzeug bloß ein bißchen später?

Lehrer: Kannst du das noch mal sagen, Uli?

Uli: Beim Richard, da ist der Schall, hat er eine Zeitlang da braucht, aber das Flugzeug ist, ja ist viel weiter weg, braucht viel länger, aber der kommt ja so schnell. Ulf!

Ulf: Nein, der ist lauter. Je lauter er ist, um so schneller geht's.

Lehrer: Gut. Siehst du, Uli, das ist nun eine Erklärung von Ulf für deine Frage; das ist so, wir wissen gar nicht, wann der Schall beim Flugzeug weg ist. Vielleicht ist er schon ganz lange weg, eine ganze Weile unterwegs zu uns und kommt dann erst. Bei Richard wissen wir es genau, wann der Schall entsteht.

Jens: Wenn er draufschlägt, so ganz fest.

Lehrer: Ja, nur beim Flugzeug wissen wir es nicht so genau, wann der Schall entstanden ist und wie lange er gebraucht hat.

Achim: Beim Flugzeug kann man's halt nicht sehen, weil da der Motor drin ist und der Schall so rauskommt, kann man nicht sehen. Beim Richard, das weiß man so halt, daß es bumst, wenn er draufschlägt – aber nur, wenn man so, ja so ganz nahe steht.

Lehrer: Wir wollen uns heute überlegen, wie eigentlich der Schall zu uns kommt und wieso er einige Zeit braucht. Der Richard stand 300 Meter weit weg von uns und schlug auf das Trommelfell, und wir sahen, wie er daraufschlug. Achim sagte uns, daß der Schall genau in dem Moment entstand, als Richard auf die Trommel schlug. Wir aber hörten den Schall erst eine kleine Weile später, als Richard schon längst wieder den Schläger weggezogen hatte, wie Thomas berichtete. Wie kommt nun der Schall zu uns? Albrecht!

Albrecht: Mit solchen Wellen, Luftwellen. Die kann man nicht, da sieht man überhaupt nichts.

Achim: Das ist komisch, woher weiß man's dann, daß es Wellen sind?

Robert: Da gibt's solche Geräte, wo man das sehen kann. Ja, das gibt's, sonst tät's man nicht so sagen. Richard!

Richard: Ich möchte noch was sagen, warum man den Schall nicht gleich hört. Wenn man auf einem Berg oben steht, und unten steht ein Mann und klopft mit einer Trommel oder mit irgendwas, oder er fährt mit einem Motorrad, dann braucht der Schall eine gewisse Zeit, bis er auf dem Berg da hochklettert. Ich weiß auch, warum er an den Berg hinkommt. So wenn er an den Berg hinkommt, da drückt ihn die Luft nach oben, beim Rennfahren ist das genauso, da drückt die Luft da am Berg nach oben, und da hört man, wie's knallt, da im Motor.

Thilo: Das ist komisch.

Lehrer: Nun, wie kam der Schall zu uns, als Richard auf die Trommel schlug?

Kilian: Ich meine, da kommt das so runter und die Luft treibt die Schallwellen rauf, so bis zu uns.

Ulf: Aber ich will noch mal was zum Richard seiner Frage sagen, das kann man, das tät' ich nicht mit dem Motorrad machen, sondern mit dem lauten Gewehr machen.
Lehrer: Warum?
Ulf: Weil's man da besser sehen tät', wenn man schießt, da mit dem Finger unten zieht, da kracht's.
Lehrer: Unsere Frage bleibt. Wie kommt der Schall zu uns? Laufen da lauter kleine Männchen, die den Schall zu uns herbringen?

Gelächter in der Klasse.

Uli: Das ist so wie beim Radio! Da sind so Wellen, so irgendwie mit Strom, und da und da kommt's und da wird's zusammengesetzt, und da hört man's. Achim!
Achim: Nee, ich weiß. Wie beim Fernsehen, da sind lauter kleine Pünktchen, und die setzen dann die Bilder zusammen und das, wenn man mal genau an'n Fernsehapparat hinguckt, da sieht man's. Ralf!
Ralf: Du hast aber nicht gesagt, wie das der Schall macht, nur wie's beim Fernsehen ist. Wie ist es da beim Schall mit den Pünktchen?
Uli: Aber den Schall kann man nicht so sehen wie die Pünktchen. Der ist plötzlich so ganz da, und da hört man den Schall.
Richard: Sehen kann man das nicht, nein. Aber man kann's hören. Ich hab' da draufgeschlagen auf die Trommel, und da hat die gezittert, ja, doch, da kann man's auch sehen.
Lehrer: Das können wir ja noch einmal machen.

Robert, schlag einmal auf das Trommelfell!

Versuch: Robert schlägt mit dem Schlegel auf die Trommel.

Robert: Da wackelt das Trommelfell, das zittert so hin und her.
Achim: Wenn ein Düsenjäger über unser Haus fliegt, da wackeln die Scheiben. Das kommt von dem Schall, der da runterfliegt und an die Scheibe bumst, das wackelt dann.
Lehrer: Danke, Achim, das hast du gut beobachtet.
Das können wir auch nachmachen. Ich gebe die Trommel im Kreis herum, jeder soll sie einmal mit einer Hand halten und die andere Hand auf das Trommelfell legen. Ich rufe dann etwas genau auf die Trommel zu, und ihr könnt dann berichten, was ihr bemerkt habt.

Versuch: Der Lehrer ruft immer etwas in Richtung Trommel.

Ulf: Das hoppelt so seltsam, so zitterig.
Albrecht: Ich merke auch was.

Kilian: Ich auch, so wenn sie sprechen.
Lehrer: Jens, merkst du was?
Jens: Das kitzelt in der Hand.
Uli: Das zittert so kitzelig.
Michael: Das wackelt wie 's Trampolin.
Richard: Das ist genauso wie gestern.
Thomas: Ich merke nichts.
Lehrer: Ganz leicht die Hand drauflegen.
Thomas: So ein wenig bewegt es sich.
Lehrer: Danke – nun überlegen wir uns, was wir beobachten und fühlen konnten.
Uli: Es sind Wellen, das merkt man, weil's so zittert.
Lehrer: Müssen das Wellen sein?
Jens: Es könnten ja auch keine Wellen sein, sondern so einzelne Schucker, die machen, daß es zittert.
Lehrer: Sagt ruhig zuerst, was ihr glaubt, wißt und denkt.
Richard: Es können auch ganz winzig kleine Wellchen sein, die man sogar nicht sehen sehen kann.
Robert: Vielleicht ist der Schall so aus lauter kleinen Bällchen, die da ans Fell stoßen und es zittern lassen.
Ulf: Das tut so, wenn Sie da reinsprechen, das tut so schucken, dann zittert das so und kitzelt und reibt ein bißchen.
Tillmann: Ich hab' das nicht bemerkt, so gar nichts.
Lehrer: Schade, Tillmann! Albrecht!
Albrecht: Bei Silberpapier, wenn man das an den Mund hinmacht und summ macht, das kitzelt ganz arg.
Michael: So, wenn, ja wenn man auf dem Kamm Musik macht, so mit blasen, da kitzelt's einen auch am Mund.
Robert: Wenn Sie da reinsprechen, da in die Trommel, da zittert da die Trommel. Das ist genauso, wenn man so auf die Hand spricht, da merkt man's auch, daß es so schuckelt, die Luft. So wenn man auf die Trommel spricht, da, weil, da zittert nicht die Hand, sondern die Trommel.
Achim: Nicht die Trommel zittert, sondern das Trommelfell, wegen der Wellen.
Lehrer: Wellen?
Michael: Ich merk' keine Wellen, ich merk' nur so, wie's anstößt. Kilian!
Kilian: Bei mir da drückt's auf die Hand, so einmal stark und dann ganz klein.
Robert: Die Luft drückt so an die Hand, wenn man draufspricht, und da wird die Luft warm. Ulf!

Ulf: Das kommt, weil die Luft aus dem Mund warm ist, nicht wegen dem Schall.

Michael: Ich möcht' noch mal was zu der Trommel sagen. Ich hab' bei meiner Hand, als meine Hand auf der Trommel war, so zittert das, und da waren es lauter Wellen.

Richard: Ich hab' noch eine Frage: Kann der Schall durch die Trommel oder durch eine Mauer durch!

Lehrer: Den Beantworter deiner Frage kannst du dir selbst aussuchen.

Richard: Ulf!

Ulf: Nein, der Schall geht ein bißchen in die Trommel hinein, sonst tät's ja nicht wackeln. Auch in die Mauer geht's ein bißchen hinein, sonst aber oben drüber und auch um die Ecke.

Richard: Ich meine, so im Raum, der zu ist, wie hier.

Lehrer: Nun, ich denke, das kann jeder beantworten.

Albrecht: Der Schall geht durch die Mauer, man hört's ja, wenn man im anderen Zimmer schwätzt, da kann's nicht über die Mauer gehen, weil da die Decke ist.

Jens: Durch die Wand.

Robert: Aber wenn man sich unter den Tisch legt, und einer schreit von oben, da muß der Schall nicht durch den Tisch, da kann er außen rum zu mir.

Siegfried: Der wär blöd, wenn der tät' durch den Tisch.

Tillmann: Vielleicht geht der Schall nicht durch die Wand, sondern durch das Schlüsselloch!

Richard: Aber wenn man das Ohr an die Wand legt, merkt man, daß der Schall da durchgeht, so durch die Mauer.

Achim: Beim Flugzeug wackelt da im Haus, auch die Fenster, weil der Schall durch will. Der bumst aufs Fenster drauf, und da wackelt's, und da geht er durchs Fenster ins Zimmer zu mir. Mit Kraft macht's der.

Robert: Im Sommer sind aber die Fenster auf, da kann er so rein, viel lauter, da muß er nicht durchs Glas.

Lehrer: Ich denke, daß wir jetzt schon feststellen können, wieso bei einem Schall die Fenster zittern, warum wir die Bewegung des Trommelfells spüren, wenn hineingesprochen wird, und warum auch unsere Handfläche einen Druck spürt, wenn wir hineinsprechen.

Pause: 10 Sekunden.

Tillmann: Die Fenster zittern, wenn es draußen so einen lauten Knall gibt, da zittern sie, weil der Schall so laut ist, fangen sie an zu zittern.

Robert: Die Luft prallt da gegen das Fenster, und der Bums läßt das Fenster wackeln.

Richard: Ich möcht' noch was anderes sagen. Der Schall hat so eine große Geschwindigkeit, so schnell kann kein Flugzeug oder nicht einmal ein Rennwagen fahren. Und wenn er runterkommt, da hat er so eine Gewalt, daß er durch die Wand kommt.

Uli: Aber es gibt Flugzeuge, die fliegen schneller als der Schall, also ist es doch nicht so schnell, Richard.

Tillmann: Ich möcht' noch mal was zum Richard sagen. Das Flugzeug, das Überschallflugzeug fliegt schneller als der Schall.

Lehrer: Nun, ich kann auch sagen, wie schnell der Schall sich bewegt. Er braucht für einen Kilometer ungefähr 3 Sekunden. Das ist schnell, aber wie Uli und Tillmann sagten, fliegen heutige Flugzeuge schon schneller.

Uli: In einer Sekunde fliegt er dann 300 m, gelt, Herr Thiel?

Lehrer: Ja, Uli, das stimmt.

Robert: Ich hab' 'ne Frage. Wackelt das Fenster, wieso wackelt das Fenster, das ist doch kein Stoff, ist doch aus Eisen und festem Glas. Das würde doch springen, das Glas, wenn's wackelt.

Lehrer: Jeder feste Stoff, auch Glas, kann etwas wackeln, eine lange Eisenstange kann man biegen und lange Glasplatte auch. Auch unser Fenster biegt sich, wenn der Schall drauftrifft.

Thilo: Wenn man bei der Trommel so dagegenhält, da wackelt das auch. So richtig, da tut's auch dann beim Fenster wackeln, wenn der Schall da so dagegenhaut, ja, das tut's.

Thomas: Nämlich der Schall, wenn man, wenn man schlägt, oder wenn man jetzt mit der Trommel laut schlagen würde, das wär genauso, als wenn es donnern tät', oder ein Druck tät' auf die Scheibe, weil's donnert. Das ist genauso, beim Fenster tät's auch leicht wackeln, wenn man laut trommelt. Wir können's ja mal probieren.

Lehrer: Ja, tun wir's. Hier, Thomas, nimm die Trommel.

Versuch: Thomas schlägt auf die Trommel, wir halten unsere Hände nacheinander auf die Fensterscheibe.

Uli: Das wackelt arg.

Robert: Das Wackeln kommt von der Trommel und geht dann zur Glasscheibe und macht die auch wackeln.

Michael: Aber wenn der Schall so aus'm Fenster kommt, wie geht er dann so rein ins Zimmer?

Tillmann: Wenn das Haus gut gebaut ist, so wie unseres, da geht der

Schall nicht gut hinein. Er soll auch nicht, denn sonst kann man nicht gut schlafen.

Lehrer: Das sagt man, wenn das Haus gut isoliert ist, dann kann der Schall nicht gut hinein.

Aber Michael fragte, wie der Schall nun im Zimmer weitergeht, bis dorthin, wo ich ihn höre.

Tillmann: Der Schall geht auch im Zimmer. Ich hab' mal ein großes Legoflugzeug gebaut, und das ist runtergefallen, und da hat's meine Mutti oben gehört.

Robert: Der Thomas hat doch gesagt, wenn man auf die Trommel schlägt, und da zittert 's Fenster, da tät' ... Ich weiß nicht, wie da der Schall von der Trommel zum Fenster geht.

Lehrer: Das ist ja unser Problem. Wer hilft dem Schall, vom Flugzeug zum Fenster und vom Fenster zu mir zu kommen?

Tillmann: Der Schall hat keine Augen, und deshalb fliegt er hin, er prallt so hin und braust so dran, wie der Wind im Kreis, und überall prallt er dran. Dem braucht niemand helfen, der fliegt so allein.

Uli: Ich möchte den Tillmann was fragen. Der Tillmann hat gesagt, da tät' der Schall im Kreis, aber der geht doch nur so geradeaus, so vom Flugzeug zu mir und nicht im Kreis.

Tillmann: Das weiß ich nicht.

Lehrer: Nehmen wir an, ein Jäger schießt mit seinem Gewehr. Höre ich das Gewehr, wenn ich 100 m weg stehe?

Schüler: Ja!

Lehrer: Würde ich es hören, wenn ich über ihm auf einem Baum sitzen würde?

Schüler: Ja!

Lehrer: Würde ich den Schuß hören, wenn ich hinter ihm stehen würde.

Schüler: Ja!

Ulf: Überall tät's man hören, der Schall geht überallhin und auch durch, wenn die Wand nicht zu dick ist.

Uli: Nach allen Seiten geht der Schall. Sprechen kann man aber nur nach einer Seite, dort, wo der Mund ist, aber hören kann's man überall. Aber z'weit weg darf man auch nicht sein, sonst hört man nichts.

Richard: Ich weiß nicht, ob's stimmt, ich zweifle auch daran. Wenn man auf dem Mond wär, könnt' man nicht auf die Erde runtersprechen. Aber, nun weiß ich das, das geht nicht, das ist zu weit.

3. Stunde, Montag, 14. Juli 1969

Lehrer: In der letzten Stunde haben wir darüber gesprochen, wie wohl der Schall von der Schallquelle, dort, wo er entsteht, bis zu unserem Ohr kommt. Können wir nochmals das Wichtigste wiederholen?

Achim: Schallquelle ist ein lustiges Wort. Das ist so, als wenn da der Schall aus einem Loch rauskäm'. Aber beim Mund, da ist's auch so, da kommt's aus dem Loch vom Mund.

Robert: Bei der Trommel ist's aber nicht so, aber auch dafür bei der Trompete, da kommt's auch aus dem Loch.

Lehrer: Hier seht ihr ein Beispiel, wie die Menschen sprechen.

Achim: Da haben wir die Trommel, so ein Tamburin im Kreis herumgegeben und da haben Sie dagegengeschrien, und da hat's gewackelt, da, das Trommelfell.

Tillmann: Mit der Fensterscheibe ha'm wir das auch gemacht, da ha'm wir dagegengesprochen, und da hat's auch gewackelt, aber nicht so stark wie beim Düsenjäger.

Robert: Nur ganz wenig hat's gewackelt.

Lehrer: Mit diesen Versuchen wollten wir etwas ganz Bestimmtes zeigen.

Richard: An der Hand hat man das Wackeln da gespürt, und schuld kann nur das Schreien sein, das Sie gemacht haben. Sonst hätt's nicht gewackelt. Aber sehen kann's man nicht gut, aber so fühlen mit der Hand.

Robert: Wenn man so die Hände zusammentut und so reinspricht und so, dann tut das ganz komisch.

Achim: Wenn man da in das Trommelfell, wo Sie reingesprochen haben, da die Hand hintut, da zittert das, und das macht der Schall, wo vom Mund kommt. Sonst kann's doch niemand machen.

Tillmann: Da hat gekitzelt, so gewackelt.

Thomas: Das hat ganz fein gezittert, und manchmal, wenn wir ganz laut gesprochen haben, da hat's ganz arg gezittert.

Lehrer: Unsere Frage war nun, woher das Zittern kommt. Thilo!

Thilo: Das Zittern da, wo wir mit der Hand gespürt haben, kommt vom Sprechen, sonst zittert's nicht.

Lehrer: Wie können wir uns nun vorstellen, wieso das da gezittert hat?

Robert: Die Luft, die trägt den Schall, und dann stößt die Luft mit dem Schall da dran, da an das Trommelfell, und dann zittert das vom Dranstoßen.

Michael: Wenn man da die Hand so vor den Mund hält, so ganz nah, und dann schwätzt man, da spürt man auch die Luft, wie sie an die Hand hinstößt.

Versuch: Auf die erste Trommel wird geschlagen, und bei der zweiten Trommel fliegt das Kreidestückchen eine kleine Strecke weg. Auch mit Händeklatschen gelingt es.

Begeistertes Geschrei der Klasse. Ganz weit fliegt's weg!

Lehrer: So, nun wollen wir darüber reden, was wir gesehen haben.

Thomas: Wenn Sie auf die eine Trommel geklopft haben, da ist die Kreide an der anderen Trommel hochgegangen, so weggeflogen, ein Stück an der Schnur. Da geht der Schall von der einen Trommel weg und in die andere Trommel rein und boxt dagegen, gegen das Trommelfell hier, und da muß das wackeln, und da wird's abgestoßen, und dann muß es wieder zurück.

Robert: Also, wenn Sie da draufklopfen, dann trägt die Luft den Schall in die Trommel 'rein. Die trägt ihn natürlich überallhin, aber auch in die Trommel rein, und weil das Kreidestückchen davor ist, da vor dem Trommelfell, da fliegt das hoch, nämlich die Trommel zittert ein bißchen, und deshalb schuckt sie das Kreidestückchen bißchen hoch.

Ulf: Wenn Sie nämlich da draufklopfen, dann biegt das ein bißchen nach außen, und da hopft die Kreide.

Lehrer: Moment, ich habe nicht auf die Trommel geklopft, an die die Kreide gehängt wurde.

Ulf: Wenn man da an die erste Trommel klopft, geht, so fliegt der Schall dahin und biegt da das andere Trommelfell ein bißchen nach außen, und da geht es so nach außen, und da schuckt's das Kreidestückchen weg.

Lehrer: Hast du den Schall gesehen, der da von einer Trommel zur anderen geht?

Ulf: Nein, Schall kann man so nicht sehen, aber das merkt man doch, so am Trommelfell, wenn's wackelt.

Achim: Ich hab' den Schall auch nicht gesehen, aber der Schall, den hört man, und mit der Hand spüren kann man ihn auch – so wenn er etwas wackeln macht. Da geht er auch in die Trommel rein.

Lehrer: Seltsam, Kilian sagt, der Schall geht, aber er sagt auch, er hätte ihn nicht gesehen. Aber das „gehen" muß man doch sehen können.

Jens: Der Schall fliegt so durch die Luft, ja, der fliegt, ganz schnell.

Michael: Das hast du auch nicht gesehen, das denkst du nur, nur so denkst du's.

Kilian: Aber es gibt vielleicht Meßgeräte, wo man das sehen kann, ich weiß nicht, ich hab' keins.

Ulf: Der Schall, der kann doch gar nicht gehen, der hat doch gar keine Füße. Wie soll er da? Das ist lustig.

Richard: Ich möchte noch etwas sagen, ich weiß nicht, ob's stimmt. Wenn man aber genau ganz gerade so scharf da hinguckt, und wenn Sie da reinsprechen, 's is egal, was, da konnten wir doch gucken, ob's wackelt.

Lehrer: Ich kann's machen, aber eigentlich wissen wir doch, was geschieht, wenn man reinspricht.

Matthias: Es muß wackeln, aber wir können's noch mal machen.

Versuch:

Richard: Das ist da so unscharf und verschwommen, da, das Trommelfell, da wackelt's, sonst wär's so ganz deutlich zu sehen.

Robert: Ja, der Ulf hat gefragt, wie der Schall da hinkommt, daß der keine Füße hat, aber die Luft, die trägt ihn dahin.

Achim: Da habe ich eine Frage dazu, aber die Luft ist doch schwerer als die ..., die Luft wiegt doch auch was, dann müßte doch bloß in der Schwerelosigkeit der Schall fliegen, wenn's so wär, wie der Robert gesagt hat.

Ulf: Aber das stimmt dann auch wieder nicht, was der Kilian gesagt hat, der Schall hat auch keine Flügel zum Fliegen.

Kilian: Aber der Wind trägt ihn doch.

Gelächter.

Ulf: Aber der Wind hat trotzdem keine Flügel.

Michael: Hat denn der Wind Arme zum Tragen, Kilian?

Kilian: Nein, aber er bläst.

Tillmann: Hat der Wind einen Mund zum Blasen?

Einige: Ja, das hat er.

Jens: Das hab' ich im Buch gesehen, da war es gemalt. (unsicher)

Richard: Mein Gott, bist du doof. Im Buch, das ist doch nicht wirklich, da ist das nur so gemalt, für die kleinen Kinder.

Michael: Ja, ich möcht' nur noch was zum Achim sagen. Aber das stimmt schon, daß, daß die Luft was wiegt, aber sonst würd's ja uns sonst immer runterkommen. Achim!

Achim: Aber der Schall wiegt doch was und die Schwerelosigkeit nicht, aber wieso trägt dann die Luft, die doch schwerer ist, den Schall?

Lehrer: Darf ich kurz mal eingreifen? Wir haben bisher folgendes gehört. Der eine hat gesagt, der Schall fliegt durch die Luft; ein anderer hat gesagt, die Luft trägt den Schall; wieder ein anderer könnte sagen: Der Schall schwimmt in der Luft.

Wie ist's nun? Trägt sie, schwimmt er, fliegt er, oder wie ist es? Robert.

Robert: Der Wind, der trägt sie.

Lehrer: Mit seinen Händen?

Einige: Nein, nein, ja.

Robert: Die Erde, die zieht uns auch an, aber der Schall, der ist so leicht, den zieht die Erde nicht an, den trägt die Luft. Ulf!

Ulf: Aber der Wind, der ist doch so, der geht doch so durchs ganze Zimmer, und dann braucht er ja keine Arme zu dem Tragen, da muß der ja nur so aufs Flache draufsitzen, und dann fliegt er.

Richard: Da möcht' ich noch etwas dazu sagen. Der Schall schwimmt nicht, der Schall fliegt nicht, er geht schon durch die Luft, aber nicht mit den Füßen, sondern er hat Wellen, das ist so ähnlich, man kann sich auch mit Wellen fortbewegen.

Lehrer: Hast du die Wellen gesehen?

Richard: Nein, aber die kann man leider nicht sehen.

Kilian: Da gibt's so Meßgeräte.

Richard: Ja, da gibt's ganz bestimmte Meßgeräte, wieviel die kosten, weiß ich nicht, aber das kann man messen.

Lehrer: Ja, Tillmann!

Tillmann: Ich hab' doch gar nicht gestreckt!

Lehrer: Nicht, aber geschnalzt. Achim! Wie ist es nun mit der Sache, mit dem Tragen und Fliegen vom Schall?

Achim: Ja, der Schall, wenn ich so sagen darf, der geht ohne Füße, der fliegt ohne Flügel, der schwimmt ohne Hände, der, der ist halt einfach da und geht, halt ohne Füße, anders kann man's nicht sagen.

Lehrer: Ja, wir können es nur schwer anders sagen. Wir wissen zunächst nur, wenn es von einem Ort zum anderen kommt, dann geht's entweder oder schwimmt's oder springt's oder fliegt's.

Tillmann: Ich möcht' noch was sagen: Der Schall fliegt, wenn man auf die Trommel haut oder wenn ein Flugzeug schneller fliegt, der Schall, dann gibt's ein Bumm, und dann ist auch der Wind da, und der Wind, der trägt den Schall fort, ohne Hände, der bläst.

Ulf: Aber vielleicht bestellt der Schall, wenn der Tillmann recht hat, schnell mit dem Telefon ein Flugzeug, daß es dann überall rumfliegt und überall ein bißchen vom Schall wegfällt.

Lehrer: Na, Ulf! Tillmann meinte das ernster.

Michael: Aber wenn der Schall gegen mich prallt, wie macht er das, und warum tut das nicht weh?

Uli: Wenn man ins Wasser reinspringt, dann so vom Sprungbrett, und auf dem Bauch landet, dann tut das auch weh.

Richard: Wenn so ein Düsenjäger ganz tief übers Haus wegfliegt, dann tut's einem in den Ohren weh. Da spürt man schon, wie da der Schall an einen hinprallt. Deshalb tut man ja auch den Flugplatz nicht nach Waldorf, weil der Lärm den Kranken in Tübingen weh tät'.

Lehrer: Müssen wir eigentlich wissen, ob der Schall fliegt, schwimmt oder geht? Eigentlich reicht es doch zunächst, wenn wir wissen, er entsteht hier und kommt bis hierher. Wer dem Schall hilft, daß er hinüberkommt, das wissen wir ja inzwischen.

Viele: Die Luft, die Luft!

Achim: Aber in der Schwerelosigkeit kann die Luft nicht helfen, da geht's nur mit Funk, so mit den Wellen, den elektrischen.

Richard: So sagen es die Ingenieure, da müssen wir noch viel lernen, bis wir das verstehen, aber die gescheiten Leute, die wissen das. Ich will auch mal so werden, daß ich das weiß.

Achim: Haja, aber wenn man im Weltenraum nur ein Meter da vom anderen weg ist, kann man's da nicht hören, ist doch so kurz?

Lehrer: Nein, Achim. Auch, wenn ich nur über einen Meter hinwegsprechen will, wenn keine Luft da ist, kann ich nicht hinübersprechen zu meinem Nachbar. Seltsam, aber es stimmt.

Albrecht: Auch bei nur 5 Zentimeter?

Lehrer: Nein, auch da nicht.

Thomas: Da muß einer Luft dazwischenblasen, daß da Luft ist.

Michael: Ich möchte noch was fragen. Wie ist's aber wirklich mit dem Schall, wie hilft da die Luft dem Schall?

Richard: Das werden wir bald kriegen, so wenn wir im anderen Schuljahr sind. Aber es hat geläutet, wir müssen aufhören.

Achim: Aber ich brauch' keine Luft. Wenn ich so zu mir was sage, da geht's gleich von mir so durch den Kopf, da hör' ich's im Kopf. Mein Vater sagt, das geht über die Knochen im Kopf.

Zweites Protokoll

Thema: Wie springt ein Ball?

3. Klasse, Buben und Mädchen, 1. Stunde, 22. 1. 1969

Lehrer: Wir fangen mit einem ganz einfachen Spiel an.

Versuch: Gummi-, Tennis-, Tischtennis- und Knetball werden aus ca. 1 m Höhe auf die Tischplatte fallen gelassen und springen in die Höhe.

Christoph: Weil's da unten eine Delle gibt, da springt's.

Christoph H.: Der Knet, der, da ist innen auch was drin, und deshalb ist der nicht gefedert.

Georg: Der kann nicht hüpfen, weil er aus Knet ist, ein Gummiball, der kann hüpfen, der ist nämlich aus Gummi.

Christoph: Wenn bei einem Ball unten eine Delle reinkommt, dann hüpft er gut, weil's sich ausdehnt, und da hüpft er hoch in die Luft, und das ist bei dem Knet nicht.

Michael: Doch, bei dem Knet gibt's auch eine Delle.

Versuch: Der Lehrer läßt den Knetballen auf den Tisch fallen.

Axel: Ja, schon eine Delle, aber die schnappt nicht mehr zurück.

Georg: Die Delle schnappt nicht mehr zurück, die kriegt zuerst einen Schlag drauf, und wenn's zurückschnappt, da gibt's einen Ruck, und da springt er hoch.

Christoph H.: In dem Knet ist Knetmasse, und von der Erdanziehungskraft geht das runter, und dann schläft's.

Lehrer: Dann müßte ja der Gummiball auch unten bleiben.

Christoph H.: Aber da ist ja nichts drin.

Alfred: Das ist ein, innen hohl, und der Tennisball ist aus Plastik oder aus so einem Material, innen drin ist Luft, und die Luft, die spürt er, der Ball, und deshalb hopst er immer so. Die Luft hebt ihn hoch, wenn er aufprallt.

Lehrer: Damit haben wir schon zwei mögliche Gründe gefunden, erstens, die Luft ließe den Ball springen und, zweitens, die Delle mache, daß der Ball springt. Wir haben nun Vermutungen, und diese wollen wir nun darauf prüfen, ob sie wahr sind.

???: Ich glaube, daß der Knet nicht hochgeht, weil er am Tisch festklebt.

Michael: Das ist schon die dritte Vermutung, die wir prüfen lassen. Ein bißchen peppt er, das wissen wir.

Werner: Das mit der Erdanziehungskraft stimmt nicht, nämlich, äh, wenn's, so, wenn der eben leer ist, wie der Alfred sagt, dann würde er auch springen, der Knetball, der kann gar nicht voll sein, wenn er springt.

Reinhold: Aber der Knetball ist ja auch viel schwerer als der Tennis- und Gummiball. Und deshalb kann er nicht springen.

Aber ein Vollgummiball, der Superball, der hopft auch, der ist aber auch voll Gummi wie der Knetball.

Michael H.: Im Knet ist keine Luft drin, und beim Gummiball, glaub' ich, da schnappt des Gummi zurück, weil's eine Delle hat.

Reinhold: Ein Knetball kriegt eine Delle, aber der Vollgummiball kann doch keine Delle kriegen, der ist viel zu hart.

Michael Sch.: Aber warum springt der Vollgummiball, das wollen wir ja wissen.

Georg: Jetzt weiß ich's, weil der Vollgummiball voll ist, kann's nicht nach innen drücken, weil er ja voll ist, wo kann dann die Delle hin, nirgends! Der Superball prellt ab, da braucht er keine Delle.

Christoph: Im gelben Gummiball ist ja Luft drin, und wenn der dann aufprallt, dann ist's umgekehrt wie ich vorher gesagt hab', dann gibt's keine Delle und deshalb springt er wieder weg, der Knet kriegt eine Delle, und da springt er nicht mehr weg.

Ich denke, daß das umgekehrt, ist, wie ich es vorher gesagt hab', wenn der keine Delle kriegt, springt er weiter hoch, weil die Luft von unten das wieder hochdrückt, das ist wie eine Feder, die Luft, die wird zusammengepreßt.

Wenn der Ball 'ne Delle kriegt, dann springt er nicht, wenn er keine Delle kriegt, dann hopft er. So ist es.

Michael Fl.: Der Christoph hat nicht recht, denn der Knetball drückt ja auch die Luft zusammen, auf die er drauffällt, und da müßte er auch hopfen.

Andreas: Aber er ist viel schwerer, das haben wir schon vorher gesagt, deshalb kann er nicht springen.

Michael Fl.: Bei dem Ball ist es so, daß, wenn er eine Delle kriegt, daß vom Druck, der da drinne ist, wird er ja auch noch ein Stück hochgenommen. Wenn der Ball 'ne Delle hat, hat die Luft drin weniger Platz, und sie drückt nach oben. Das ist wie im Wasser, da kommen die Luftblasen auch zuerst ganz klein, beim Aquarium, dann werden sie immer größer, so ist es auch beim Ball, wenn die Luft weniger Platz hat, geht sie nach oben.

Thomas M.: Das merkt man auch, wenn man den Knetball hopsen läßt, dann ist auf dem Tisch immer noch der Abdruck von der platten Stelle.

Christian H.: Zum Michael Fl. will ich sagen, das stimmt, weil, bei den Nichtvollgummibällen, da muß die Luft, da wird die Luft zusammengedrückt, und die muß dann wieder auseinandergehen, und deshalb hüpft er noch ein bißchen, weil, wenn's, die Delle wird, muß die ja wieder ausgebeult werden.

An der Tafel: Der Ball hüpft runter und bekommt eine Delle, wenn er auf den Boden fällt, so flach ist das, dann hüpft der Ball, das kommt dadurch, daß die Luft wieder rausmuß.

Georg: Die ist ja drin, die kann nicht raus.

Christian H.: Ja, die will raus, weil sie gequetscht wurde, der Ball muß hochhüpfen, damit die Luft rauskann, aber nicht aus dem Ball, nur daß sie nimmer gequetscht wird.

Ulrike P.: Ich meine, der Ball hat ja Widerstand, der blaue, und die beiden anderen haben keinen.

Christoph: In dem gelben Ball, beim Runterhupfen kriegt er doch 'ne Delle, aber weil da die Luft drin ist, die drückt das wieder aus, und weil das da, so rausgedrückt wird, drückt's den wieder hoch. Und im blauen Ball ist keine Luft.

Lehrer: Wir wissen bisher folgendes: Der Knetball springt deshalb nicht, weil er unten flachgedrückt wird und die Delle nicht mehr weggeht. Wenn der Ball, der mit Luft gefüllt ist, auf den Boden fällt, so erhält er durch den Aufprall eine Delle, die aber sofort wieder zurückschnappt, und so stößt der Ball sich vom Boden ab.

Versuche: Ob wir die Delle sehen (bei schwach- und hart aufgepumpten Bällen).

Alfred: Wenn der Ball nämlich auf den Boden fällt, so wird die Luft so zusammengepreßt, und dann stemmt sie sich mit aller Gewalt wieder dagegen, daß sie zusammengepreßt wird, und dann drückt sie die Delle wieder heraus, und dadurch springt der Ball, weil er sich wegdrückt.

Susi: Die Luft läßt's sich nämlich nicht gefallen, daß man sie quetscht, und da drückt sie dagegen, auch gegen den Boden, deshalb springt der.

Georg: So kann man nicht ganz sagen. Die Luft hat nämlich, wenn sie gedrückt wird, da innen im Ball zu wenig Platz, und deshalb drückt sie auseinander.

Lehrer: Eigentlich seltsam – wer ist denn schuld, daß sie wenig Platz hat?

Michael Fl.: Das kommt vom Runterfallen, da wird der Ball auf den

Boden gedrückt, weil er runterfällt, und da gibt's die Delle, und die Luft will wieder raus.

Christian: Wenn unten eine Delle ist, dann drückt die Luft auch ein bißchen oben auf den Ball, deshalb hört er mit der Zeit zu springen auf, weil's ihn von oben drückt.

Michael Sch.: Aber man kann auch am Trampolin etwas springen lassen, da geht der Boden auf und ab, da braucht der Ball keine Delle. Das kommt, weil außen Federn sind am Trampolin, so Eisenspiralfedern, die machen, daß der Boden wippen kann, der gibt nach.

Lehrer: Ich denke, daß das Trampolin auch etwas mit dem springenden Ball zu tun hat ...

Andrea: Beim Trampolin gibt's 'ne Delle nach unten, das lassen sich die Federn nicht gefallen, daß sie gedehnt, so auseinandergemacht werden. Und da geht der Boden vom Trampolin wieder zurück. Beim Ball geht die Delle auch wieder raus und gibt dem Boden einen Schucker. Der Boden, ja der kann nicht weg, da muß es der Ball.

Andreas: Ja, so, beim Trampolin, da kann das Trampolin, da steht das Trampolin ganz fest, und wenn man draufspringt, dann gibt's 'ne Delle. Die Delle will aber wieder raus, will wieder flach sein, und so schnappt sie nach oben, und wenn man draufhüpft, schmeißt's einen wieder nach oben.

Georg: Der Vollgummiball springt, weil alles Gummi springt.

Michael Fl.: So darf man nicht sagen, so stimmt's nicht. Ich weiß, der Vollgummiball hopft, weil er elastisch ist, das ist so. Wenn man da in den Vollgummiball reindrückt, dann gibt's auch 'ne Delle, die wieder rauswill, das ist halt beim Gummi so, der will wieder raus, ist wie 'ne Feder.

Burkhardt: Da ist das Gummi ein Ersatz für die Luft, das ist auch so gepreßt wie die Luft, wenn's man auf den Boden schmeißt.

Michael Fl.: Der Superball, der braucht nur 'ne winzige Delle, die man kaum sieht, weil er elastisch ist. Beim Radiergummi, der springt ja auch, da sieht man's besser, da ist's wie eine Feder, die zusammengedrückt wird, die will auch wieder auseinander.

Andrea: In den gelben, da ist Luft drin, und in dem Radiergummi ist Ersatz für die Luft, das Gummi springt auch, und das drückt's auch wieder hinaus, wenn's 'ne Delle gibt.

Axel: Aber der Superball springt auch nicht immer, auf der Wiese springt er nämlich nicht. Ich weiß auch warum. Da gibt der Boden nach, da gibt's 'ne Delle in den Boden, und da bleibt, ja so ist, da bleibt der Superball am Boden liegen.

Renate: Auf dem weichen Boden kann nichts gut springen, das merkt auch der Superball. Auf dem harten Boden springt er besser, das weiß ich.

Susi: Auf dem weichen Boden, da kann der Ball gar nicht so eine große Delle kriegen, da kriegt der Boden ein Loch, und da bleibt der Ball drin.

Michael: Das ist so: Das mit dem weichen Boden da ist so, wenn der Boden ein Loch kriegt, eine Delle, dann hat's ja keinen Sinn, der Ball muß ja die Delle kriegen, wenn er hopfen soll.

Lehrer: So? Wenn ich den Superball auf eine Gummiunterlage werfe? Überlegt auch mal!

Andreas: Der muß springen, der Superball, da kriegt nämlich auch das untere Gummi eine Delle, und die Delle will auch wieder raus, das ist so wie beim Trampolin, da wirft der Boden den Ball in die Luft, weil sie wieder rauswill.

Michael Sch.: Wenn man den Superball aber auf den Knet springen läßt, dann, ja dann springt er nicht, weil die Delle aus dem Knet nicht mehr rausgeht. Der Knet ist langsam, der schnappt nicht zurück.

Versuch: Mit Superball auf Knet.

Axel: Das ist so, der Boden kann auch schuld sein, wenn ein Ball springt. Wenn er eine Delle hat, die wieder rausgeht, läßt er den Ball springen, da die Delle so schnell zurückschnappt wie beim Trampolin.

2. Stunde, Mittwoch, 29. 1. 1969

Lehrer: Letzte Stunde sprachen wir darüber, warum ein Ball wohl springt – könnt ihr es noch einmal kurz wiederholen:

Axel: Der Gummiball springt, weil, durch seinen Aufprall kriegt er eine Delle, und da wird in ihm die Luft zusammengepreßt, und da wehrt sich die dagegen und drückt die Delle raus, und da springt der Ball wieder hoch.

Christian H.: Also, wenn der Ball aufprallt, dann gibt's unten 'ne Delle, und da drückt die Luft auch oben dagegen.

Michael Sch.: Nein, nach unten.

Michael Fl.: Wenn ein Loch drin ist, springt's eigentlich gar nicht, da springt's nicht, weil die Luft sich nicht ausdehnen kann, weil sie vorher zu dem Schlitz raus ist.

Andrea: Wenn wir einen Ball aus Knet machen, da springt der Ball nicht.

Die Delle dehnt sich nämlich nicht aus beim Knetball, die schnappt nicht zurück so wie beim Gummiball, das tut der Knet nicht.

Axel: Aber der Superball springt gut, der kriegt zwar nur 'ne kleine Delle, springt aber sehr gut, da ist das Gummi elastisch und will wieder zurück. Da drückt das Gummi und nicht die Luft. Da wird durch den Schwung das Gummi gepreßt, und das dehnt sich aus.

Lehrer: Woher wißt ihr eigentlich, daß im Ball 'ne Delle ist? Habt ihr eine gesehen?

Georg: Ich hab' einen Vorschlag: Da muß man den Ball nur ganz leicht aufpumpen, dann sieht man die Delle ganz deutlich. Man kann's auch so sehen, wenn wir ihn runterfallen lassen, müssen wir schnell den Finger auf den Ball halten, wenn er auf den Boden prallt.

Versuch: Geht nicht, erwischen wir nicht.

Georg: Das ist deshalb schwer, weil der Ball so schnell ist, den erwischt man nicht, da ist die Delle weg, wenn man zufassen will.

Lehrer: Wie kann man eigentlich die Delle noch deutlicher sichtbar machen? Habt ihr Vorschläge?

Andreas: Wenn man Sägespäne auf den Boden streut, dann müßte man den Ball draufwerfen, und da tät' es die Sägespäne wegblasen, wo der Ball aufspringt.

Georg: Man müßte Gips auf den Boden schütten, da tät' man dann sehen, wo der Ball gewesen ist, das hab' ich schon gesehen, beim Hausbau, wenn da der Boden voll Gips ist, sieht man's, wenn man drauftritt.

Ulrike: Auch wenn man den Gips ganz weich machen tät', könnt' man das gut sehen, da könnt' man die Delle sehen, so ganz richtig.

Michael Sch.: Da kann man nicht die Delle sehen, sondern nur das Runde, den runden Abdruck, den der Ball gemacht hat. Doch, das ist auch die Delle, denn es ist ja keine Delle rein, sondern nur eine flache, eine flache, ein flaches Ding da unten, wie beim Knetball.

Michael Fl.: Wenn der Boden, beim Gips gibt aber der Boden nach, da kann's man nicht so gut sehen, nein, so gut nicht.

Angelika: Wenn aber der Tisch hart ist, dann springt der Ball gut, da kann der Tisch nicht nachgeben, da wird der Ball stark eingedrückt, wenn's weich wär, wird der Ball keine so große Delle bekommen.

Burkhardt: Auf dem Knet kriegt er keine große Delle, da kriegt der Boden eine Delle, die kommt nicht wieder raus.

Anton: Auf dem harten Boden springt er ganz höher, aber auf dem Knet springt er nicht so hoch.

Michael Fl.: Ja, der Knet, der gibt mehr nach als der harte Boden, da kriegt der Ball nicht so schnell 'ne Delle. Eigentlich ist es ganz logisch, daß der Ball 'ne Delle kriegt, weil doch der Boden keine kriegt, weil der doch so hart ist.

Birgit: Da ist aber immer ein wenig Luft dazwischen beim Hüpfen.

Andrea: Der Gummiball ist ja ein wenig weicher als der Tisch, und deswegen, deswegen gibt er nach.

Christoph: Der rote Ball, wenn der aufs Knet fällt, da gibt der Knet nach, und da kann der Ball nicht so hoch hüpfen, weil er die Delle in den Knet gedrückt hat, und da hat er keine so große Kraft zum Hüpfen mehr, weil er auch keine große Delle, gekriegt hat. Wenn er auf dem Tisch hüpft, so kriegt er eine bessere Delle und da kann er dann besser hochhüpfen.

Axel: Wenn der Ball in' Knet reinfällt, dann hopft er nur ein bißchen, da kriegt der Knet aber die Dalle, der Ball aber nicht; aber wenn die Dalle im Knet zurückspringen tät', dann würd's den Ball in die Höhe werfen wie beim Trampolin.

Burkhardt: Wenn der Ball auf der Gummiunterlage springt, dann kriegt ja die Unterlage eine Delle, und die springt dann wieder zurück.

Georg: Kriegt auch der Tisch 'ne Delle, wenn man den Ball raufwirft? Im Bett gibt's auch 'ne Delle, wenn ich mich reinfallen lasse.

Lehrer: Wenn ich eine ganz elastische Holzlatte nehme, so glaube ich, daß es auch dort eine Delle gibt, die wieder zurückfedert und den Ball in die Höhe wirft. Es kommt beides zusammen. Der Ball hüpft, weil seine Delle wieder rausschnappt, und die federnde Unterlage hilft auch mit, indem sie zuerst nachgibt und dann zurückschnellt.

Anton: Wenn beides nachgibt, dann springt's nicht, es muß nur immer eines nachgeben.

Michael Sch.: Nein, beide müssen zuerst nachgeben, aber auch beide zurückschnappen, dann springt der leichtere.

Lehrer erzählt von den Mondkratern und vom Nördlinger Ries, die auf Meteoriteneinschlag zurückzuführen sind.

Dazu: Die Priester eines Landes sagten einmal den Gläubigen, sie sollten den Göttern Nahrungsmittel opfern. Am Abend brachten die Gläubigen die Nahrungsmittel, stellten sie auf den Opfertisch, und als man am Morgen nachsah, waren die Opfergaben verschwunden. Dann kam einer der mißtrauischen Gläubigen auf die Idee, beim nächsten Opfergang Asche auf den Boden zu streuen. Am nächsten Morgen konnte man dann die Fußspuren der Priester sehen; ein Gott als leibloses Wesen hätte ja keine Spuren hinterlassen.

Pause: 5 Sekunden.

Lehrer: So etwas Ähnliches könnten wir ja auch machen, um dem Ball auf seine Schliche zu kommen.

Georg: Ah, wenn man da Ruß hat und tritt drauf, da bleibt der Ruß am Fuß hängen, und man sieht nur die weiße Fläche, und außen rum ist Ruß, da sieht man's gut.

Anton: Da streuen wir Ruß und lassen den Ball hopfen, mit Ruß anmalen, mit der Kerze.

Versuch: Wir lassen den Ball auf der berußten Glasplatte springen.

Burkhardt: Das ist toll. Der Kreis wird ja immer kleiner, ganz klein.

Andrea: Zuerst kriegt der 'ne Unmenge Kraft, wenn er auf den Boden kommt und dann prallt er auf, und er kriegt eine Delle, die ist groß. Wenn er das zweite Mal runtergeht, da wird die Delle ja nicht so groß, weil er ja von sich selber, von der Delle, ab-, hochgedrückt wird, und beim drittenmal ist es das gleiche, da drückt die Delle ihn hoch; da wird dann die Delle immer kleiner, da, weil er nicht so hoch runterfällt.

Einige: Noch mal machen!

Birgit: Da legen wir mal den Ball drauf, ohne Hopfen, dann sehen wir die Dalle ohne Hopfen.

Lehrer: Da können wir doch nichts sehen, da hat er doch keine Dalle, wenn er nicht springt ...

Georg: Nein, da hat er keine. Das kann man aber ausprobieren.

Versuch: Ball wird auf die berußte Platte gelegt.

Andreas: Doch, man sieht's, eine kleine Dalle ist auch da. Das kommt vom Gewicht. Wenn ich im Schlamm stehe, geht's auch runter, auch wenn man nicht hüpft, da ist's beim Ball auch so.

Versuch: Der Ball wird aus 2 m Höhe fallen gelassen.

Michael Fl.: Au, das ist wie Erde und Mond. Wenn's fällt, ist der Kreis viel größer, das ist klar, als da, wo er liegt.

Versuch: Der Ball wird aus nur 1 m Höhe fallen gelassen.

Christoph: Da ist der Kreis nur ganz klein, da ist nicht so viel Schwung, da bleibt die Delle klein, weil's nicht so hoch runterdrückt.

Drittes Protokoll

Thema: Phänomen des Schalls

4. Klasse, Buben. Kleingruppe von 9 Teilnehmern, 1. Stunde, 28. Juni 1969

Lehrer: In der letzten Stunde machten wir draußen auf der Straße einige seltsame Beobachtungen. Rainer!

Rainer: Da haben wir eine Trommel genommen, und da ist einer ungefähr 600 m daruntergegangen, und dann hat er getrommelt, und dann kam erst . . ., zuerst, dann hat er zuerst getrommelt, und dann kam erst nachher der Schall.

Lehrer: Danke, Rainer, das hast du gut beobachtet. Ralf!

Ralf: Da kam der Ton erst, wo der, wo unten unten war, den Schläger schon wieder weggehoben hat'.

Lehrer: Ja!

Pause: 5 Sekunden.

Wolfgang: Bis der Ton zu uns kam, hat der Schläger den Schläger schon wieder ein Stück weggetan.

Pause: 10 Sekunden.

Lehrer: An dieser Beobachtung haben wir uns nun etwas überlegt. Aha, wenn das so ist, wenn man das so sehen kann, dann können wir darüber etwas Genaues sagen.

Pause: 10 Sekunden.

Lehrer: Soll ich den Satz einmal anfangen?

Schüler: Ja, a bißle helfen.

Lehrer: Wenn ich ganz nahe dort bin, wo der Schall entsteht, dann . . .

Dietmar: Dann hört's gleich und wenn ich weiter weg bin, dann, dann braucht's 'ne Weile, bis ich den Ton hör'.

Wolfgang: Ja weil, das dauert ja bis, das dauert ja, bis der Ton zu uns kommt.

Lehrer: Wußten wir gleich am Anfang, vorher schon, daß das so ist?

Wolfgang: Nein, des haben wir zuerst ausprobieren müssen, aber a bißle haben wir des schon denkt, weil Sie des mit dem Flugzeug erzählt haben, da, wo das Flugzeug weiterfliegt.

Rainer: Da hat's so komisch geklopft, da bei dem Bagger da unten, das hat der Matthias W. uns vorgestern erzählt. Des ham wir nicht geglaubt, und, und da ham wer geguckt. Da kam's später.

Dietmar: Der Bums kam schon später, als wo's gefallen ist.

Stephan II: Da, war's schon oben, der Stampfer, da hat's erst gebummst. Da hat's auch lang gedauert, bis der Schall so da war.

Stephan I: Da wo ich auf die Trommel geschlagen hab', da hat da das Trommelfell immer gezittert, und das hab' ich mit den Händen gespürt – ganz kitzelig.

Wolfgang: Wir haben die zwei Blechplatten (Lehrer: Zwei Becken) zusammengehauen, und da hat's die auch so gewackelt.

Dietmar: Da, wenn man mit dem Ellenbogen hingeht, da kitzelt's so.

Lehrer: Das können wir doch noch einmal nachmachen, um zu sehen, ob die Berichte stimmen.

Versuch: Die Schüler fühlen mit den Händen, wie die tönenden Gegenstände vibrieren.

Stephan II: Bei den Blechplatten da, bei den Becken da, darf man nicht so mit den Händen kommen, sonst tut's nicht schön.

Toni: Da hört's gleich auf, wenn man die Hand drauftut.

Rainer: Da darf mer nur am Leder halte!

Wolfgang: Wenn die man zusammenschlägt und tut dann die Hand drauf, dann klingen die nicht, weil, weil die, dann, wenn man die Hand nicht drauftut, wird der Ton schön, wenn man die Hand drauflegt, dann geht der Ton gleich aus. Wenn man die Hand wegtut, dann klingt's besser.

Lehrer: Toni, laß es noch mal schön klingen!

Versuch: Es klingt 10–15 Sekunden nach.

Stephan I: Das ist wie bei der Fahrradklingel, da derf man auch die Hand nicht drauftun, sonst hört's auf.

Dietmar: Wenn man nicht die Hand drauftut, dann tut's.

Wolfgang: Das ist da genauso wie beim Feuer. Wenn man da Feuer hat, und man tut Wasser drauf, dann geht's auch aus, da wird's immer kleiner und geht dann aus, und so ist's da auch.

Pause: 10 Sekunden.

Lehrer: Seltsam, eigentlich müßte das Becken doch auch klingen, wenn ich meine Hand draufhalte. Aber es hört einfach auf.
Lehrer: Haltet doch einmal eure Zungen an das klingende Becken.

Versuch: Die Schüler schrecken zurück, wenn sie das klingende Becken mit der Zunge berühren.

Toni: Das elektrisiert!
Dietmar: Das stupft so, 's ist auch so wie Eis.
Wolfgang: Das ist vielleicht so, wenn man des, wenn ma des da hinten draufhaut, dann wackelt des immer so ein kleines Stückchen hin und her, und davon kommt das Klingen, wenn's wackelt. Wenn man da die Hand drauftut, dann wackelt des nicht mehr, und dann hört's auf. Vielleicht ist das so?

Pause: 20 Sekunden.

Lehrer: Nun, Wolfgang hat etwas gesagt, und wir müssen uns nun überlegen, ob das stimmen kann. Wolfgang, sag's noch mal.
Wolfgang: Wenn ma des Ding da, des Becken, irgendwo ranstößt, dann kommt es durch den Aufprall ins Wackeln, des was man zwar nicht sieht, dann wackelt's immer hin und her, und dadurch klingt es, und wenn man dann wieder die Hand drauftut, dann hört es auf zu klingen, weil, weil das Ding da ja dann nicht mehr wackeln kann. Vielleicht ist das so.
Rainer: Wenn des aber an Gummi ranstößt, dann wackelt's nicht.
Dietmar: Des darf ma nicht so sagen, des muß man beweisen. Da ist ja ein Gummi, des muß ma machen. Ja, Herr Thiel?

Versuch: Ein Becken wird an einen Radiergummi angestoßen.

Rainer: 's wackelt schon, weil's klingt, aber nicht so arg wie beim Schläger.
Stephan II: Das muß halt ein harter Gegenstand sein.
Thomas: Auf harte Gegenstände, da tut's meistens.
Rainer: Da tut's immer auf harte Gegenstände, und je weicher wird's, um so leiser.
Lehrer: Wir können das ja mit Watte probieren.
Thomas: Das ist ganz weich.
Lehrer: Wie wird's da sein, nach Rainers Vermutung?
Alle: So ganz leis.

Versuch:

Stephan: Der Rainer hat recht, da ist leiser.
Lehrer: Eigentlich wollte ich in dieser Stunde mit euch mehr in eine andere

Richtung gehen, aber ihr habt mich in diese gebracht, wie ein Ton entsteht.

Inzwischen haben wir das schon rausgekriegt.

Stephan I: Wenn man Dinge zum Wackeln bringt, so Eisenplatten, da gibt's einen Ton.

Toni: Wenn's härter ist, ist's am besten da.

Dietmar: Mit dem Bleistift, der ist hart, da geht's am besten.

Stephan II: Mit dem Farbstift geht's auch gut.

Thomas: Aber da ist kein Unterschied, da tut's gleich.

Versuch:

Thomas: Es tut gleich.

Ralph: Da, so ein Ton entsteht, wenn man's wackeln läßt. Bei der Geige, da wackelt die Saite, und da tut's.

Stephan II: Ist das bei allen Musikinstrumenten so, daß da was wackelt?

Lehrer: Überlegen wir einmal. Einige habe ich hier.

Versuch: Ein Xylophon wird angeschlagen.

Toni: Da wackelt das Holzstück. Des kann ma auch bremsen mit der Hand, da wackelt's nicht. Derf ich mal?

Versuch: Der Ton ist gleich weg.

Versuch: Ein Triangel wird angeschlagen.

Thomas und andere: Des wackelt auch.

Wolfgang: Also wenn man etwas wackeln macht, dann gibt's einen Ton. Des weiß ich jetzt. Ich weiß auch, wie man den Ton anhalten kann, da muß man nur das Wackeln aufhören machen. Da geht's hin und her, und da entsteht ein Ton.

Thomas: Das Xylophon, da sieht man's Wackeln nicht, aber so mit der Hand, da spürt man's.

Rainer: Wenn man mit dem Bleistift da aufs Blech schlägt, da wackelt's, und des macht den Ton.

Dietmar: Ein Ton entsteht, wenn ma draufschlägt und des da wackelt. Auch wenn man's nicht sieht, wackelt's, weil man's spürt.

Stephan II: Da darf man nicht sagen, da schlägt man drauf und dann gibt's einen Ton. Da muß man noch dazwischen sagen, daß es wackelt.

Wolfgang: Da, wenn das Becken auf dem Tisch liegt, und man schlägt drauf, da tut's nur kurz, weil der Tisch läßt's nicht wackeln. So in der Luft wackelt's am leichtesten.

Dietmar: Tut man die Hand na, da bremst man's auch und da hört's auf.

Rainer: Da kann's nicht wackeln mehr.

Thomas: Das Trommel, da die Haut, die wackelt auch und tut. Die kann ma auch bremsen mit der Hand. Wenn's wackelt, da tut's so klingen, da gibt's einen Ton.

Ralph: Wenn ma da draufschlägt, da geht zuerst das Trommelfell rein, und dann springt's wieder raus, und dann geht's wieder ein, und da wackelt's.

Thomas: Wenn der Rainer dann die Hand drauftut, dann ist der Ton tot, der Rainer ist der Tonmörder.

2. Stunde, 5. Juli 1969

Lehrer: Weiß jeder noch, wie ein Ton entsteht?

Dietmar: Da muß man wo draufschlagen, dann gibt's einen Ton.

Lehrer: Ich denke, Dietmar hat dazwischen was vergessen!

Wolfgang: Der Dietmar hat des vergessen, was da in der Mitte passiert. Da, durch den, durch den Schlag, da muß das Fell von der Trommel da, des muß wackeln, und wenn was wackelt, so zittert, so hin und her, dann ist's meistens ein Ton.

Rainer: Beim Xylophon und so, bei der Geige, da zittert's auch.

Thomas: Des ham wir letztes Mal rauskriegt, einen Ton gibt's, wenn man etwas wackeln oder zittern macht.

Toni: Des Wackeln kann ma aber nicht immer sehen, nur wenn man ganz genau hinguckt.

Stephan I: Aber spüren kann man's, so mit der Zunge und auch mit der Hand. Da, wenn ein Düsenjäger übers Haus fliegt, da wackelt auch's Fenster, und das gibt dann auch einen Ton, nein, nur ein Geräusch.

Wolfgang: Da frag' ich den, ja den Stephan. Wie macht der Düsenjäger, daß das Geräusch das Fenster wackeln macht?

Pause: 10 Sekunden.

Lehrer: Ja, wie kommt das?

Pause: 8 Sekunden.

Stephan II: Der Schall, das Geräusch da von dem Düsenjäger, das prallt da an das Fenster, und da wackelt des, weil's dranprallt. Wenn man in die Hand schreit, da tut auch der Schall auf die Hand drücken.

Lehrer: Ich will euch etwas Ähnliches einmal zeigen. Jeder darf einmal das

Tamburin in die Hand nehmen, und ich schreie etwas in die Richtung des Tamburins. Jeder soll dabei die Hand auf das Tamburinfell legen und dann berichten. Später dürft ihr auch selber reinschreien.

Versuch:

Thomas: Das wackelt.

Toni: Das ist glatt! *(im Sinn von „lustig"; der Lehrer)*

Stephan: Da stößt der Schall dran, das stößt so ruckartig.

Rainer: Wenn einer da die Trommel hebt und auch die Hand hinten drauf und der andere reinschreit, da kommt der Ton durch die Luft, und da spürt man's so, wie der Ton dranstößt. Da drückt der Ton rein, da ins Fell, und da geht's rein, und da will's wieder raus, und weil's nicht weiterkann, da geht's wieder zurück und so immer hin und her, und des spürt man.

Dietmar: Wenn einer da in die Trommel so schreit, so von 2 Meter, und der die Hand an die Trommel hält, dann kommt der Ton da rein und drückt das Trommelfell raus, und da geht's wieder zurück und dann wieder aus. Und des spürt man.

Wolfgang: Im Ohr, da haben wir auch ein Trommelfell, und da wackelt des auch, wenn da der Schall da ins Ohr kommt. Stimmt des, Herr Thiel?

Lehrer: Ja, Wolfgang, da haben wir genauso ein Fell. Wenn ein Schall, ein Ton oder ein Geräusch, an unser Ohr dringt, so gelangt er durch das Loch im Ohr an das Trommelfell und läßt es hin und her schwingen. Diese Schwingungen werden dann ins Gehirn übertragen, und wir hören.

Thomas: Das ist toll! Da wackelt's auch im Ohr.

Lehrer: Nun können wir auch schon etwas darüber aussagen, wie ein Schall zum Beispiel von Dietmar zu Toni kommt!

Wolfgang: Wenn der Dietmar ruft oder auf die Trommel schlägt, da geht der Schall vom Dietmar zum Toni seim Trommelfell und macht des wackeln, so hin und her, und er hört's.

Lehrer: Nun wissen wir auch, wieso wir laut rufen müssen, wenn uns einer besser hören soll.

Stephan II: Da wackelt des Trommelfell viel ärger und da hört man's viel besser. Da, wenn man so leise spricht, da wackelt's nur ein bißchen.

Stephan I: Wenn ich jetzt höre, wackelt jetzt gerade mein Trommelfell?

Rainer: Sonscht tätst ja nichts höre!

Thomas: Wenn mir einer ins Ohr schreit, da tut's weh, da tut's dem Trommelfell weh.

Lehrer: Da muß ich euch etwas erzählen. Wenn im Krieg Kanonen abgeschossen werden oder im Steinbruch gesprengt wird, müssen die dabeistehenden Leute versuchen, den überstarken Schall vom Ohr wegzuhalten.

Stephan II: Sonst platzt nämlich das Trommelfell, da ist der Schall zu laut.

Lehrer: Richtig, Stephan, genau aus dem Grund. Sie hielten sich deshalb die Ohren zu, oder sie sperrten einfach den Mund auf.

Wolfgang: Wieso, Herr Thiel? Wieso sperrten die den Mund auf?

Lehrer: Nun, daß sie sich die Ohren zuhielten, versteht ihr ja. Da kommt der Schall überhaupt nicht ins Ohr rein. Wenn sie aber den Mund aufmachten, da brauchten sie die Ohren nicht zuhalten. Zwischen dem Mundraum und dem Ohr besteht nämlich durch eine Röhre eine Verbindung, und wenn ich den Mund so aufmache, da kommt der Schall durch den Mund und das Ohr gleichmäßig zum Trommelfell, der Schall durchs Ohr von der einen Seite und der Schall durch den Mund von der anderen.

Wolfgang: Jetzt weiß ich's, da, wenn der Schall von beiden Seiten so reinkommt, da kann's nicht kaputtgehen, da drückt's nur so fest.

Lehrer: Kann einer das hier am Tamburin zeigen?

Stephan I: Da, wenn's von hier und von hier kommt, kann's nicht reißen. Es muß aber gleichzeitig von den zwei Seiten kommen.

Rainer: Da muß man aber vorher wissen, wenn's knallt, daß man den Mund aufsperrt.

Stephan II: Der Hörkanal da war bei mir mal verstopft.

Thomas: Wenn man mit dem Schlager von beiden Seiten, da, zur selben Zeit draufhaut, kann's auch nicht kaputtgehen, nur von einer.

Toni: Die Soldaten müssen den Mund aufmachen.

Lehrer: Wir sind nun immer noch an der Frage, was zwischen mir und dem Toni geschehen muß, damit er mich hört und ich ihn höre.

Rainer: Wir haben ja Ohren, des reicht ja.

Lehrer: Sicher, sicher, das war die richtige Antwort auf meine etwas ungeschickte Frage.
Aber wie ist's, wie könnten wir uns das vorstellen, wie der Schall von mir zu Toni kommt?

Pause: 10 Sekunden.

Thomas: Ich hab' noch keine Meinung.

Lehrer: Denkt daran, daß der Schall eine Zeit braucht, bis er bei uns ist.

Rainer: Das ist so. Wenn Sie sprechen, da mit ihrem Mund, da gibt's einen Ton, und der Ton, der geht da in mein Ohr rein und macht das Trommelfell wackeln.

Ralf: Wie kommt's aber bis zum Toni seim Ohr? Das ist gar nicht leicht.

Stephan I: Zuerst machen Sie den Mund auf und blasen den Ton raus. Des merkt man, wenn's an die Hand stupft, der Ton.

Thomas: Da ist Luft im Ton. Die boxt gegen die Hände. Ich hab's grad gespürt.

Wolfgang: Der Ton ist ja nichts anderes als Luft.

Ralf: Nein, die Luft trägt nur den Ton.

Rainer: Die Luft, die schiebt ja den Ton. Der Mund, der macht den Ton, und die Luft schiebt den Ton bis zum Toni.

Wolfgang: Die Luft muß nicht schieben. Wenn der Herr Thiel da schreit, da bläst er so den Ton heraus, und da kommt er allein zum Toni. Und der Schall macht dann das Trommelfell wackeln.

Stephan I: Da muß aber das Trommelfell so gleich wackeln, denn wenn Sie sprechen, wackelt ja Ihr Tromelfell auch. Man hört sich ja auch selber.

Dietmar: Wie war da die Frage vorher, Herr Thiel?

Lehrer: Wir wollen versuchen herauszubekommen, was dabei geschieht, wenn ich spreche und Toni mich hören kann. Dabei stellten wir zwei Ansichten fest. Wolfgang meint, daß der Ton ja nichts anderes als Luft sei, und Ralf meinte, daß die Luft nur den Schall trägt.

Rainer: Wenn da keine Luft ist, da kann man nicht miteinander sprechen, da tät' man ersticken.

Wolfgang: Wenn keine Luft da ist, kann man nicht hören, denn der Ton ist die Luft. Da schuckt die Trommel die Luft an, und die geht bis zur anderen Trommel.

Lehrer: Nun, die Frage ist gar nicht so leicht zu beantworten, ob der Ton selbst die Luft ist oder ob die Luft den Ton nur trägt.
Jetzt müssen wir halt versuchen, die Natur zu fragen, wie es ist.

Stephan II: Da müssen wir Versuche machen, da kann's man vielleicht sehen, ein Experiment.

Lehrer: Nun, vielleicht wißt ihr eines?

Wolfgang: Den Toni müßte man in'n Weltraum schießen, wo's keine Luft hat, und da müßt er schreien. Aber das kann man nicht.

Rainer: Auf dem Tonband, da auf dem grünen Ding da, kann man sehen, wie man spricht. Des wackelt.

Thomas: Wenn ma laut spricht, da zuckt's mehr zusammen, als wenn ma leis spricht.

Stephan I: Da prallt der Ton, aber mit der Luft auf Mikrophon und geht da ins Gerät.

Wolfgang: Ich weiß was. Wenn man spricht, da bläst man Luft aus dem

Mund, und die Luft ist der Ton. Die prallt dann an dem anderen sein Trommelfell, und das hört der.

Toni: A, B, C – XYZ – ungelöst.

Stephan II: Ich weiß ein' Versuch. Da hauen wir auf die Trommel, und da wackelt die, und das ist dann ein Ton, das muß vom Wackeln kommen.

Lehrer: Überlegt einmal, was am Trommelfell ganz nahe dran ist.

Thomas: Luft.

Lehrer: Wenn ich nun an das Trommelfell schlage, dann wackelt das. Was geschieht nun mit der Luft?

Wolfgang: Die Luft wird weggeschubst, da so angeschubst, weil das Trommelfell so hin und her wackelt. Da wackelt auch die Luft so hin und her, die da ist.

Lehrer: Und wieso höre ich dann die Trommel? Beim Hören muß ja mein Trommelfell auch wackeln.

Pause: 5 Sekunden.

Stephan II: Ich denk', wenn die Luft wackelt bei der Trommel, da wakkelt auch die Luft da bei meinem Ohr, bei dem Trommelfell, und da hört's man. Da muß das Wackeln aber durch die Luft bis zu meinem Ohr.

Dietmar: Da geht der Schall da gerade von der Trommel zu meinem Ohr, kerzengerade.

Lehrer: Nein, das können wir leicht feststellen. Wenn ich auf freiem Felde einem anderen etwas zurufe, hört's dann auch einer, der auf einem Baum hinter mir sitzt?

Rainer, Toni: Nein, nein!

Ralf, Dietmar: Doch, der hört's auch.

Lehrer: Hört es einer über mir am Fallschirm?

Alle: Ja, der auch. Ja, der muß hören.

Lehrer: Wie ist's nun mit dem Ton, den ich ausstoße?

Ralf: Der geht überallhin, nur in die Erde, da geht er nicht, da hat's keine Luft.

Rainer: Aber im Schacht tät' der, da ist Luft.

Thomas: Überall geht der Schall hin. Die Luft geht nach allen Seiten.

Wolfgang: Wenn man nur in eine Richtung schreien will, da macht man mit den Händen so um den Mund. Da soll's nicht an die Seite. Ein bißchen geht's schon an die Seite, aber 's meiste da nach vorn.

Stephan I: Wenn man des so macht, da wird von dem Ton nicht soviel verbraucht, da geht's meiste halt nach vorn, da, wo man's braucht. Nach hinten geht da wenig.

Lehrer: Ich möchte euch nun zeigen, wie der Ton von seinem Ort, wo er entsteht, zu eurem Trommelfell kommt. Wir nehmen zwei Trommeln, und an die eine hängen wir an einen Faden ein Kreidestückchen so auf, daß es ganz leicht bei dem Fell hängt und es gerade noch berührt. Auf die andere Trommel schlage ich drauf.

Versuch: Das Kreidestückchen wird weggestoßen.

Wolfgang: Da schmeißt, da wackelt die eine Trommel vom Schlagen. Das schuckt die Luft da weg, der Ton und fliegt da zur anderen Trommel. Und da will der Schall da weiter, und da kann er nicht durch, und da drückt er eine Delle hinein, und die Delle macht, daß die Kreide so wegfliegt. Und da geht die Delle wieder zurück und wieder vor, und immer hopft's Stück Kreide.

Stephan II: Des macht also die Luft, die wird von der ersten Trommel gewackelt, weil da das Trommelfell hin und her geht, und da fliegt die gewackelte Luft zur anderen Trommel und stößt da an das Fell, und da wackelt des auch.

Rainer: Wenn ma ein' Ton macht, da wackelt's auch da im Hals, da tut des so zittern und summen.

Lehrer: Das hast du schön beobachtet, Rainer! Haltet einmal eine Hand an eure Gurgel, und sprecht und summt.

Rainer: Das ist wie beim Radio, wenn man die Hand hinhebt, da zittert's auch so.

Lehrer: Rainer hat ein Radio in der Gurgel.

Wolfgang: Aber Schall kommt da überall raus.

Lehrer: Da muß ich euch sagen, wie das in der Gurgel vor sich geht. Der Mensch hat Stimmbänder, das ist so etwas Ähnliches wie die Saiten an der Geige. Spricht man, so drückt man Luft gegen diese Saiten, diese Saiten fangen an zu wackeln und zu zittern ...

Wolfgang: Und dann ist's wie bei der Trommel, so, da wackelt's durch die Luft bis zu meinem Ohr, zu meinem Trommelfell und macht das wackeln. Dann hört man's.

Lehrer: Für das Wort wackeln können wir ein vielleicht besseres Wort nehmen.

Stephan I: Zittern, das geht auch hin und her.

Rainer: Summen.

Lehrer: Nun, wie nennt man es, wenn eine Glocke hin und her geht?

Viele: Sie schwingt.

Lehrer: So sagen auch die Wissenschaftler, die Stimmbänder schwingen, die Saite schwingt, das Trommelfell schwingt.

Stephan II: Wenn da die Stimmbänder wackeln, nein, schwingen, kann man da alle Töne mitmachen? So laut und leise und so a, b, c?

Lehrer: Ja, fast alle Worte und Geräusche kann man mit den Stimmbändern so machen. Dietmar!

Dietmar: Macht dann das Schwingen von meinem eigenen Trommelfell wieder ein Wort, was Sie gesagt haben?

Wolfgang: Das ist klar, des wackelt so wie beim Herr Thiel seiner Gurgel, so wackelt's dann auch bei dir.

Toni: Die Geige, wenn man die zupft, so wackelt, so wackelt, so schwingen die, die Saiten. Die schubst die Luft da rum, daß die wackelt, so rumschwingt, und des hört man.

Ralf: Weil dein Trommelfell da mitschwingt, deshalb hörst du. Das wackelt und schwingt, des merksch, wennst einen Ton hörst, dann wackelt's.

Stephan I: Herr Thiel, warum hört man dann, wenn man so macht? (Klopft auf den Tisch.)

Lehrer: Ja, wieso hört man das?

Wolfgang: Also gehört ham wir's alle, also muß was gewackelt haben, so geschwingt, daß unser Trommelfell auch schwingt, so hin und her wackelt.

Stephan I: Vielleicht hat doch der Tisch gewackelt, wenn man so draufhaut.

Lehrer: Das kann man natürlich nur schwer sehen.

Stephan II: Ein dünner Tisch der tät', da tät' man's gut sehen, wie der wackelt.

Lehrer: Nun, man kann's auch am dicken Tisch sehen. Ich streue hier Sägemehl auf die Platte, hau mal mit der Faust, da mit der Faust drauf. Toni!

Versuch: Die Sägespäne hüpfen, ordnen sich etwas.

Toni: Die sind gehüpft, weil's gewackelt hat, da mit meiner Faust.

Dietmar: Da schwingt der Tisch auch und macht die Luft wackeln.

Thomas: Mit dem Becken da hat's auch gewackelt, und wenn man das Wackeln angehalten hat, da die Schwingungen, da gab's keinen Ton mehr, keinen.

Lehrer: Vielen Dank!

3. und letzte Stunde, 12. Juli 1969

Lehrer: Könnt ihr einige Musikinstrumente nennen, die ihr schon gesehen habt?

Rainer: Trompete, Trommel und die Geige.

Dietmar: Gitarren und, nein, doch, Klavier und Ziehorgel.

Wolfgang: So Becken da, und Xylophon, auch Blockflöten gibt's.

Lehrer: Gemeinsam ist diesen Instrumenten, daß man mit ihnen Töne erzeugen und musizieren kann. Wir wollen heute versuchen, ob wir herausbekommen können, wie diese Instrumente, die meisten von ihnen, ihre Töne erzeugen. Bei manchen Instrumenten wissen wir es schon sehr gut, wie da ein Ton entsteht.

Mehrere: Bei der Trommel!

Stephan II: Da haut man mit dem Trommelschläger drauf, dann geht das Fell rein, dann tut ma's raus, und dann gibt's einen Schall.

Wolfgang: Der Stephan hat gesagt, dann tut ma's raus, das geht aber von alleine raus da, das Trommelfell. Das wackelt dann, das Trommelfell, so hin und her.

Lehrer: Wir sagten noch anders ...

Wolfgang: Das Trommelfell schwingt so hin und her.

Stephan I: Und wenn das Trommelfell so wackelt, da erzeugt's diese Luft, da wird die Luft, da geht die Luft weg, da wird die Luft weggedrückt, da nach der Richtung, wo das Fell rausgeht.

Toni: Und die geschwingte Luft, die macht da, des hat ma an dem Kreidestück gesehn, die macht mein Ohr da wackeln.

Wolfgang: Dein Trommelfell wackelt, nicht dein Ohr.

Lehrer: Kann einer diesen Versuch mit dem hüpfenden Kreidestück nochmals sagen?

Toni: Da hatt'n wir an ein' Bleistift ein Kreidestück rangemacht und ein' Faden, und dann hatt'n wir mit der anderen Trommel, ah, draufgeschlagen, und dann ist es da von der einen Trommel zu andern Trommel rein und dann hat 's Kreidestück angefangen zu wackeln.

Lehrer: Etwas hat Toni nicht ganz deutlich gesagt?

Ralf: Da muß, ja, da tut das andere Trommelfell auch so wackeln, und da weil's wackelt, da schmeißt's da das Kreidestück so weg.

Stephan I: Und was ist's, wenn 's Trommelfell da im Ohr kaputtgeht?

Lehrer: Man kann weiterhin noch hören, nur nicht so gut, und muß beim Schwimmen aufpassen, sonst geht einem Wasser ins Ohr. Zum Glück wird meist nur ein Trommelfell zerstört, das andere kann dann etwas einspringen, so daß man noch ganz gut hören kann. Nun können wir auch noch bei einem anderen Instrument sehr gut sehen, daß etwas wackelt, schwingt, wenn es tönt.

Pause: 10 Sekunden.

Stephan II: Meinen Sie die Gitarre? Wenn man da zupft, so, oder dranschlägt, dann wackelt die, die schwingt so, diese Saite da, und dann gibt's einen Ton.

Lehrer: Schau einmal her, wenn ich an dieser Gitarre zupfe!

Rainer: Da fippert das so hin und her, da, die eine Saite besonders, die schwingt. Des sieht man.

Wolfgang: Die dünne Saite kann aber nicht so viel Luft wegdrücken wie die Trommel, und man hört's auch am Ton.

Thomas: Wenn's da einen Ton geben soll, da muß da, die da (zeigt auf die Saite), die Luft weggedrückt werden und so schwingen.

Stephan I: Die muß weggedrückt werden und wieder herkommen dürfen, schwingen, das ist richtig. Da bei dem Becken, da hat's auch so gezittert. Überall, wo's Töne gibt, da zittert's, tut's so schwingen.

Dietmar: Aber des Schwingen muß immer bis zum Ohr da, bis ins Trommelfell, des muß auch so schwingen, so zittern.

Wolfgang: Bei den Becken, da kam's auch zum Wackeln, da ham wir's aufeinandergeschlagen, und dadurch kam des ins Wackeln, und das hat die Luft da auseinandergerissen, das, und die Luft hat dann unser Trommelfell im Ohr zum Wackeln gebracht, und dadurch haben wir dann den Ton gehört, nämlich, wenn wir die Zunge drangetan haben, da hat das gekitzelt, weil das immer hin und her ging, das spürt man, man braucht nicht alles sehen.

Dietmar: Das ist aber ein ganz feines Wackeln. Und bei der Geige und der Gitarre, da wackelt es auch ganz fein, aber hören tut man's.
Bei der Zither kann man's auch sehen. Die heißt vielleicht auch deshalb, weil sie zittert. Ich hab' eine. Da muß man so anzupfen mit Daumen und Zeigefinger.

Ralf: Wir habe gesten auf'n Sand ein' Versuch gemacht, der Rainer, der Dietmar, der Stephan (II) und ich. Da ha'm wir auf'n Geländer, da auf Eisen, da unser Ohr draufgelegt, und da einer hat müssen weit weg klopfen. Das hat toll getan, auch so geschwungen, so wie eine Kirchenglocke. Bloß der Mann, dem's gehört, der hat gemeckert.

Rainer: Da sind wir schnell davon.

Lehrer: Da weiß ich eine Geschichte dazu. Ihr wißt ja, was ein Bahnübergang ist ...

Wolfgang: Wo ein Zug über die Straße fährt.

Lehrer: Ja, genau. Nun ist es gefährlich, mit dem Auto darüber zu fahren, wenn man nicht sieht, daß ein Zug kommt. Deshalb gab einmal ein Minister den Autofahrern einen Rat, sie sollten aussteigen, ihr Ohr auf das Eisenbahngleis legen und horchen, ob ein Zug kommt. Was meint ihr?

Stephan I: Kann man das hören?

Lehrer: Nun, die „Geländerhörer" von vorne müßten es wissen.

Rainer: Ich, ich glaub's, des hört man gut, da ist der Schall im Eisen drin.

Lehrer: Ja, den Zug könnte man da schon auf weite Entfernung hören. Ist der Zug aber schon nahe . . .

Rainer: Da fährt er einem den Kopf ab.

Lehrer: Deshalb war der Rat des Ministers auch schlecht. Wer kniet sich auch hin in den Staub und horcht? Da schaut man doch lieber.

Wolfgang: Am Tisch geht's auch, da hört man's auch, wenn man klopft. Des ham wir ja auch mit den Sägespänen gesehen, daß der wackelt, die sind so gehopft.

Ralf: Der Dietmar hat so 'n Blechfrosch in der Tasche, des hat er gesagt, bringt er Ihnen mit.

Lehrer: Na, laß ihn mal quaken, Dietmar.

Stephan II: Das wackelt auch, wenn man's so runterdrückt, und dann quakt's so. Des wackelt und, ja, des schwingt nur einmal, aber dafür ist's auch laut. Sehen kan ma des nimmer, wie's schwingt, nur einmal, da am Anfang.

Lehrer: Wir wissen nun, wie ein Ton, ein Schall, ein Geräusch, entsteht, nämlich: wenn ein Gegenstand in Schwingungen gerät, schwingt, wakkelt, fibbert, zittert und so weiter. Etwas ist aber dringend notwendig, daß der Schall von der Schallquelle überhaupt zu uns kommt . . .?

Wolfgang: Da braucht man die Luft, die trägt den Schall, die bringt ihn zum Ohr.

Lehrer: Und im Weltraum, im luftleeren Raum?

Dietmar: Da muß man da nicht sprechen können, sprechen schon, aber ma hört's net.

Rainer: Des ist toll, kann man da gar nichts sagen zum anderen?

Stephan I: Wer soll den Schall zu deinem Trommelfell tun? Des kann nur die Luft, die macht dein Trommelfell wackeln.

Ralf: Da muß mer's halt aufschreiben auf ein' Zettel, da muß mer's lesen.

Wolfgang: Die Taubstummen können aber vom Mund abgucken, die lernen das, da braucht man keine Luft.

Lehrer: Danke, Wolfgang, das stimmt, die haben das gelernt. Da weiß ich eine Geschichte. Die Königin von England machte bei einer Weltreise eine Fahrt mit dem Auto durch eine Stadt. Da sie schon sehr müde war, wollte sie sich hinsetzen. Da sagte ihr Mann neben ihr, der Herzog Philipp: „Nun halte dich aber noch ein paar Minuten aufrecht, du armes müdes Wesen!“ Niemand hatte es gehört, nur die Kinder einer Taubstummenschule, die am Weg standen, lachten plötzlich lauthals.

Stephan II: Die ham's dem Herzog Philipp vom Mund abgelesen. Das ist toll, was?

Lehrer: In der letzten Stunde besprachen wir noch, wie der Mensch die Töne erzeugt.

Dietmar: Mit'm Mund.

Rainer: Mit der Zunge.

Thomas: Des braucht ma auch, den Mund und die Zunge, aber am wichtigsten sind da in der Kehle die Sprechbänder. Die schwingen, wenn Luft da anstößt.

Lehrer: Für Sprechbänder haben wir ein anderes Wort, denn man spricht ja nicht nur mit ihnen.

Wolfgang: Stimmbänder. Die schwingen, und des hört man, da kann man alle Töne mit machen.

Stephan I: Da müßten die Frauen andere Schwingbänder haben, weil die so hoch sprechen.

Lehrer: Die Frauen haben kürzere Stimmbänder, und deshalb sprechen sie höher. Wenn ich da an der Gitarre die Saite verkürze – horch!

Versuch: Saite verkürzt, Ton höher.

Rainer: Da klingt's höher, ja, des sieht man.

Stephan II: Man kann's aber auch mehr so spannen, da ist's auch höher. Dietmar!

Dietmar: Bei der Zither gibt's so ein' Schlüssel, da kann ma's auch mehr spannen, da ist's auch höher.

Lehrer: Die Frauen könnten also auch stärker gespannte Stimmbänder haben, der Effekt wäre der gleiche wie bei kurzen Stimmbändern. Aber die Ärzte stellten fest, daß die Stimmbänder der Frauen kürzer sind als die der Männer.

Viertes Protokoll

Thema: Schallausbreitung

4. Klasse, 23 Buben (8;3–9;5 Jahre alt). Juni 1969

Lehrer Thiel: An mir selbst kann ich immer eine seltsame Beobachtung machen. Wenn ich, ja, wenn ich das Geräusch eines Düsenjägers höre und ihn sehen möchte, so finde ich ihn selten dort, wo das Geräusch herkommt. Meist ist das Flugzeug nicht mehr an dieser Stelle, sondern schon weiter weg.

Robby: Das ist die Schallgeschwindigkeit. Da war also das Flugzeug schneller als der Schall. Es müßte schneller als 333 m in der Sekunde geflogen sein, denn das ist genau die Fortpflanzungsgeschwindigkeit des Schalls in einer Sekunde in der Luft.

Werner: Ganz hat der Robby nicht recht. Der Schall, der da fliegt, braucht länger, auch, ah, er hat eine andere Geschwindigkeit als das Flugzeug. Es fliegt ja hoch, das Flugzeug.

Lehrer: Ich muß noch etwas zu Robby sagen. Damals, als ich diese Beobachtung wahrscheinlich zum erstenmal machte, konnten die Düsenjäger noch nicht schneller als der Schall fliegen, und trotzdem konnte ich das beobachten.

Stephan I: Das ist halt so: Der Düsenjäger, der Knall, der fliegt ja hoch, und der Schall, der muß ja auch rüberkommen, und in dem Moment, wo der Schall rüberkommt, so runterkommt von oben, fliegt der Düsenjäger wieder weg.

Lehrer: Ja?

Nicolai I: Der Schall muß ja auch erst runterkommen, so schnell kann der auch nicht, und oben bleiben kann er auch nicht, irgendwo muß er ja hin.

Bernhard I: Ein Teil vom Schall bleibt schon oben, über dem Düsenjäger und an der Seite. Runterkommen ... das meinst du so, weil, ja, nein, doch, weil du unten stehst und ihn hörst. So ist es doch, Herr Thiel, wenn ich über dem, da dem Düsenjäger wär, könnt ich ihn auch hören.

Matthias I: Ich meine, wenn das Flugzeug da kommt, äh, und es einen Schall gibt, da braucht der Schall erst ein Weilchen, bis er unten ankommt.

Lehrer: Könnte einer mal die Sache anzeichnen, damit wir es alle besser verstehen, was gemeint wird?

Werner: Hier ist das Flugzeug und hier ... Also: wenn das Flugzeug da fliegt, da geht der Schall so schräg nach unten, so zu uns. Wir hören den Schall aber erst, wenn das Flugzeug schon da hierher geflogen ist.

Lehrer: Jetzt kommen die zuerst dran, die bisher noch nicht aufgerufen wurden. Stephan (II) hat sich gemeldet.

Stephan II: Also, wir müssen deshalb immer woanders hinschauen, als wo der Schall herkommt, am besten so vorne, das weiß man schon.

Bernhard I: Wenn das Flugzeug so schnell fliegt wie der Schall, dann geht der Schall so schnell, und der Schall braucht eine Zeitlang, bis er unten ist, und das Flugzeug fliegt genauso schnell, so schnell wie der Schall, da kann der Schall aber nicht weg vom Flugzeug, der bleibt immer dran.

Lehrer: Vorne an der Flugzeugspitze schon, da holt das Flugzeug sozusagen den eigenen Schall ein.

Martin: Aber man hört doch den Schall da, den, ein Flugzeug, das so schnell wie der Schall fliegt, macht doch auch Krach. Da geht halt der Schall nach unten und nach hinten.

Lehrer: Wenn wir zurückdenken: Bernhard hat gesagt, beim Flugzeug oben entsteht der Schall und geht dann nach unten, und während dieser Zeit fliegt ja das Flugzeug weiter. Woher wissen wir es aber noch genauer, daß der Schall Zeit braucht, um herunter zu kommen? Woher wissen wir das? Unsere Beobachtungen mit dem Flugzeug und unsere Begründungen sind ja nur dann verständlich, wenn der Schall eine bestimmte Zeit braucht.

Bernhard I: Auf die Sache mit dem Schall sind wir ja mit dem Stampfbagger vom Sand (Wohngebiet in Tübingen) gekommen. Die Leute wissen's ja nicht, deshalb sag' ich's noch mal. (Das Protokoll entstammt einer offenen Stunde, die der Lehrer hielt.) Da hat der Stampfbagger da den Betonklotz, den Stampfer, fallenlassen, und da lag der Stampfer schon, und da haben wir es erst plumpsen gehört, also später.

Stephan II: Wir haben das nicht geglaubt, als das der Bernhard erzählt hat, und da haben wir mit ihnen einen Versuch gemacht, um's rauszukriegen. Auf der Hausserstraße ha'm wir uns aufgestellt, und weil der Stampfbagger nicht mehr da war, ha'm wir's so mit Blechplatten, so mit Becken gemacht. Der Thomas hat sich unten aufgestellt, so 300 m weg, und hat auf die, hat die Becken zusammengeschlagen, und als er's wieder auseinandergenommen hat, haben wir erst den Ton gehört. Später, nicht gleich wie er's geschlagen hat.

Georg: Als er's zusammengeschlagen hat, haben wir noch nichts gehört, erst eine Weile später.

Stephan I: Eine Weile, das ist übertrieben, so lang hat's nicht gedauert, so lang nicht, ganz kurz später kam's.

Roland: Der Schall braucht Zeit, gleich ist er nicht da, ich hab's gesehen, ich weiß es.

Jochen: Es war nur ein ganz kleiner Unterschied, aber ein Unterschied war es, das hat man gut gesehen.

Georg: Der Schall ist halt eine Luftschwingung, der schwingt sich halt so zu uns her und vom Flugzeug herunter. Da braucht er halt schon Zeit.

Matthias I: Mein Vater hat gesagt, das seien so Wellen, so Luftwellen, die macht das Flugzeug, die Motoren, die stoßen die aus.

Nicolai II: Hier ist das Flugzeug, und hier ist die Erde. Der Schall geht da vom Flugzeug ab, und bis er erst bei der Erde ist ... (Zwischenrufe: Aber er geht auch nach oben) Ja, er geht auch nach oben, nach allen Seiten, das wissen wir ja, aber bis er auf der Erde ist, da muß immer ein Teil das andere anstoßen.

Robby: Das sind die Moleküle, diese Teilchen, und da habe ich in einem Buch nachgeguckt. Da habe ich gelesen, daß der Schall sich in der Luft seltsamerweise schlechter fortpflanzen kann als im Wasser. Denn im Wasser wohnen die Wassermoleküle enger zusammen, und da wird weniger Energie verbraucht, als wenn die Moleküle weiter auseinander sind. Ich sage ein Beispiel: Wenn ich's hier anzeichne, dann sind da viele Moleküle nebeneinander, so kleine Teilchen, aus denen die Luft besteht – und das Wasser, so ganz kleine Tröpfchen. Wenn der Düsenjäger so durch die Luft fliegt, da machen die Motoren Lärm, so den Schall, und da werden die Moleküle aneinandergestoßen, und die geben den Stoß an andere weiter. Im Wasser sind sie enger beieinander, da pflanzt sich der Schall besser fort als in der Luft, denn bei der Luft sind die Moleküle nicht so eng beieinander.

Lehrer: pfeift überrascht.

Robby: In der Luft pflanzt sich der Schall mit 333 Meter in der Sekunde fort, im Wasser ungefähr mit 1480 m, ja soviel schafft der Schall im Wasser. Im Stahl kann er bis 5800 m schaffen, weil da die Moleküle noch viel enger aneinanderliegen.

Die Mitschüler reden durcheinander, anscheinend hat sie Robbys Rede überrascht.

Lehrer: Nun gut, Robby hat das in einem Buch nachgelesen. Wir haben nun die Aufgabe, zu verstehen zu versuchen, was Robby gesagt hat. Robby, kannst Du es uns vielleicht selbst noch mehr erklären?

Robby: Man könnte das mit Bällen vergleichen. Zum Beispiel ... geben Sie mir bitte 4 Bälle aus der Kiste. Da stoße ich den einen an die anderen, nochmal, so geht's, die müssen eng aneinanderliegen, sonst geht's nicht. Da stoße ich an, und der stößt gegen den anderen, und da fliegt der hinten weg, wenn keiner mehr da ist. Wenn aber viele solcher Bälle oder Moleküle da sind, so steht es im Buch, da können die nicht wegfliegen, aber den ersten Stoß geben sie so weiter – bis hinten.

Bernhard II: Mein Vater hat mir sowas mit Pfennigstückchen gezeigt, da war es genauso. Ham'se welche, Herr Thiel? Ich mach's mal. Die legt man so auf den Tisch, in einer Reihe, und schuckt das erste Stück an die Reihe dran. Nochmal. Da, das letzte fliegt weg, wie bei meinem Vater.

Lehrer: Wer kann es erklären? Eigentlich müßten doch alle angestoßenen

Pfennige wegfliegen. Wir haben genug Münzen, macht's mal. Immer 2 Buben.

Bernhard II: Ein wenig rucken auch die mittleren, das hört man, sie zukken auch so.

Robby: Die können aber nicht weg, weil die anderen danebenliegen, die können nur zucken, aber nicht wegrutschen.

Lehrer: Nehmt mal die letzte Münze weg.

Uwe: Das haben wir schon gemacht, da fliegt dann die weg, die jetzt die letzte ist.

Jörg: Jetzt weiß ich's. Wenn eine Münze an die ganze Reihe stößt, dann ... Nein, so ist's nicht.

Lehrer: Was hast du gedacht?

Jörg: Ich meinte, da fließt so Kraft durch die in der Mitte, und die stößt die letzte weg. Aber da ist doch kein Platz zum Fließen, die Münzen sind ja aus Metall.

Lehrer: Das ist jetzt nicht leicht. Auf jeden Fall geht der Stoß durch die Münzreihe, das sehen wir, weil die letzte wegfliegt. Nun aber, in der Luft sind ja keine Metallteilchen.

Nicolai II: Wenn's im Buch steht, so wird's schon stimmen.

Georg: Ich weiß auch. Ich habe in einem Buch gelesen. Wenn der Schall 16 bis 20 000 Schwingungen in der Sekunde macht, dann hört man ihn, wenn weniger oder mehr Schwingungen sind, hört man ihn nicht.

Robby: Ich weiß auch, wie es heißt. *Hertz* heißen die Schwingungen, das habe ich auch bei mir gelesen. Die Schwingungen entstehen, wenn die Luftteilchen so aneinanderstoßen.

Lehrer: Wir haben nun eine Menge Dinge gehört und müssen ein wenig ordnen. Vielleicht besprechen wir zuerst die Frage nach den Schwingungen. Holt mal, doch, holt die beiden Becken, ihr kennt sie ja schon. Ich schlage sie zusammen, und ihr dürft mal mit der Zunge fühlen.

Wolfhardt: Das kitzelt und brennt beinahe.

Robby: Das kribbelt, man sagt, das vibriert.

Georg: Wie Feuer ist das, so heiß.

Uwe: Man kann sagen, es sei kalt, so genau spürt man nicht, ob's heiß oder kalt ist.

Martin: Das ist so wackelig am Rand, wenn man hinschaut. Man kann gar nicht richtig hinschauen, weil der Rand so verschwommen ist. Er ist nicht mehr grad wie vorher.

Bernhard II: Der Ton hat was mit dem Wackeln der Scheibe zu tun. Wenn's wackelt, dann tönt's nämlich.

Jochen: Wenn man mit den Fingerspitzen hingreift, dann kann man's aufhören lassen. Wenn's nicht mehr wackelt, dann macht es keinen Ton.

Lehrer: Gut beobachtet. Wenn die Platte sich bewegt, wackelt oder vibriert, so hören wir einen Ton. Aber wir können den Ton aufhören lassen.

Wolfhardt: Wenn man's auf den Tisch hält, hört's auch auf.

Jörg: Was der Wolfhardt gesagt hat, stimmt nicht ganz, aber so ungefähr, ein bißchen tönt es immer noch weiter.

Uwe: Wenn man die Hand drauf hält, so bremst die Hand die Schwingungen. Wenn man mit Watte bremst, geht's langsamer.

Matthias II: Ganz recht hat der Uwe nicht. Es wird nur der Ton leiser, so undeutlich mit Watte.

Nicolai II: Ich weiß jetzt, wie das ist. Wenn die Becken so schwingen, dann stößt das Blech auch an die Luft, und von dort geht's, so wie der Robby gesagt hat, schnell zu unserem Ohr. Wenn man mit der Hand oder mit der Watte so die Schwingungen vom Blech bremst, dann hört's auf.

Bernhard II: Wenn man die Becken – gib sie her – ich mach's mal. (Schlägt die Becken zusammen.) Wenn man sie zusammenschlägt, muß man sie gleich wieder, doch, so, ja gleich wieder auseinandernehmen. Sonst tuts nicht. Wenn man sie zusammen läßt, dann gibt's nicht so lang Töne.

Thomas I: Da hört der Ton schneller auf. Sonst dauert er lang.

Robby: Ich würde meinen, daß es so ist. Vielleicht spielt das auch eine Rolle, daß dann die Platten nicht mehr vibrieren können.

Lehrer: Ich denke, das stimmt. Wenn das Blech nicht mehr schwingt, nicht mehr hin und her geht, was ist dann auch unmöglich?

Stephan II: Da kann dann auch die Luft nicht mehr, die Moleküle nicht mehr, die an der Platte dran sind. Da wird die Luft nicht mehr weggedrückt, so angeschwungen, daß sie auch wackelt. Da können dann auch keine Schwingungen entstehen, die zu unserem Ohr kommen, dann hören wir nichts mehr.

Stephan I: Der Kurz (Stephan I), der hat, äh, der Bernhard hat vorher, vorhin die Platte, die Becken so zusammengeschlagen und sie zusammengelassen, das bremst. Aber nur mit dem Finger kann man schlecht bremsen, der hält's nicht gut auf, da kann der Ton trotzdem noch weiter, nur wenn wir stark drücken, hört's auf.

Lehrer: Sicher wissen wir bis jetzt folgendes über die von Robby genannten Schwingungen. Wenn ein Gegenstand, eine Blechplatte, ein Becken, eine Saite eines Streichinstruments ins Schwingen gerät, so hören wir einen Ton. Sucht mal zu Hause solche Gegenstände, die beim Schwingen einen Ton geben.

Nächste Stunde – 3 Tage später

Bernhard: Herr Thiel, ich war nicht damit einverstanden, mit den Molekülen. Robby hat gesagt, er hätte das im Buch gelesen. Aber das kann jeder, so nachlesen und es dann sagen. Wir wollen es aber selber finden.

Nicolai I: Der Georg hat so was auch gesagt, was er aus dem Buch hat, mit Schwingungen und *Hertz* und so. Aber das hat er aus dem Buch so abgelesen, von selbst weiß er es nicht.

Georg: Aber es ist doch nicht falsch.

Lehrer: Nein, das nicht. Ich habe wirklich nicht damit gerechnet, daß ihr so etwas sagt. Aber wir sollten ruhig einmal darüber sprechen. Was meint ihr?

Robby: Wir haben doch auf der Straße, letzte Woche mit der Trommel so einen Versuch gemacht. Am Abend habe ich es dann erzählt und in einem Buch nachgelesen über den Schall. Da stand das drin, daß Töne aus Schwingungen entstehen und daß man nur bestimmte Schwingungen hören kann. Auch von den Molekülen, den Luftteilchen war geschrieben und wie sie sich gegenseitig anstoßen. Das stimmt doch, Herr Thiel?

Nicolai II: Aber sehen kannst du die Moleküle nicht, Robby. Das steht halt so drin im Buch, ich glaube schon, aber ganz wissen wir es nicht.

Lehrer: Ja, wie ist es. Stimmt das, was Robby und Georg gesagt haben?

Bernhard I: Ich glaube schon, daß es stimmt, im Buch ist es ja immer richtig, wenn's kein, ja, wenn's kein Druckfehler ist, aber so einfach ablesen und sagen, das mag ich nicht.

Robby: Aber es gibt so kleinste Luftteilchen, so Moleküle, nicht, Herr Thiel? Wenn man sie auch nicht sehen kann, aber die Wissenschaftler wissen es und Sie auch.

Lehrer: Ja, die Wissenschaftler sprechen von Molekülen. Warum ich es nicht gleich am Anfang sage? Ja, ich möchte euch halt den Weg zeigen, wieso man z. B. so denken kann, als ob die Luft aus lauter kleinen Teilchen besteht, wie man dazu kommt, so zu denken. Einer muß das ja einmal zuerst so gedacht haben, Gründe dafür gehabt haben. Das mit den Molekülen ist nicht leicht. Anfassen kann man sie nicht. Aber wie ist es mit dem Luftballon, den ich drücke, da kann ich doch Luft anfassen, auch die Teilchen?

Thomas I: Doch, da ist die Luft wie im Ball, so gedrängt.

Stephan II: Anfassen kann man sie nur, weil sie eingesperrt ist, den Gummi faßt man nur an. Aber ein kleines Luftteilchen kannst du nicht anfassen mit deinen groben Fingern – nur wenn sie alle zusammen eingesperrt sind.

Lehrer: Ich habe einen Versuch, der uns vielleicht weiterhilft.

Versuch: Zwei Trommeln werden in etwa einem halben Meter Abstand voneinander so aufgestellt, daß ihre Felle aufeinander weisen. An einem Faden ist ein Kreidestückchen so aufgehängt, daß es gerade noch das Fell der Trommel berührt. Als nun auf das andere Trommelfell geschlagen wird, hüpft das Kreidestückchen an der unberührten Trommel trotzdem weg.

Georg: Da springt der Ton von einem Trommelfell zum anderen und läßt das andere auch wackeln, und da stößt's die Kreide weg.

Stephan I: Ich möcht's anzeichnen. Also, ich zeichne es so. Schlägt man hier drauf, also, wenn man hier mit dem Schläger drauf schlägt, dann geht der Schall da weg und stößt drüben an die andere Trommel dran und da fliegt das Stückchen weg.

Lehrer: Ich habe nichts davon gesehen, daß der Schall da 'rüber geht, ich habe weniger gesehen.

Jörg: Wir haben gesehen, das aber sicher: wenn wir hier draufschlagen – ich mach's mal –, dann geht die Luft von hier nach hier und schluckt das Kreidestückchen weg.

Bernhard I: Das hast du nicht alles gesehen. Nur das springende Stückchen hast du gesehen.

Lehrer: Wir wollten dich nicht ärgern, Jörg. Aber wir wollten bloß einmal feststellen, was wir gesehen haben. Was zwischen den beiden Trommeln geschehen ist, können wir nur vermuten, müssen wir uns vorstellen. Was haben wir nun wirklich gesehen?

Thomas II: Wenn sie hier draufhauen, dann springt das Kreidestückchen weg, aber dazwischen kann man nichts sehen.

Nicolai II: Wenn man hier draufschlägt, dann tönt es, das hört man und dann hupft bei der anderen Trommel das Kreidestückchen.

Martin: Der Schall – aber wir müssen uns jetzt denken, was dazwischen passiert. Wenn das Stückchen Kreide so wegfliegt, ja, nein, doch so kann es sein, da muß das Trommelfell, das wo dran ist, gewackelt haben.

Lehrer: Gut. Frage für uns, wieso hat das andere Fell auch gewackelt? Niemand hat auf das andere Fell draufgehauen.

Jochen: Ich denk mir jetzt etwas, ich vermute. Ganz weiß ich's nicht. Wenn das eine Trommelfell wackelt, wenn man draufhaut, dann wird die Luft, die so am Fell dran ist, dann kommt die in Schwingungen, weil das Fell auch wieder zurückgeht, und die gehen bis an die andere Trommel und lassen da das Fell auch wackeln, und dann fliegt das Kreidestückchen weg.

Thomas I: Der Jochen hat das vermutet. Ich kann's auch beweisen, daß er recht hat. Da muß man nur einen Pappendeckel zwischen die beiden

Trommeln halten, in die Mitte, da können die Schwingungen nicht vorbei. Darf ich's machen?

Lehrer: Bitte. Aber zuerst noch. Erst haben wir eine seltsame Beobachtung gemacht, das Kreidestückchen fliegt weg. Dann einige Vermutungen, wieso es wegfliegt, denn das sehen wir nicht. Nun prüft Thomas mit einem Versuch unsere Vermutungen nach.

Versuch: Das Kreidestückchen bewegt sich nicht mehr so heftig wie vorher, aber etwas doch. Ziehen die Schüler die Pappe weg, fliegt es 5 bis 10 Zentimeter weg. Versuch wird ca. 20mal wiederholt.

Andreas: Oben am Pappendeckel kann der Schall so ein wenig vorbei, aber nur wenig. In der Mitte wird er abgehalten, und da hat er keine Kraft mehr, das andere Fell einzudellen.

Robby: Manchmal hab' ich gedacht, daß auch die ganze Luft rüberkommt und das andere Fell eindallt, nicht so nur ein wenig zuckt, wie bei den Münzen. Aber es muß so sein, wie es im Buch steht, daß die Schwingungen nur so ganz kurz hin und her gehen, aber nicht weiter, denn ich habe keinen Luftstrom gespürt. Ich habe auch die Hand feucht gemacht, aber die Luft habe ich nicht gespürt. So ist es nicht.

Matthias I: Wenn da die Trommel ist, die eine. Auf die, äh, schlägt man, äh, drauf. Aber dann, dann macht man hier mit dem Schlegel so eine, äh, Delle rein, so für einen Augenblick. Da, so stelle ich mir, äh, das vor, da hat auch dann die Luft eine Delle und schubst die andere Luft weg. Aber nicht weit, denn da ist noch andere Luft, die geht auch zurück, weil das Fell ja, äh, auch so zurückgeht, so kurz, es schwingt ja hin und her. Äh, die Luft schubst an die andere Luft und die wieder weiter, bis an das andere Fell und das schubst die Kreide weg.

Robby: Das sind die Moleküle. Ich weiß es jetzt sicher, so ist es.

Lehrer: Siehst du die Moleküle?

Robby: Nein, das nicht. Luft ist ja durchsichtig, die sieht man nicht. Aber so denken darf man, so wie bei den Münzen, vielleicht ist es so, daß da der Stoß durch alle Teilchen weitergeht und dann die Delle im anderen Fell macht.

Lehrer: Wir stellen uns das so vor, da hast du recht. Wie die Luftmoleküle, diese kleinen, unsichtbaren Teilchen da aussehen, das wissen wir nicht. Aber wir können, doch, wir können das, was wir beobachtet haben, so erklären. Das heißt, das was wir gelesen haben, was Robby gelesen hat, kann so verstanden werden, als sei die Luft aus lauter kleinsten Teilchen zusammengesetzt.

Bernhard II: Im Luftballon, da spüren wir ja auch die Teilchen, wenn die Teilchen so zusammengepreßt sind. Sonst können sie gut ausweichen. Man kann zwischen ihnen hindurchgehen, und man spürt sie nicht.

Lehrer: Wir übertragen also die Beobachtung, die wir von den Münzen kennen, auf die Luft. Wir nehmen also ein Modell und schauen, ob es paßt. Ob es genauso ist wie bei den Münzen, das wissen wir nicht, aber wir denken einmal so. Auf jeden Fall fliegt nicht die ganze Luft rüber, man könnte ja so denken, aber das müßten wir mit feuchten Fingern spüren können.

Eine Frage noch: Wie ist das, wenn wir den Schall selbst im Ohr hören? Vergleicht mal die beiden Felle hier.

Frank: Im Ohr ist auch so ein Fell, ein Trommelfell sagt man, und ich hab da ein Loch drin. Aber ich höre auch gut.

Roland: Reinstupfen soll man aber nicht, sonst geht's kaputt, und ganz gut hört man dann nimmer.

Uwe: Aber der Frank hat doch gesagt, daß er gut hört.

Frank: Doch, schon, aber ich hab' auch nur ein ganz kleines Loch im Trommelfell.

Lehrer: Wenn wir Menschen ein Trommelfell im Ohr haben, dann könnte ich mir gut denken, wie der Schall, die Töne und Geräusche zu uns kommen.

Matthias II: Das ist wie bei dem Versuch vorher. Da kommt der Schall so angeschwungen, und da drückt er das Trommelfell im Ohr ein, und das merken wir irgendwie im Gehirn.

Robby: Auch beim Becken ist es so. Wenn die Metallplatten so schwingen, dann stoßen sie, wenn sie sich so hin und her bewegen, an die Luft drumherum, und da stößt ein Luftteilchen an das andere, wie bei den Münzen, so stellen wir uns das vor, und da gelangt der Schall bis an unser Trommelfell und dellt es ein. Dann hören wir.

Bernhard I: Wenn die Luftteilchen aneinanderstoßen, dann gehen sie so hin und her, weil auch die Platte hin und her geht, wie die Saite beim Cello – das ist dann die Schwingung, so hin und her.

Lehrer: Was kommt dann eigentlich an unser Ohr?

Thomas II: Die Luft, weil die so wackelt.

Uwe: Die Luft ist es, weil sie von der Platte gestoßen wird, daß sie schwingt.

Matthias II: Das sind die Schwingungen der Luftteilchen, die unser Trommelfell dellen. Wenn da die Luft angestoßen wird, so von den Platten, weil die hin und her gehen, da geht, da stößt ein Teilchen Luft einmal an ein anderes, und das geht durch die Luftteilchen durch, wie bei den Münzen. Da kommen immer neue Stöße, denn die Platte wackelt, schwingt so hin und her, immer. –

Nicolai: Aber sehen kann man die Schwingungen in der Luft nicht, nur so denken kann man, wie Robby gesagt hat.

Fünftes Protokoll

Thema: Warum schwimmt ein Schiff?

4. Klasse, 23 Buben (8;3–9;5 Jahre alt). Dienstag, 26. 11. 1968, 1. Stunde

Lehrer (Thiel): Er erzählt von einem Besuch im Hamburger Hafen, von den vielen Schiffen, besonders von dem eisernen Lastschiff, das fast bis zum Rand mit Sand beladen war und trotzdem noch schwamm. Der Lehrer läßt ein 10 cm langes, oben offenes Plastikschiffchen auf dem Wasser schwimmen und fragt dann, warum es wohl schwimme, und läßt die Buben berichten.

Martin: Das Schiff ist ja auch nicht nur so ein Eichenklotz. Das Schiff ist ja geformt, und innen drin ist ja auch noch Luft, und also ist's ja genauso wie 'n Boot, so daß hier die Luft ist, und wenn das reinsinkt, dann kann kein Wasser reinlaufen. Also muß es schwimmen.

Bernhard I: Bei diesem kleinen Ding da, kann ja die oben raus, und wenn das so wär, dann könnt ja die Luft oben raus, und da das Wasser schwerer ist, und das blaue Schiff ist ja auch schwerer als die Luft, da könnt das ja auch untergehen.

Stefan I: Ich bin der Meinung ... Ich habe in unserer Badewanne einen Versuch gemacht, und zwar hab' ich ein kleines Schiffchen genommen und hab' es schwimmen lassen, und dann hab' ich es mit Wasser volllaufen lassen, und dann ist es abgesoffen. Und da kann eigentlich nur die Luft das Schiff tragen, egal ob es vielleicht eine Million Tonnen wiegt, weil die Luft ist viel stärker als alles.

Thomas I: Das Schiff, das verdrängt ja Wasser, z. B. in einem großen See verdrängt das Schiff Wasser, und das Wasser drückt von unten das Schiff immer weiter hoch. Das Wasser will ja auch im See bleiben. Wenn du z. B. 'ne Hand in irgendeinen Eimer tust, dann wird das Wasser höher, dann steigt es, und so ist es beim Schiff auch.

Uwe: Auch wie der Männe (Thomas I) sagte. Das Schiff, des macht ja ne große Menge Wasser weg, drückt es ja an die Seite. Das Wasser möchte ja auch keine Delle wie die Luft, und des drückt dann das Schiff wieder hoch, damit's nicht untergeht.

Bernhard II: Ich hab' mal, ich hab' mal ein Holz, so eine Nußschale schwimmen lassen. Da hab' ich Wasser reingefüllt, die schwamm trotzdem noch.

Bernhard I: Jaa ...

Georg: Der Martin hat vorher gesagt, ein Stahlschiff das ist hohl, aber ein Holzschiff, das könnte ja auch gefüllt sein, da könnte man sich oben draufsetzen, z. B. ein Floß, es braucht nicht unbedingt hohl sein.

Matthias I: Im Schiff ist ja Luft, und Luft geht nicht unter.

Robby: Das Schiff schwimmt deshalb, weil, soweit ich glaube, soweit ich weiß, das Schiff verdrängt Wasser, und ein Naturgesetz heißt, soviel ich weiß, wenn ein Körper ins Wasser kommt und der Wasser verdrängt, dann wird das, dann wird dieser Körper so viel leichter, daß er schwimmen kann.

Werner: Aber wenn man einen Stein ins Wasser wirft, der verdrängt zuwenig Wasser, und deswegen schwimmt er nicht. Wenn's zu kleine schwere Sachen sind, dann schwimmen sie nicht.

Thomas I: Ich glaube, ein flaches, ein flacher Stein, wenn man den aufs Wasser wirft, glatt, daß er mit der Unterfläche aufkommt, der hüpft dann. Und wenn, wenn du vielleicht, wenn du vielleicht ein Plastik, ein ganz flaches Plast ..., ein ganz flacher Stein aufs Wasser legst, der müßte eigentlich s ... schwimmen, wenn er Wasser verdrängt, er verdrängt ja auch Wasser wie 's Schiff.

Georg: Ja, ja, ja. (Kritisch)
Aber der Stein muß ja vorwärts kommen. Wenn er nicht vorwärts will, dann muß er hohl sein, außer wenn er Holz ist.

Lehrer: Damit er schwimmen kann.

Georg: Ja, aber es ist ja ein Stein.

Bernhard I: Holz schwimmt wahrscheinlich, schwimmt wahrscheinlich nur deswegen, weil Luft innen drin ist, und die Luft, die ist im Holz, und außen um das Holz ist 'ne Schale, da kann die Luft nicht raus. Und deswegen schwimmt das Holz auch wenn Wasser drin ist. Wenn das Holz vermodert, dann, dann geht die Luft raus, oder sie wird ... da, da wird das Holz ja morsch, und da gehen lauter Löcher rein, und da kann die Luft auch gut raus. Wenn's dann ganz ver ..., ziemlich arg vermodert ist, dann geht es, geht das, geht das Holz ja auch unter, wenn's ganz arg vermodert ist.

Uwe: Aber ich möcht' noch was zum Georg sagen. Der hat gesagt, der Stein kommt nicht vorwärts, des stimmt. Warum kommt dann das Schiff vorwärts? Das kommt auch nur vorwärts, weil es 'ne Schraube hat.

Bernhard: Oder mit'm Segel. Früher hat man ja auch nur Segelboote gehabt, und die Schraube, die ist ja auch etwas ziemlich Neues. Das Segelboot, das hat man schon viel länger.

Thomas I: Wir müssen, glaub' ich, beim Thema bleiben.

Martin: Und nicht nur Segelboote und Schraube, dann hat man ja auch noch Ruderboote gehabt.

Thomas I: Wir müssen beim Thema bleiben.

Robby: Also ... Vielleicht schwimmt das Schiff deshalb, weil es, wenn es doch Wasser verdrängt, dann wird das doch leichter, und dadurch fängt es dann an zu schwimmen, und je mehr es Wasser verdrängt, je besser schwimmt es. Im Vergleich zum Gewicht muß, glaube ich, die Wasserverdrängung mehr sein.

Thomas I: Dann sollte auch ein Stück Stein auf dem Wasser schwimmen, der verdrängt ja auch Wasser.

Robby: Ja, dafür ist aber der dann wieder zu schwer, der verdrängt zu wenig Wasser, sein Gewicht ist doch noch mehr, als er Wasser verdrängt.

Stefan I: Ko ..., Kohle schwimmt, ich hab 'n Kohlenstein schon mal ins Wasser geschmissen, der, der ist untergegangen, und plötzlich kam er wieder heraufgeschossen. Der schwimmt nämlich, der Kohlenstein!

Georg: Es gibt auch solche Eisensteine, aber da sind solche komischen Löcher drin, solche kleinen, solche weißen, der schwimmt auch.

Frank: Wenn man reinhopst ins Wasser, das hab' ich gestern mal im Schwimmen gemacht, dann kribbelt's einem so, wenn man reinhopst, an den Beinen und am ganzen Körper. Und wenn man reinhopst, da entsteht ein Loch und dann, da kommt auch Luft rein, und die kommt, die will dann sofort wieder hoch und geht dann auch hoch. Also, das Wasser, das drückt, des will wieder zusammen, das geht auch wieder zusammen, und dann, dann kommt die Luft wieder hoch, und das ist das Kribbeln.

Nicolai I: Ich will noch was zum Georg sagen, der hat gesagt, so ein Eisenstein mit Löchern täte schwimmen, der schwimmt aber nur, weil in den Löchern Luft ist, und die Luft läßt sich nicht unterdrücken, und deswegen schwimmt der Stein oben.

Thomas I: Man müßte ja einfach in Stein Löcher machen, und dann müßte der Stein schwimmen.

Matthias I: Die Luft ist leichter als das Wasser, und die Luft, wenn die ins Wasser kommt, die ist ja leichter, die will nicht im Wasser bleiben, weil, und deswegen geht sie wieder hoch, und beim Schiff, da will sie ja auch nicht mit runter, und deswegen geht 's Schiff auch nicht unter. Sie will ja immer oben bleiben und nicht runter.

Jörg: Ich möchte was zum Nicolai sagen: Der Georg hat kein Eisenstein gemeint.

Georg: So einen weißen Stein vom Bach.

Bernhard I: Aber diese, aber wenn ich in einen Stein Löcher hineinmache, dann schwimmt der nur unter der Bedingung, wenn ich die Löcher wieder zumach'. Und das ist eben bei diesen Kohlenstein auch, weil da sind innen drin lauter Löcher, und da war, und da ist jetzt Luft drin. Wenn ich den jetzt ins Wasser schmeiß', dann geht der nicht unter, weil die Luft nicht raus kann. Aber wenn ich jetzt diesen Stein, ihm die alle Löcher verbinden würde, daß alles rausgehen kann, also mit ziemlich großen Löchern, dann würde der Stein sofort untergehen, weil die Luft, die kann nicht mehr drinbleiben, und weil der Stein bissel schwerer ist, dann drückt er nach unten, und die Luft geht dann heraus.

Bernhard II: Aber ein Schiff hat ja auch größere Löcher. Aber ich glaube, ich weiß warum, weil es auch ein größeres Gestell ist, größere Gestelle können auch größere Löcher haben, und kleinere Gestelle können auch ... können nicht so große Löcher haben.

Martin: Aber beim Apfel, der schwimmt ja auch, und bei dem ist ja auch keine Luft drin. Aber Sauerstoff ist beim Apfel drin, und der ist ja auch etwas leichter als das Wasser, und außen ist 'ne Fetthaut, oder wie man da sagt, beim Apfel, und die ist fertig, und da kann die Luft, dieser Sauerstoff auch nicht raus, und deshalb schwimmt der Apfel.

Bernhard I: Aber der Apfel schwimmt auch nur, weil im Gehäuse, da kann gut Luft drin sein, und der Apfel, der ist ja auch nicht richtig zusammengequetscht, so daß keine Luft drin sein kann, der ist ja auch ein bißchen so, beinahe wie ein bißchen Sand, und da kann gut Luft drin sein, und drum diese Haut ist, wo die Luft nicht raus kann, da kann der Apfel halt schwimmen, weil die Luft kann nicht raus. Wenn ich den Apfel jetzt mit so einer Nadel überall ansteche und so, mit einer ziemlich dicken, dann geht er auch unter, wenn ich ihn ins Wasser werf' weil dann die Luft rausgeht ... er muß halt ganz durchstichelt sein.

Uwe: Aber warum schwimmt dann kein Schiff, wenn in einem Schiff ein Loch drin ist, dann schwimmt es ja auch nicht.

Bernhard I: Weil in das Schiff ... Die Luft kann ja beim Schiff oben raus, und das Schiff drückt ja eine Delle, und das Wasser will immer glatt sein. Wenn da jetzt dummerweise ein Loch im Schiff ist, da kann das Wasser rein, und die Luft geht oben raus, weil so stark ist die Luft jetzt wieder nicht, weil sie kann ja oben raus, nach oben, und das Wasser will ja immer wieder glatt sein, das strömt dann rein, und weil dann das Schiff dann voll Wasser ist, dann wird das Schiff runtergedrückt, weil's dann zu schwer ist, und kann nicht mehr schwimmen.

Thomas I: Darf ich mal eine Zeichnung anmalen?
Wenn hier z. B. der See ist, und da schwimmt das Schiff, das geht ungefähr so weit rein, dann verdrängt doch das Schiff Wasser, weil man da, da ist kein, an der Seite ist nur, ist ja nur Wasser, innen drin ist ja kein Wasser, und verdrängt dann Wasser, und das Wasser, des das Schiff verdrängt, das geht da unten hin und drückt das Schiff hoch.

Lehrer: Die Theorie von Thomas ist auch von denen, die wir genau untersuchen müssen.

Robby: Ich hab' in der Badewanne mal einen Versuch gemacht. Da hab' ich einen Joghurtbecher erst oben so mit dem oberen Teil gehalten, dann hab' ich ihn umgedreht und dann nach unten ins Wasser gedrückt und dann ganz unten am Boden der Badewanne losgelassen, und daraufhin sprang das Ding dann in die Höhe, weil das Ding viel leichter ist, und tauchte dadurch wieder auf.

Jörg: Also das Eisen ist ja schwerer als das Wasser, und weil Luft drin ist, und deswegen, Luft trägt das Eisen, wenn in dem Schiff jetzt ein Loch drin ist, da kann ja das Wasser rein, weil das Wasser drückt auch die Luft hoch, sonst täten wir mal auf den Grund stoßen, und das wär ein Riesensturm, und wenn's dann reinkommt, geht das Schiff unter, weil 's Wasser dann die Luft rausdrückt.

2. Stunde: Mittwoch, 4. 12. 1968

Lehrer: Wir versuchten letztes Mal zu erklären, warum ein Schiff schwimmt. Wir haben verschiedene Theorien gehört, und wir wollen heute versuchen, diese zu untersuchen und auf ihren Wert zu prüfen, vielleicht Versuche finden, die uns über die Wahrheit etwas aussagen. Die 1. Vermutung war, die einige sagten: Wenn etwas schwimmen soll, dann muß Luft drin sein. Diese Vermutung wollen wir in der nächsten Stunde einmal genauer untersuchen.

Thomas I: Warum schwimmt Holz, das ist doch nicht voll Luft?

Bernhard I: Das ist nicht voller Luft, aber in dem Holz, da, da, das sieht man ja, wenn man einen Baum fällt, da fliegen Späne ab, und zwischen diesen Spänen ist es nicht ganz dicht, und etwas Luft ist im Holz drinne, und da ist eine Schutzhaut drum, da kann die Luft nicht raus, und, ich glaub' mitten im Baum ist es, ganz drin, im Herz' sagt man, da ist bißchen Luft drin, nicht arg viel, aber schon.
Darf ich noch etwas sagen? Da haben letztes Mal welche gesagt, und

da bin ich jetzt dagegen, das Schiff, das drückt Wasser an die Seite, das stimmt, und, aber das Wasser will nicht weiter weg, drum geht das, das, geht das, geht e . . ., gehte, geht es, kann das Wasser, das Wasser will auch keine, keine Mulden haben, drum schwimmt das Schiff da drauf. Aber man könnte jetzt doch einfach mal einen See ganz ohne Schiffe schwi . . . da lassen, und außen riesige, große, tiefe Löcher graben, die ungefähr so'n Stück vom Wasser entfernt sind, und dazu Sand, daß es leicht einkracht. Wenn man da jetzt ein Schiff draufsetzen würde, dann müßte das eigentlich jetzt, dann müßten diese 4, 5 Dämme einkrachen, weil das Wasser drückt gegen diesen Sand, und und, aber das passiert doch nicht, eigentlich würde . . ., stimmt das dann nicht!

Lehrer: Können wir diese Theorie noch kurz zurückstellen. Es war dies die Theorie von Thomas I, daß das Wasser vom Schiff weggedrückt wird, die wollen wir dann im zweiten Teil der Stunde ansehen. Jetzt aber wollen wir uns noch mal genau überlegen, was die Luft mit dem Schwimmen zu tun hat. Bernhard I kann das Wort weitergeben.

Bernhard II: Ich finde eigentlich, die, die Luft, die, die hebt, die geht ins Schiff rein und drückt. Wenn ich schwimm', hab' ich ja auch Luft im Bauch und deshalb bleib' ich auch oben. Aber wenn ich jetzt ganz dürr bin, ohne Luft drin, dann bleib' ich wenig oben.

Lehrer: Gegen das Untergehen macht man deshalb etwas.

Bernhard I: Man atmet tief ein und hat dann den Bauch voll Luft.

Stefan II: Wenn unten im Schiff ein Loch ist, dann geht das Wasser rein. Die Theorie von Thomas I, das stimmt schon, daß das Schiff das Wasser zur Seite drückt, das will auch 'ne Mulde drin haben. Wenn jetzt aber da ein Loch drin ist im Schiff, dann kommt das Wasser sofort her und will, will dann wieder glatt sein, und die Luft, die kann dann nach oben entweichen, weil dann zwei Eingänge sind.

Thomas II: Da kann man aber was dagegen machen, daß es nicht versinkt, glaub' ich.

Thomas I: Wenn ich mich auf die Wasseroberfläche lege, dann drück' ich, wenn ich, ah, Luft im Körper habe. Ich kann die Luft anhalten, wie zum Beispiel so, und dann schwimme ich auf der, ah, Wasseroberfläche.

Georg: Beim toten Mann, da muß man die Luft nicht anhalten. Das kapier' ich auch nicht, wie das geht.

Bernhard I: Da macht man ein hohles Kreuz, und da zieht, da ist das Wasser hier vorne im Bauch, und das zieht dann nach oben, da geht man dann nicht unter. Aber mir ist was aufgefallen: Warum kann man dann tauchen, wenn man schwimmt auf dem Wasser und hat doch Luft in sich, wie kann man dann tauchen?
Es gibt doch auch Taucher, die mit Luftröhre tauchen und alles, mit

Luft, mit Luftloch und Schnorchel und so weiter, und da ist ja auch Luft drin. Der Stefan II hat gesagt: „Ich kann nur schwimmen, weil ich Luft in mir hab'." Das stimmt, aber warum kann ich dann tauchen? Das versteh' ich nicht.

Bernhard II: Auch die Tiefseetaucher, die haben auch einen Eisenanzug, und der ist viel schwerer als das Wasser, und Blei ist auch manchmal dabei, und das drückt die nach unten, und dagegen kann die Luft eben nix tun.

Bernhard I: Wir haben im Schwimmen, wir tauchen doch auch, wir haben doch keine Eisenanzüge an. Wir springen rein, im Startsprung, oder schwimmen im Wasser und tauchen plötzlich unter. Wir können ja auch sehr weit untertauchen.

Stefan I: Das kommt davon, weil wir schwimmen, und da haben wir Schwung, und mit diesem Schwung können wir unter Wasser. Wenn wir springen, haben wir auch Schwung, und so können wir unter Wasser.

Matthias I: Wenn man dann im Wasser steht und dann langsam runtergeht, dann geht man ja auch unter Wasser.

Thomas II: Aber nur bis zum Kopf, dann schwimmt man.

Lehrer: Wenn ich ins Wasser hineinspringe und bleibe nun am Grunde des Wassers, des Schwimmbeckens, ohne Bewegung ...

Matthias II: Wenn man da runterspringt, dann kommt man, da im Körper Luft ist, durch den Schwung wieder hoch.

Lehrer: Der Schwung hilft beim Runtergehen. Aber wenn ich ohne Bewegung unten bleibe ...

Stefan II: Wenn Luft im Körper ist, die ist ja leichter als Wasser, geht der Körper ganz langsam hoch – ich hab' das im Schwimmkurs ausprobiert.

Bernhard I: Die Knochen und das Blut und alles ist auch ein Stück leichter als die Luft.

Thomas I: Nein!

Bernhard I: Als Wasser mein' ich! Und dann, da, wenn nämlich 's Blut jetzt Wasser wär und wir lauter Wasser in uns hätten und nur im Bauch das bißchen Luft, dann könnten wir nicht schwimmen, dann wäre das zu schwer, denn das bißchen Luft, das schafft das einfach nicht.

Lehrer: Wenn man diese Luftkissen an die Arme bindet, beim Schwimmenlernen, das ist doch auch wenig Luft, und trotzdem trägt sie den ganzen Körper.

Bernhard I: Ich hatt' jetzt so gemeint, wenn wir einfach Wasser in uns hätten, dann könnten wir eigentlich nicht schwimmen.

Lehrer: Wenn ich aufs Wasser gieße, schwimmt dann das Wasser, das ich reingieße, im Wasser?

Bernhard I: Das geht von diesem Schuß ein Stück runter und bleibt dann auf einmal da.

Lehrer: Ich kann's ja auch ohne Schwung reingießen ... (Versuch)

Wolfhardt: Des läuft auseinander und verteilt sich.

Stefan II: Wasser schwimmt also im Wasser.

Bernhard I: Aber wir haben ja Haut um uns, und wir können nicht auseinanderfließen – also, dann geht's wieder nicht, es ist genau dasselbe, wenn ich z. B. im Stein, der lauter solche Löcher hat, alle Löcher verbinden könnte, so daß alles ein Loch ist, dann ginge der Stein auch unter. Und wenn ich dann eine Haut drummache, dann ist ja Luft drin, und dann geht der Stein nicht unter, aber wenn ich die Haut jetzt wegmache, dann geht er unter, und so ist es genauso mit uns.

Lehrer: Wenn wir auf dem Boden des Schwimmbeckens ohne Bewegung bleiben ...

Thomas I: Wenn ich die Luft auslasse, kann ich unten bleiben, und auch wenn ich mich mit Schwimmen unten halte.

Lehrer: Auch die Ertrunkenen kommen wieder hoch, weil unser Körper nur ganz wenig schwerer als das Wasser ist und weil sich Gase im Körper des Toten bilden.

Wir wissen nun: Irgend etwas hat die Luft mit dem Schwimmen zu tun, aber es gibt auch Körper, die keine Luft in sich haben und trotzdem schwimmen.

Versuch mit Radiergummi und Kerze. Radiergummi geht unter, Kerze schwimmt.

Lehrer: Komisch! Der kleine, leichte Radiergummi geht unter, und die dicke, große, schwere Kerze schwimmt.

Matthias II: Ist ganz leicht. Weil soviel, das Stück, wie der Radiergummi, wenn nur so groß die Kerze wär wie der Radiergummi, dann wäre die leichter gewesen und diese leichter als so'n Stück Wasser.

Wenn die Kerze nur so groß wäre wie dieser Radiergummi, dann wäre die leichter als der Radiergummi, und der Radiergummi ist schwerer als das Wasser, und dadurch kann der sich ja runterdrücken, und die Kerze ist leichter als das Wasser, und dadurch drückt das Wasser die Kerze hoch, weil die Kerze ja keine Kraft hat runterzukommen.

Lehrer: Nun soll uns Bernhard das, was Matthias gesagt hat, noch mal mit seinen Worten sagen.

Bernhard I: Der Matthias hat gemeint, wenn die Kerze nun so groß wär wie der Radiergummi, dann wäre die Kerze leichter als der Radiergummi, und der Radiergummi ist schwerer als Wasser, und drum kann er es runterdrücken, und die Kerze ist leichter als Wasser, weil's auch leichter als der Radiergummi ist, und dadurch wird sie hochgedrückt, und dann ist mir noch was aufgefallen. Ich hab' mal einen ganzen, morschen Baumstamm ins Wasser geschmissen, und der ist doch eigentlich viel, viel leichter als Wasser, und der ist nicht mehr hochgekommen.

Martin: Bei der Kerze ist es ja auch so, die besteht ja praktisch bloß aus Fett, und in dem Fett ist ja, glaub' ich, dann Gas, und deshalb schwimmt es, denn Gas ist ja auch leichter als das Wasser.

Lehrer: Wir haben die Kerze ja auseinandergeschnitten und gesehen, daß in der Kerze kein Gas drin ist, auch keine Luft. Eigentlich ist es doch seltsam! Der schwere, 20 m lange Baumstamm schwimmt, und das kleine, leichte Pfennigstück geht unter.

Uwe: Wenn der Baumstamm so groß wie das Pfennigstück wär, so ein kleines Stückchen Baumstamm, das würde dann, würde dann, das ist dann viel leichter, wenn man es auf die Waage stellen würde. Und weil's leichter als Wasser ist, schwimmt es.

Thomas I: Der Baumstamm muß nicht nur leichter sein als das Pfennigstück, sondern als das Wasser.

Stefan II: Aber das Stück Baumstamm hat ja Luft in sich, aber das Pfennigstück ist ja geprägt und in 'ne Form eingegossen, und deshalb ist da keine Luft drin, und es sinkt ab.

Bernhard I: Aber ich hab' noch einen Beweis dafür. Ein Stück Eisen und der Superball. Der Superball geht unter und das Eisen auch. Auch wenn ich beide gleich groß mache, gehen sie unter, weil, weil, sie beide schwerer als Wasser sind, während die Kerze leichter ist als Wasser.

Lehrer Die Kerze?

Klasse: Die Kerze ist leichter als das Wasser.

Georg: Wenn man einen morschen Baumstamm ins Wasser wirft, dann geht er unter, weil die Luft rausgeht, das sieht man, wie's sprudelt.

Robby: Also, ich bin ein Nichtschwimmer, ich kann noch nicht richtig schwimmen, aber ich schwimme doch manchmal so auf der Stelle, da hab' ich dann das Gefühl: Himmel, ich geh' unter! Da werf' ich ganz schnell noch einmal meinen Kopf rauf und pumpe mich voll auf mit Luft, dann schwimm' ich so dahin, wie so 'n Gummikissen, dann kann ich noch ein bißchen aushalten.

Thomas II: Meine Schwester hat so 'n Ziehgummiplastik, wenn ich da alle Luft rauslasse, schwimmt's. Warum schwimmt des?

Stefan II: Wenn alle Luft heraußen ist, schwimmt's, weil's leichter ist als Wasser!

Lehrer: Thomas II hat gut beobachtet.

Thomas I: Wenn man ein Schiff ins Wasser stellt, müßte es eigentlich schwimmen, weil es innen drin hohl ist. 's Schiff ist ja innen drin hohl, und deshalb schwimmt vielleicht das Schiff.

Matthias II: Aber hier, bei so einem Becher, der geht unter, vielleicht aus dem Grund, wenn man ihn ins Wasser schmeißt, so geht er unter, wenn er voll Wasser ist, aber wenn er leer ist, leer ist, dann, dann geht er unter, nein, schwimmt er mit dem Eck auf dem Wasser.

Bernhard I: Aber das Schiff ist ja auch schwerer, und trotzdem schwimmt's. Es ist also doch die Luft, die das Schiff hält. Bei dem Ball da, wenn wir alle Luft rausdrücken, der müßte auch untergehen.

Lehrer: Versuch: Die Luft wird aus dem Ball herausgedrückt (unter Wasser).

Alle: Geht unter!

Frank: Wir können auch den Plastikbecher mit Wasser füllen, wie Matthias gesagt hat.

Lehrer: Versuch: Der mit Wasser gefüllte Becher geht unter.

Alle: Jetzt steht er unten.

Wolfhardt: Mit Luft schwimmt er, ohne nicht.

Nicolai I: Das kommt aber auf den Becher an, wenn er leichter ist als Wasser, schwimmt er trotzdem.

Stefan II: Ich möchte gern mal sehen, ob, wenn man den Ball in den Becher tut, wenn man ihn umdreht, ob er den Becher hebt.

Lehrer: Versuch: Der Becher schwimmt umgekehrt auf dem Wasser. Die Luft hat also doch etwas mit dem Schwimmen zu tun! Macht mal die heutigen Versuche zu Hause nach und erfindet neue. Wir stehen vor einer schwierigen Frage, die wir allein lösen wollen.

Robby: Ich schreib' mir alle Versuche auf.

Thomas II: Dann wird man nämlich viel schlauer.

Bernhard I: Mir ist noch was aufgefallen. Wenn ich einen Becher ins Wasser tu', fällt er um und geht bald unter; wenn ich ihn aber ein bißchen mit Wasser fülle, dann, dann schwimmt's gut.

Robby: Das ist eindeutig! Wenn etwas Wasser darin ist, schnappt es nicht gleich um, und es kann nicht noch mehr Wasser zulaufen.

Lehrer: Leider müssen wir Schluß machen, morgen machen wir weiter.

Gespräche im Schulhof über die Versuche.

3. Stunde, 10. 12. 1968

Thomas I: Ich hab' über das Schiff viel denken müssen, und ich weiß es. Das Schiff ist so groß und verdrängt also eine Menge Wasser; es verdrängt so viel Wasser, so viel Wasser, wie es groß ist, wie der Rumpf groß ist, und weil das Wasser im See bleibt, bleiben will, drückt es, drängt des Wasser von der Seite . . ., von der Seite und . . . und von unten, daß das Schiff schwimmt.

Lehrer: Bitte, Diskussion ist eröffnet.

Bernhard I: Aber wenn das Schiff, das drückt ja hier schon was runter, und da ist ja auch schon eine Delle, und warum geht's dann nicht ganz runter, dann kann ja das Wasser sofort wieder von oben ins Schiff reinfließen und und kann wieder glatt werden, ohne Delle, also das Wasser, der See kann wieder oben eine gerade Fläche haben. Nämlich das drückt ja schon, und da ist eine Mulde drin, und der See will keine Mulde haben, und wenn das Wasser hier schon steigt, dann könnt's ja noch mehr steigen, und das Schiff kann ja immer noch weiter runtergehen, dann kann ja . . . Warum geht's denn eigentlich nicht ganz runter?

Lehrer: Das ist es ja! Warum geht es eigentlich nicht ganz runter?

Matthias II: Aber, zu der Theorie, die könnt' ich mir auch vorstellen, aber Eisen ist ja schwerer als das Wasser, und dann muß hier wenigstens Luft drin sein, sonst funktioniert das alles nicht . . . in dem Schiff, mit dem Schiff.

Martin: Wenn in dem Schiff ein Loch ist, dann kommt ja das ganze Wasser rein, und dann geht ja die Luft nach oben raus, und wenn kein Loch drin ist, dann bleibt's drin.

Nicolai I: Das wissen wir doch schon lange, jeder weiß das.

Martin: Und es können auch ein paar Sauerstoffflaschen drin sein und da geht's trotzdem unter, und warum bleibt's dann nicht oben?

Robby: Ja also, das hier von vorne gesehen das Schiff, das ist das Wasser, und hier schwimmt jetzt so das Schiff drauf, von vorne gesehen. Innen drin sind ja Holzwände, bei fast allen, und das Holz, das schwimmt ja, das ist ja nicht so schwer, und das Eisen ist ja nur die alleräußerste Verpackung und das hält, sozusagen, das hier in der Mitte auseinander, das ist so fest, das läßt sich hier nicht zusammendrücken, dagegen kommt der Druck des Wassers, aber das hier hält stand, das geht nicht nach innen, und hier drin ist ja Hauch, und das ist jetzt ja viel mehr Luft. Das ist so ähnlich, wie wenn ich jetzt ein Pfennigstück machen würde, ein ganz großes, wo innen drin ein großes Loch drin wäre, das würde schwimmen.

Lehrer: Man könnte ja auch das Pfennigstück mit einem Hammer breit schlagen und eine große Schale daraus machen . . .

Alle: Die würde schwimmen.

Uwe: Eine Radkappe vom Autoreifen schwimmt auch, ich hab's gemacht.

Thomas II: Aber ein Kriegsschiff hat doch keine Holzwände.

Bernhard I: Der Flugzeugträger ist noch viel schwerer.

Thomas I: Bei Robbys Zeichnung: Wenn nun da oben alles Luft, da oben ist jetzt alles frei, von oben kommt die Luft runter, und im Schiff ist jetzt auch Luft, also ist im ganzen Schiff Luft, und der Robby hat vorhin gesagt, wenn im Schiff Luft ist, schwimmt das Schiff, und es schwimmt auch, das kann man mit so einem . . .? . . . ausprobieren.

Stefan II: Luft ist ja leichter als Wasser. Außerdem kann ja kein Wasser herein, weil nirgends ein Loch ist.

Jörg: Luft ist ja bekanntlich leichter als das Wasser, und wenn jetzt unten ein Loch reingebohrt wird, das Schiff drückt ja aufs Wasser, dann spritzt das Wasser rein, und die Luft geht dadurch raus, und deswegen geht 's Schiff runter.

Robby: Hier unten ist jetzt das Loch drin, hier, da spritzt's jetzt wie bei einem Springbrunnen das Wasser rein, und das Schiff verliert dann, da ist ja Wasser drin, damit wird es immer schwerer und sinkt immer tiefer, denn dann wiegt's immer mehr. Je mehr das Schiff wiegt, je tiefer liegt's im Wasser. Man konnte das mal beobachten, ein ganz leerer Schleppkahn, und daneben war ein genauso groß gebauter, genauso alt, vollbeladen. Der Vollbeladene liegt viel tiefer im Wasser, wenn das ganze Schiff ganz aufgefüllt ist, dann geht es unter.

Thomas II: Wir können aber auch oben etwas machen. Wenn wir oben alles luftdicht abschließen, wenn da unten dann das Wasser reinkommt, will die Luft oben ausweichen, aber da kann sie nicht raus, weil's luftdicht abgeschlossen ist, dann kann meinetwegen wegen mir das Loch von hier bis hier sein. (Zeigt über den ganzen Rumpf.)

Matthias II: Das Schiff schwimmt, dann muß die Luft genauso große Stärke haben wie das Eisen, sonst schwimmt es nicht, weil, es müßte sogar etwas mehr Stärke haben, nämlich dann ist die Luft ja stärker, und dann ist das Eisen nicht ganz so stark, und dann kann es (das Schiff?) erst schwimmen.

Nicolai I: Aber ich glaube, das Schiff schwimmt nur, wenn hier der See ist und da das Schiff drin, daß wenn in dem Schiff Luft drin ist, läßt sich die Luft einfach nicht unter Wasser drücken, die will immer oben bleiben, weil da andere Luft ist.

Lehrer: Wenn diese Theorie stimmt, dann müßte bei einem bestimmten Versuch jedes Schiff untergehen.

Thomas I: Wenn man den Knet da nimmt, der ist innen ohne Luft, den legen wir ins Wasser, der geht unter. Jetzt mach' ich aus dem Knet ein Schiff, da kommt Luft rein, und dann schwimmt's.

Robby: Solche Boote gab es auch früher bei den Steinzeitmenschen, das ist auch im Deutschen Museum in München zu sehen, aus Stroh geflochten und mit Pech verschmiert.

Jörg: Jetzt schwimmt's – und wenn Wasser reinläuft, schwimmt's nicht mehr. Solange kein Wasser drin ist, schwimmt's. Die Luft muß also beim Schwimmen helfen.

Lehrer: Unser Problem ist, ob es stimmt, daß die Luft dafür sorgt, daß das Schiff schwimmt. Wie finden wir einen Versuch, um dies zu prüfen?

Bernhard I: Wenn Wasser drin ist im Schiff, geht es unter, das ist so wie vorher, als das Schiff noch gar nicht auf dem Wasser war, überall ist Wasser, und das Schiff, das Schiff geht nun unter, weil Plastilon schwerer ist als Wasser.

Nicolai I: Wir müßten die Luft einmal aus dem Schiff herausblasen, so daß irgendwas anderes beim Schiff ist, nur nicht Luft – dann würden wir sehen, ob das Schiff noch schwimmt.

Wolfhardt: Vielleicht mit Kerzenwachs auffüllen, wenn wir Wachs reintropfen.

Versuch: Plastilinschiff schwimmt, gefüllt mit Kerzenwachs.

Thomas I: Also die Luft ist es nicht, die macht, daß das Schiff schwimmt.

4. Stunde, 11. 12. 1968

Jörg: Ich habe ein ganzes Holzschiff in der Badewanne schwimmen lassen und nachgedacht und gedacht: Wo früher Wasser war, ist nun Holz vom Schiff. Das Wasser, was früher da war, ist an die Seite gegangen.

Lehrer: Denken wir einmal, das Schiff sei plötzlich wieder weg ...

Robby: Dann wird da das Wasser wieder ganz flach und ist so wie vorher.

Lehrer: Wir können ganz genau sagen, wieviel Wasser zurückfloß.

Thomas I: Genauso viel, wie das Schiff weggedrückt hat, das ist doch klar.

Lehrer: Eigentlich ist es doch seltsam, daß dieses Wasser, das zurückfließt, nicht im anderen Wasser versinkt.

Georg: Das geht doch gar nicht, weil unten auch noch Wasser ist, Wasser schwimmt auf Wasser, weil das obere Wasser auf dem unteren liegt und das untere auf dem Grund.

Thomas I (zeichnet): Hier ist die Wasseroberfläche, und hier unten ist der Grund, und sonst ist alles Wasser. Hier schwimmt ein Schiff. Jetzt drückt das Schiff das Wasser, das hier mal war, weg, auch auf den Grund, und da kann das andere Wasser auch nicht weiter, also steht das Schiff praktisch auf einem Pfahl, weil das Wasser kann ja auch nicht weiterrutschen, weil da ja viel anderes Wasser ist, das Schiff drückt ja immer von oben nach unten, und unten drückt es an den Grund.

Bernhard I: Ich weiß auch, warum man das Schiff so gebaut hat. Weil, wenn alles schief ist, und dann kann das Wasser besser nach oben drücken, wenn das Schiff, das Schiff, auf es draufdrückt, und so schwimmt es besser. Wenn es gerade ist, schwimmt es nicht so gut. Bei uns kann das Wasser besser dagegendrücken.

Georg: Bei Bernhard schwimmt aber ein Schlachtschiff nicht, das hat einen spitzen Kiel, aber das schwimmt ja auch.

Bernhard I: Ich habe gesagt, das schwimmt besser; das weiß ich auch, daß ein Schlachtschiff schwimmt.

Stefan II: Ich möchte noch etwas zum Thomas I sagen. Der hat vorher gesagt, des Schiff, des drückt des Wasser nach unten, dann tät das Schiff sozusagen auf einem Pfosten schwimmen, aber warum geht dann das Schiff unter, sonst dürfte kein Schiff untergehen, der Pfosten hält doch etwas.

Stefan I: Wenn ein Loch drin ist im Schiff, dann hält der Pfosten nicht mehr, dann geht er so wie durch das Schiff.

Thomas I: Wenn hier ein Loch drin ist, dann läuft das Wasser ins Schiff rein, und da war ja, als das Schiff weg war, auch schon Wasser, und da drückte nichts aufs Wasser. Nur, wenn das Schiff drückt, ist's ein Pfahl, wenn ein Loch im Schiff ist, nicht, und da muß das Schiff untergehen.

Bernhard I: Ja, ja, das Wasser kann dann hochgehen, das das Schiff reingedrückt hatte, das Schiff hat ja hier so eine Delle reingedrückt, und das Wasser, das will ja wieder hoch, so bald wie möglich, so wie bei dem Joghurtbecher, wo wir das Loch reinbohrten. Und deshalb geht ja das Schiff nicht unter, weil's immer von unten nach oben drückt, wenn kein Loch drin ist, und sonst, wenn ein Loch ist, strömt diese Wassermenge, was das Schiff verquetscht hat, in das Schiff rein, weil in das Schiff paßt ja so viel rein, wies verquetscht hat, und dann geht's unter, weil's ja nimmer dagegenquetscht, weil's schon drin ist im Schiff.

Lehrer: Wenn das Schiff also voll Wasser ist, ist der Pfahl, von dem Thomas sprach, nicht mehr da ...

Bernhard I: Ja, dann ist das Schiff voll Wasser, und dann ist es alles zusammen schwerer als das andere Wasser, weil ja Eisen stärker und schwerer als Wasser ist, und wenn's dann voll Wasser ist, und noch das Eisen dazu, dann ist es ein ganz Stück schwerer als das Wasser, und dann geht's sofort unter.

Thomas I: Ich hab' ein gutes Beispiel. Wenn Sie sich z. B. ins Wasser legen, und das Wasser hat auf der Seite lauter Wände, dann sind Sie ganz eingequetscht, und Sie schwimmen alleine, wie ein toter Mann.

Werner: Wenn man eine Dose nimmt und aufs Wasser setzt, schwimmt die.

Robby: Ich möchte was zum Thomas I sagen. Es kam doch vor, daß einer sagte: Hier, wenn ein Loch drin ist, dann kommt da das Wasser rein, und dann steht dieser Pfahl da, von dem wir gesprochen haben, nicht mehr. Eigentlich würde er trotzdem noch bestehen, denn das ist doch dann – ich möchte das oben bitte mehr genauer anzeichnen. Das ist der Meeresboden, hier die Wasseroberfläche, dann schwimmt hier das Schiff drauf, und das hier wäre dieser Pfahl, angenommen. Jetzt wäre hier drin das Loch, dann kommt das hier rein, weil das wie ein Ring ist, die Schiffswand, und weil der Ring auch nicht hängenbleibt, nur wenn der Pfahl oben dicker ist als die Öffnung im Ring. Wenn der Ring eine so große Öffnung hat, und der Pfahl ist nur so dick, dann fällt der Ring, wenn man ihn ganz gerade darüberhält und losläßt, fällt nach unten, bleibt nicht da oben, sonst müßte da Schwerelosigkeit herrschen.

Nicolai II: Aber das Schiff ist aus Eisen, ist viel schwerer, und deshalb geht es unter.

Matthias II: Wir können es uns auch so vorstellen, äh, eh, wenn hier das Schiff ist und da der Meeresboden, dann würde ich meinen, daß dann das Wasser hier hin strömt und da und dann, und durch den Druck, da das Schiff da so im Wasser liegt, strömt das Wasser zuerst weg und kommt dann wieder und drückt gegen das Schiff.

Lehrer: Die Wassermenge geht aber nicht nur zur Seite, wenn das Schiff untertaucht ...

Thomas I: Diese geht auch nach unten und drückt so nach unten, und da drückt's wieder dagegen wie mein Pfahl.

Robby: Wasser schwimmt auf dem Wasser, wenn man's nicht wegdrückt, da das eine Wasser soviel wiegt wie das andere. Das Pfennigstück ist schwerer als Wasser, das wissen wir ja schon von vorhin, deshalb geht es unter, und das Holz ist leichter, deshalb schwimmt es. Weil es viel leichter als Wasser ist, schwimmt es viel höher im Wasser.

Bernhard I: Wenn ein Schiff schwimmt, und wir wissen, wie wie eins schwimmt, dann muß es so schwer sein wie das Wasser. Wenn's nämlich schwerer ist, geht's unter. Jetzt hab' ich's, es muß schwer sein wie vorher der Brocken, die Menge Wasser, der dort schwamm. Ja, so schwer muß es sein.

Uwe: Wenn das Schiff genausoviel wiegt wie das Wasser, das vorher dort war, wo jetzt das Schiff ist, dann wiegt es genausoviel wie das Wasser, dann ist ein Gleichgewicht, dann bleibt das Schiff oben auf dem Wasser.

Matthias II: Ich wär' der Meinung ... Deshalb braucht man ja das untere Teil, den Rumpf, deshalb macht man den den nicht ganz voll Eisen, sondern da macht man Zimmer rein, mit viel Luft, Luft ist nämlich leichter und braucht auch Platz, und so wiegt es nicht viel. Man macht so viel Zimmer rein, wie man kann.

Bernhard I: In der Zeitung hab' ich gesehn, und da waren keine Zimmer drin, sondern ein Kriegsschiff, und da waren Raketen drin und Motore und so, und das schwimmt auch.

Matthias II: Aber Luft war auch drin.

Bernhard I: Aber das Schiff war groß und hat eine Menge Wasser weggedrückt. Das ganze Kriegsschiff, auch wenn's schwer ist, darf nur so schwer sein wie das Wasser, das es wegdrückt. Ich hab' einmal versucht, ich hab' ein Schiff voll Eisen getan und hab', hab' ich da, da hab' ich eine Schachtel gefunden, hab' die, das Schiff hat genau in die Schachtel gepaßt, nein, das Eisen hat genau in die Schachtel gepaßt, und da hab' ich's wieder weggetan und hab' lauter Wasser in die Schachtel gefüllt, und die Schachtel ist immer noch oben geblieben.

Thomas I: Da müßte ich eigentlich auch schwimmen, wenn ich so groß wäre wie's Schiff und auf der Wasseroberfläche schwimmen.

Bernhard I: Du schwimmst ja auch, du bist ja leichter als das Wasser. Du hast ja Luft in dir, und wenn du viel Luft einatmest, muß viel Wasser weg, das vorher da war, und du bist leichter als das Wasser.

Lehrer: Kann wer noch einmal zusammenfassen, was wir bisher entdeckt haben?

Stefan II: Das Schiff muß Wasser auf die Seite drücken, wegdrücken, und, und das Wasser ist nun weg, das vorher dort war. Das Wasser schwamm vorher auf dem Wasser, es konnte nur schwimmen, weil unter ihm anderes Wasser war, Thomas hat gemeint, das ist ein Pfahl, so ähnlich wird's auch sein, so kann man sagen.

Wenn nun unser Schiff soviel wiegt wie vorher 's Wasser, so kann's grad schwimmen, wenn's noch leichter ist, schwimmt's besser. Aber es muß Wasser wegdrücken.

Bernhard I: Da wollt' ich auch noch etwas dazu sagen, mit dem Pfosten ...

Thomas I: Mit dem Pfahl ...

Bernhard I: ... mit dem Pfahl, wenn ich, der Robby hat da was Falsches gemeint, als er meinte, der Thomas meinte einen Pfahl. Aber der Pfahl ist ja nur ein Wasserpfahl, der überall da ist, wo etwas schwimmt, und der hält das obere Wasser oben, wenn nicht grad ein Sturm kommt. Und auf diesem Pfahl schwimmt die obere Wassermenge, und wenn die weg ist, hält der das Schiff – wo was schwimmt, ist der Pfahl.

Klaus-Jochen: So ist's, ein Wasserpfahl.

Matthias II: Wenn jetzt Wasser wegdrängt, dann kann dort so viel Gewicht hin, wie's selber wiegt. Jetzt weiß ich auch, warum der Baumstamm schwimmt, weil er auch viel Wasser wegdrückt, und das Pfennigstück nur ganz wenig. Der Baumstamm ist dann trotzdem leichter, weil er ja soviel Wasser wegdrängt.

Bernhard I: Je höher ein Schiff schwimmt, um so besser schwimmt's, ich hab' ein Schiffquartett, und da ham'se extra bei dem Schiff solche Flächen unten drangemacht, damit das Schiff möglichst weit oben schwimmt, aber da muß noch eins sein, ein Schwert unten, sonst kippt es um. Das Schwert ist ja schwerer als das Wasser, deshalb will es immer nach unten, aber die beiden Eisenbretter halten das Schiff gerade.

Nicolai I: Wenn da der Meeresgrund ist und da der Meeresspiegel und da das Schiff schwimmt, ist es egal, wie tief es reingeht, aber wenn das Schiff 10 Tonnen wiegt, muß es mindestens 10 Tonnen verdrängen an Wasser, damit's schwimmt.

Robby: Aber was der Nicolai I gesagt hat, das stimmt nicht ganz. Dieses Schiff hier, wenn das 10 Tonnen wiegt, muß die Wassermasse darunter noch ein winziges bißchen mehr wiegen wie weggedrängt wurde, denn sonst würde das Schiff kein Stückchen rausgucken, und da wäre die alleroberste Schiffskante wie der Meeresspiegel und so ganz grad und eben und könnte's leicht untergehen.

Nicolai I: Ich habe ja „mindestens" gesagt, und das Schiff ist ja meist leichter als das Wasser, das es verdrückt.

Matthias II: Wenn das hier der Meeresgrund und das hier der Meeresspiegel ist und das hier das Schiff, dann muß das Schiff so viel Wasser wegdrücken können, wie es wiegt, und wenn's weniger wiegt, kann es noch besser schwimmen. Wenn's mehr wiegt, muß es, muß man aufpassen, daß es nicht untergeht. Die Luft im Schiff macht, daß viel Platz da ist, damit viel Wasser weggedrückt werden kann. Aber wenn das Schiff ganz nahe am Boden ist, nur 2 Zentimeter weg davon, schwimmt's dann auch?

Bernhard I: Eigentlich muß es trotzdem schwimmen, denn in Hamburg, hab' ich gelesen, ist die Fahrrinne auch nur 11 Meter, und die Schiffe sind bis 10,80 Meter tief im Wasser.

Lehrer: Das ist jetzt ein schwieriges Problem. Was glaubt ihr?

Matthias I: Ich nicht, weil dann doch zu wenig Wasser darunter ist, so 10 Zentimeter können ein Schiff nicht heben.

Martin: Ich glaube, daß es schwimmt. Es muß ja bloß eine Menge wegdrücken, es ist ja eigentlich nur die Menge wichtig, die verdrängt ist, die ist ja vorher auch auf dem wenigen Wasser unten geschwommen, und nun ist ja dafür bloß das Schiff da.

Stefan II: Aber die Schraube kann dann nicht mehr arbeiten.

Lehrer: Der Einwand von Stefan II stimmt sicher. Die Schraube muß also so gebaut werden, daß sie nicht unter dem Boden des Schiffes liegt. Aber Martin hat anscheinend Wichtiges getroffen ...

Nicolai I: Er hat recht, denn das Wasser, das weggedrängt wurde, ist ja vorher auch nicht untergegangen, und nun ist gleich dafür das Schiff da, es ist vielleicht sogar noch leichter.

Bernhard I: Diese Menge Wasser ist ja in dem Schiff da, das Schiff ist soviel wert wie das Wasser.

Thomas II: Ich hab' mal ein Bild von einem Frachter gesehen. Hier ist der Meeresgrund, und hier ist der Frachter, und der war so weit heraußen.

Stefan II: Der hatte nur wenig geladen. Wenn er viel geladen hat, geht er natürlich weiter ins Wasser, er ist ja schwerer. Ah, ich hab's, er drückt dann auch mehr Wasser weg, das mehr Wasser wiegt ja auch mehr und kann so mehr tragen.

5. Stunde, 4. 2. 1969: Kontrollgespräch über das noch vorhandene Wissen

Lehrer: Der Lehrer läßt einen an einer Schnur befestigten Stein in das Wasser hineingleiten und läßt die Schüler nacheinander den Stein herausziehen.

Wolfhardt: Der Stein wird leichter, komisch.

Jörg: Das merk' ich auch, aber komisch ist es doch.

Robby: Jetzt ist mir was aufgegangen. Der verdrängt ja auch Wasser, aber ich weiß es noch nicht.

Werner: Wenn man ihn raushebt, wird er schwerer, wenn man ihn reinläßt, wird er leichter. Ich weiß nicht ...

Bernhard II: Der Matthias II hat doch keine Kraft, der kann ihn nicht herausheben.

Bernhard I: Das Wasser ist ja dicker als die Luft, und die Luft ist ja viel dünner, und wenn man den Stein ins Wasser tut, hat der Stein viel, viel mehr Reibung, und das Wasser ist ja viel dicker, und da bleibt der Stein einfach ein Stück weiter oben, aber die Luft, die ist so dünn, da hat er keinen richtigen Halt, die weicht sofort aus, aber das Wasser weicht nicht so schnell aus.

Thomas I: Wenn man den Stein aufs Wasser und ins Wasser läßt, dann drückt er ja aufs Wasser, und weil er so groß ist, verdrängt er Wasser, und da wird er ja leichter, wie schon beim Schiff, er schwimmt auch ein bißchen auf dem Wasser, wie das Wasser, das vorher dort war.

Stefan II: Das, was der Bernhard gesagt hat, des stimmt schon, da hat der Stein mehr Reibung am Wasser, und das Wasser trägt einen großen Teil seines Gewichtes.

Werner: Das Schiff verdrängt auch Wasser und ist auch schwer, und trotzdem schwimmt's.

Nicolai I: Wenn der Stein ins Wasser taucht, dann steigt auf der Seite das Wasser, weil er Wasser wegnimmt, was vorher dort war, wie wir uns gedacht haben. So wie beim Schiff, dort ist jetzt auch der Stein, wo vorher Wasser war. Der Stein schwimmt also auch auf dem . . ., in dem Wasser, aber er schwimmt nicht so gut, weil, weil, weil er zuviel wiegt, vielleicht verdrängt er auch zu wenig Wasser.

Stefan I: Es kommt nämlich darauf an, welcher Stein es ist, manche Steine sind leichter und andere schwerer, und je leichter ein Stein ist, desto besser schwimmt er, er braucht ja nicht soviel Wasser wegzudrängen, damit's gegen ihn drückt.

Thomas II: Unser Haus würde bei einer Sintflut schwimmen. Es ist nämlich aus ganz leichtem Stoff gemacht, und wenn es ins Wasser käme, würde es eine ganze Menge Wasser wegdrängen, was viel wiegt. Unser Haus wiegt aber nicht viel, es ist auch aus ganz leichtem Stoff, und so könnte es schwimmen.

Bernhard I: Des gehört dahin, da das Wasser dicker ist als die Luft, und im Wasser ist die Anziehungskraft nicht so stark wie in der Luft, weil die Luft viel dünner ist, und das Wasser ist viel dicker. Die Luft läßt sich viel schneller zur Seite drücken, ist auch viel leichter, aber das Wasser ist viel schwerer, und da ist die Anziehungskraft nicht so stark drin, und deswegen ist es da nicht so schwer.

Stefan II: Das ist genauso wie beim Schiff. Da haben wir ja entdeckt und gesagt, des Schiff wird durchs Wasser gestützt, und so ist es auch beim Stein. Der wird durch das Wasser gestützt, so wie die Menge Wasser, die vorher dort war, wo jetzt der Stein ist. Aber er ist immer noch so schwer, daß er untersinkt, daß er untersinken muß, weil das Wasser doch zuwenig Kraft hat.

Thomas I: Der Stein hat keine gerade Fläche unten. Vielleicht schwimmt er auch deshalb nicht so gut, gar nicht.

Uwe: Ein Schiff ist unten am Rumpf auch spitz, damit's leichter vorwärts kommt. Es braucht zum Schwimmen nicht ganz grad sein, das Wasser drückt überallhin.

Stefan II: Es kommt darauf an, daß die Menge Wasser, die weggedrückt wurde, so schwer ist wie das, was schwimmen will, dann schwimmt's auch. Ist's aber schwerer, geht's unter, ist es leichter, schwimmt's besser aus dem Wasser heraus.

Bernhard II: Der Stein ist ja jetzt auch an der Stelle, wo vorher anderes Wasser war, und so ein bißchen schwimmt er auch. Deshalb ist er auch leichter, weil's von unten ihn ein bißchen hält.

Lehrer: Ich möchte noch einmal etwas wiederholen. Wenn ich ein schwimmendes Holzstück schnell aus dem Wasser reiße, können wir einiges beobachten.

Versuch: Das Holzstück wird einige Male herausgerissen.

Thomas II: Da sieht man, wie das Wasser sofort hinwill, weil da nun wieder Platz ist. Wo vorher das Holz war, ist nun wieder Wasser. Das Wasser will keine Delle haben, das fließt gleich hin.

Bernhard II: Wenn man mit der flachen Hand aufs Wasser patscht, dann spritzt das Wasser weg, und dann, wenn die Hand wieder weg ist, da schnappt's wieder zusammen.

Jörg I: Im Roten Meer hat's auch wieder zusammengeschnappt beim Pharao, beim Moses da, und alle sind ertrunken. Das Wasser will, will halt keine Delle, nur ganz kurz kann man's machen, daß es weggeht, bei Ebbe und Flut und beim Reinpatschen.

Lehrer: Eigentlich seltsam, beim Knet bleibt die Delle lange drin, beim Wasser aber nicht ...

Stephan II: Das Wasser rutscht auch leichter, wenn der Knet heiß wär, tät er auch, wenn er so fließt wie Teer, tät er auch die Delle nicht halten.

Beim Wasser, da will, da ist es, ja so ist es, da ist der Rand bei der Delle höher, und da zieht das Wasser in der Mitte hinein, und weil's von oben drückt, da muß es in der Mitte hoch und vom Rand fällt auch hinein. Das kommt von der Erdanziehung, die macht, das alles gleich ist, die zieht das Wasser überall an, und da gleicht sich's aus.

Thomas II: Das höhere Wasser drückt nach unten, da hat der Stephan recht, das kommt von der Erdanziehung, das Wasser will immer gleich sein – nein, so kann man nicht sagen, das Wasser fließt halt so, daß es gleich wird, es will Gleichstand haben, wie bei, ja, wie, das ist wie bei der Wasserleitung, da ist auch der Hochbehälter, der auf dem Heuberg, der ist ganz oben, und da, da, ja, da fließt, da drückt das Wasser sich selber, ganz von allein nach unten. Da fließt's dann so um die Ecke rum ins Hochhaus in jeden Stock. Das darf aber nicht zu hoch sein, weil da das Wasser nur so hoch fließt, wie was herkommt.

Bernhard I: Ich hab' einmal gesagt, man muß einen Versuch machen und außen am See Löcher graben und nur eine dünne Wand zum See lassen. Täte man dann ein Schiff ins Wasser geben, so von oben, dann, ja dann muß Wasser, muß Wasser weggehen, dort, wo das Schiff jetzt ist. Da drückt das Wasser weiter, das Wasser muß enger aneinander, weil's mehr Wasser ist, und da drückt's stärker, und da müßte die Wand einkrachen vom Loch.

Martin: Da weiß ich was. Wenn man ein Schiff in eine kleine Wanne setzt, da wird's Wasser am Rand höher, das kommt da, weil das Wasser, wo das Schiff war, wohin gehen muß, es kann nur höher hinauf. Beim Knet, da bleibt's dann oben, auch so, da rutscht's nicht so leicht auseinander, aber Wasser rutscht ganz leicht, auch wieder in die Delle rein.

Thomas I: Das ist so wie bei der Geschichte vom Raben, der durstig war und in die Flasche mit wenig Wasser die Kieselsteine immer reingeworfen hat. Da ist das Wasser höher geworden, weil's weniger Platz hatte, bis zum Hals, das hat er dann getrunken.

Lehrer: Danke für die guten Beobachtungen. Machen wir noch einige Versuche mit eingetauchten und herausgehobenen Körpern.

Versuch: Gläser, Hölzer, Steine werden eingetaucht und herausgezogen, und das Verhalten des Wassers wird beobachtet.

Lehrer: Ich eröffne wieder die Diskussion.

Nicolai I: Ich hab' bei dem Holz etwas gesehen. Wenn man das Holz aus dem Wasser nahm, da ist das Wasser von allen Seiten und so auch von halb oben in die Delle gegangen, von allen Seiten, aber, ich glaub' am schnellsten von unten, da ist's sogar hochgeschossen über den Wasserspiegel und der hat auf- und abgezittert, bis er wieder gerade war. Ich hab' einmal auch gesehen, wie man einen Wassertropfen photographiert hat, ganz schnell mit Blitzlicht, wie der ins Wasser fiel. Da hat man dann die Delle gesehen, und wie die Delle wieder zuging, da ist die auch über den Wasserspiegel hinausgeschnappt und dann wieder zugegangen.

Robby: Der Thomas hat vorher gesagt, das sei wie bei der Wasserleitung. Ich kann das anmalen. Ich male da die beiden Dinge nebeneinander, das ist die Wasserleitung, das kann man wie ein gebogenes Rohr anzeichnen, und das hier ist die Delle im Wasser. Da könnte man nun eigentlich sagen, da muß man auf die Wasserspiegel sehen, denn Wasser will immer gleich hoch sein, das haben wir ja einmal mit dem Schlauch gemacht. Bei der Delle drückt das Wasser, das weiter oben ist, auf das untere Wasser, und das Wasser von unten drückt auch, weil es von oben gedrückt wird, das gibt den Wasserpfahl vom Thomas. Wie's von unten drückt, haben wir ja bei dem Becher gesehen, wo wir unten ein Loch machten. Da spritzte das Wasser hoch, aber es spritzte nur so hoch wie der Wasserspiegel um es herum.

Stephan II: Ja, das ist wie bei der Wasserleitung – das Wasser will immer gleich sein. Wenn Wasser drüber ist und auf der anderen Seite weniger, da drückt das viele Wasser auf das wenige. Ich zeichne es an die Tafel. Da ist der Hochbehälter, da geht eine Leitung ins Haus zum Wasserhahn, und der Hochbehälter ist höher, das hat man so gemacht, und da drückt's auf das untere Wasser und da steigt's dann hoch ins Haus zum Wasserhahn. Das hat uns der Herr Beul gelernt, im Hochhaus gibt's nämlich keine Wasserpumpe, da haben wir keine gefunden, das geht mit Druck, weil's höher ist.

Und bei der Delle ist es auch so, das Wasser drückt am Rand vom Schiff nach unten, und wenn's Schiff weg ist, schnappt das untere Wasser nach oben, weil von oben, da vom Rand, gedrückt wird, und das obere Wasser gleicht sich mit dem unteren Wasser aus, weil's nach unten kann.

Bernhard II: Die Wasserleitung ist dasselbe wie bei der Delle, nur ist da ein Eisenrohr rum, da drückt Wasser von oben nach unten, dort, wo der Wasserspiegel niedriger ist, wie bei der Delle.

Thomas I: Das ist mein Wasserpfahl, der kommt, weil Wasser am Rand vom Schiff drückt, es ist ja so schwer, und drückt aufs untere, das will hoch beim Schiff, weil von oben gedrückt wird. Es kann nur hoch, wenn's Schiff weg ist, aber weil's Schiff da ist, drückt es das Schiff hoch und dann schwimmt's. Das kommt von oben, vom oberen Wasser, ja, daher kommt's.

Lehrer: Da muß es aber um so mehr von unten drücken, je tiefer ein Schiff eintaucht, weil ja die Wassermenge an der Seite höher wird.

Georg: Das tut es auch. Wenn ein Schiff ganz voll ist, geht es tiefer ins Wasser, und da drückt's auch mehr von unten, und da kann auch das volle Schiff gut schwimmen. Wenn so ein Schiff angefüllt ist, taucht's tiefer ein, damit's mehr von unten drückt. Ja, so ist das, da wird's am Rand höher, und da drückt mehr Wasser nach unten, da will's von unten mehr drücken, wenn ein Loch im Schiff wär, tät's schön spritzen.

Martin: Das sieht man gut. Da, wo ein Loch ist, kommt Wasser rein, überall, auch von der Seite, das Wasser drückt da von allen Seiten wie bei der Glaskugel mit den Löchern, die wir ins Wasser gehalten haben. Wenn's Schiff dann voll ist, dann sinkt's, da muß man aufpassen.

Robby: Der Bernhard, der meint, nur wenn eine Delle ist, da tät das Wasser von oben drücken. Das glaub' ich nicht, denn auch wenn keine Delle ist, drückt das Wasser nach unten, es wird ja von der Erde angezogen. Und weil's von oben drückt, drückt's von unten dagegen, weil ja das Wasser bis auf den Boden geht und nicht weg kann.

Lehrer: Nun, ich denke, wir wissen darüber ganz gut Bescheid. Jetzt möchte ich euch aber etwas zeigen, das euch seltsam vorkommen wird, weil es unseren bisherigen Erfahrungen anscheinend widerspricht.

Versuch: Wir legen in ein Wassergefäß ein glattgeschliffenes Holzplättchen und füllen Wasser hinein. Das Holzplättchen bleibt auf dem Boden liegen und schwimmt nicht. Erst nach ungefähr einer Minute löst es sich plötzlich vom Boden und schwimmt nach oben.

Nicolai I: Das Wasser geht durch das Holz durch.

Roland: Des bleibt unte . . .

Stephan II: Aber 's muß doch rauf, ja da kommt's auch.

Georg: Da drückt das Wasser auf das Holzstück auf den Boden, da ist soviel Wasser, das kommt nicht hoch.

Matthias II: Nee, wenn man's aber erst nachher reintut, da bleibt's nicht unten, das müssen wir machen, dann sehen wir, ob der Georg recht hat.

Versuch: Holzstück bleibt nicht unten, wenn wir es durch das Wasser auf den Grund legen.

Bernhard II: Das ist wirklich komisch, einmal bleibt's unten, einmal läßt sich's nicht unten halten und spritzt immer wieder hoch, aber 's is doch Holz, Herr Thiel.

Lehrer: Ja.

Bernhard I: Das ist so, wenn ich das Plättchen, das Holzstück da, auf den Grund lege, da liegt es ganz eben auf, und da ist ein bißchen Luft unter dem Plättchen, und da schütt' ich Wasser drauf, und da ist es unten ganz trocken, aber das Plättchen kann nicht immer unten bleiben, und da geht Wasser dorthin, wo die Luft war, weil die weggeht, und wenn dann überall Wasser da ist, geht 's Plättchen hoch.

Stephan I: Ich hab' die Luftblase gesehen, ich glaub', die Luft hat damit zu tun, vielleicht hilft sie dem Wasser, daß das Holzstück hochkommt.

Martin: Wenn das Wasser da auf das Holzstück draufgegossen wird, da geht das Wasser durch das Holz, und da wird's naß, so wie ein vermodertes Stück, da ist's dann schwerer und bleibt unten, weil's Wasser von oben drückt.

Werner: Aber so schnell geht doch das Wasser nicht durch das Holzplättchen, wo auch soviel drumrum ist.

Thomas: Der Martin kann nicht recht haben, weil 's doch am Schluß wieder raufkommt, sonst müßt's doch unten bleiben, da drückt's irgendwer rauf, am Anfang nicht.

Jörg II: Ich glaub' der Stephan hat recht. Da ist am Anfang Luft drunter, wenn Sie das Plättchen drauflegen, so eng kann man's nicht drauflegen. Die Luft merkt nicht so schnell, wenn das Wasser kommt, nein, die pappt halt ein bißchen am Holz unten. Wenn die dann raufgeht, sie muß ja, dann kann Wasser dorthin, und weil die Luft hochgeht, nimmt sie das Plättchen mit, so wie im Schwimmen, da hat's auch so Luftblasen zum Schwimmen an den Armen.

Stephan II: Darf ich mal anzeichnen, was ich denk'? Das glaub' ich nicht, daß Luft unter ist, ein bißchen nur, die andere kommt gleich rauf. Da kann man so sagen, so, das Plättchen gehört zum Boden, so, wie wenn's angewachsen wär – ich denk's halt so, weil da keine Luft und Wasser drunter ist. Ein kleiner Spalt, da ist so ein kleiner Spalt am Rand, und da geht Wasser rein. Das Wasser will ja überall rein, wenn man ins Wasser fällt, geht's auch überall rein, das geht ganz schnell, weil's eben überall drückt, von oben. Und da drückt's auch von der Seite, da, rein, unter das Holzplättchen und wenn das dann unten voll Wasser ist; da ist so, wenn wir das Plättchen reinstecken, da ist's leichter und geht hoch, aber erst nach einer Weile, wenn Wasser drunter ist. Da gehört's nimmer zum Boden.

Lehrer: Nun sind wir an einem wichtigen Punkt. Stephan hat gesagt, da drückt das Wasser sich unter das Plättchen. Für uns ist es nun wichtig, woher dieser Druck kommt, der da das Wasser unter das Plättchen drückt.

Matthias II: Das Wasser will überallhin, wo was frei ist, weil ja oben viel Wasser drüber, wiel Wasser ist, das geht dann unters Plättchen, weil das doch nicht so eng auf dem Boden liegt.

Uwe: Ich möchte, da möchte das Wasser, das kommt ja von oben, da liegt, da schwimmt viel Wasser, das drückt auf den Boden, und da drückt's auch auf die Seite, wie beim Schiff, bei der Delle auch, und da drückt's unter das Plättchen, das bohrt sich dazwischen, sonst kann's ja keinen Wasserpfahl geben, wenn da kein Raum ist.

Lehrer: Ich zeichne einmal das Ganze groß an die Tafel. Das Holzplättchen machen wir richtig dick und lassen es unten ganz aufliegen. Denken wir uns einmal, daß neben dem Plättchen kein Wasser wäre, nur über dem Plättchen.

Werner: Da tät das Plättchen unten bleiben, weil da das Wasser von oben drückt, immer tät es unten bleiben.

Lehrer: Und nun denken wir uns das andere Wasser daneben hinzu.

Nicolai I: Ja, dann kann auch das Wasser da an der Seite unter das Plättchen, aber es braucht halt Zeit dazu. Da drückt's nämlich immer noch nach unten, aber auch auf dem Boden, da ist ja jetzt auch Wasser auf der Seite des Plättchens. Aber es drückt nicht nur nach unten, nein, da haben wir ja einmal den Glasball mit den Löchern reingehalten, da ist auch das Wasser von oben und von unten reingespritzt, und da drückt das Wasser auch da an der Seite unter das Plättchen, und dann schwimmt's, weil's vom Boden weg ist, ganz weg, da ist's dann leichter.

Robby: Jetzt geht mir ein Licht auf, das ist ja so wie bei der Delle und der Wasserleitung, ja so. Da ist auch Wasser unterm Plättchen, mit der Zeit, und da ist's wie bei der Wasserleitung, wenn man die Rohre dazu denkt. Da drückt das Wasser von oben um die Kurve und drückt das unten am Plättchen, und da geht's nach oben.

Bernhard II: So einfach, nein, nein, so geht das nicht! Erstens ist das Holz leichter, und deshalb schwimmt's, und dann ist ja auch Wasser drüber, das drückt nach unten, deshalb schwimmt das Plättchen nicht so, nur weil's leichter ist und weil's die Luft hochzieht, die geht ja auch hoch.

Thomas I: Der Robby hat Ideen, das glaub' ich nicht.

Stephan II: Aber so denken darf man, das muß man.

Allgemeine Ratlosigkeit, Gemurmel: Sind wir am Ende?

Lehrer: Darf ich ein wenig helfen?

Robby: Aber nur ein bißchen, nur ganz wenig, sonst macht's keinen Spaß. Sie wissen es ja, aber wir kriegen es auch raus.

Lehrer (zeichnet): Schaut euch einmal das große Holzplättchen im Wasser an, wenn etwas Wasser darunter ist. Wasser ist über ihm bis zur oberen Kante, eine ganze Menge, das sehen wir, sicher drückt dieses Wasser auch nach unten. Das Wasser reicht aber an seiner Seite noch weiter nach unten und drückt dort auf den Boden und, wie einige von unserer Glaskugel her wußten, nach der Seite, nach unten, auch oben, überallhin. Denkt auch an den Becher mit dem Loch, wie das Wasser von unten her drückte.

Georg: Ich weiß nicht, ob ich recht habe, aber Sie wissen es ja, Herr Thiel, Sie können dann nicken, wenn's stimmt. Wenn das Wasser schon auch nach oben drückt, da muß aber was dort sein, eine Glaskugel oder ein

Becher mit Loch, da sieht man's dann. Da drückt's auch, mein' ich, da unten an das Plättchen, das drückt schon, aber da ist auch Wasser drüber.

Lehrer: Schaut noch mal genau hin, wieviel Wasser bis zur oberen Kante und bis zur unteren reicht.

Bernhard II: Soll ich's sagen? Ich glaub', da ist bis unten mehr Wasser, da müßt's auch mehr drücken, oben ist auch, aber ein bißchen weniger, weil da das Plättchen, weil das da dazwischen ist.

Jörg I: Wenn das ist, dann muß der Druck um die Ecke gehen und dann noch mal um die Ecke. Ich mach' eine Zeichnung so ... Wenn's um die Ecke geht, dann kann's auch hochdrücken, da drückt's von oben, aber von unten mehr dagegen, ja, dann kann's hinaufschwimmen.

Martin: Wenn das stimmt, dann weiß ich auch, warum's am Anfang unten bleibt. Ja, so, weil's da nur von oben drückt, da ist niemand da, der den Druck, da, was das Wasser macht an der Seite, der das da unter das Plättchen bringt. Erst wenn 's Wasser da unten ist, drückt's.

Nicolai II: Jetzt, glaub' ich, hab' ich's auch, warum das Plättchen unten bleibt, da am Anfang. Von oben drückt das Wasser, das liegt da auf ihm drauf und hält ihn fest, aber unter ihm ist kein Wasser, das liegt ganz eng, weil's glatt ist. Erst wenn Wasser dran ist, da drunter, kann es schwimmen – aber da hat der Robby doch recht mit der Wasserleitung, das geht auch um die Ecke, und da hebt diese Wasserleitung das Plättchen.

Stephan II: Bei dem Tanker im Hamburger Hafen war's auch so, da waren nur noch 5 Zentimeter unter ihm, und da hat das Wasser neben ihm runtergedrückt auf die bißchen 5 Zentimeter, aber da war das ganze Gewicht von dem Wasser nebendran, die da draufdrückten.

Thomas I: Das ist wieder mein Wasserpfahl, der stimmt immer. Der kommt, weil von oben viel Wasser drückt, wie bei der Wasserleitung, da geht's auch um die Ecke rum, wie der Jörg und der Robby meinten. Der Robby ist halt ein Schlauer, der denkt so was richtig.

Georg: Wenn man ein ganz dichtes Holzbrett nimmt, kann man das besser denken. Das Wasser über dem Brett, das da drüber ist, genau drüber, das drückt drauf, aber da ist ja auch Wasser an der Seite, das drückt sogar bis unten hin an den Boden von dem Brett, das ist mehr Wasser, und da drückt's auch mehr und auch nach oben, da schwimmt's dann.

Allgemeiner Jubel: Wir haben es gefunden!

Lehrer: Na, wollen wir mal sehen, ob ihr es ganz verstanden habt? Der Stein, der leichter wurde, als wir ihn ins Wasser tauchten, müßte doch immer leichter werden, je tiefer er kommt, weil immer mehr Wasser an seiner Seite ist, je tiefer er eintaucht.

Je tiefer er eintaucht, um so größer wird ja auch der Druck von unten.

Stephan I: Wenn's ein Stein ist, der ist schwerer als Wasser, der wird leichter, das haben wir gesehen, aber 's Holz, das ist noch leichter, so leicht, daß es oben hinausschwimmt, der Stein wird nur leichter, geht aber unter, leichter wird er, weil's ihn von unten drückt, weil's da das Wasser von oben bis zu seiner Unterkante geht und ums Eck drückt, so wie bei der Delle und der Wasserleitung, so kann man sich's vorstellen.

Uwe: Aber ich weiß, warum's nicht leichter, der Stein, wie sie meinten, Herr Thiel. Das Wasser über dem Stein, das, da genau drüber, wird ja auch mehr, aber nicht soviel wie das Wasser bis unten, das was ums Eck geht. Ja, so ist's.

Robby: Das ist der Unterschied, ja der macht den Stein leichter. Von oben drückt's auch, aber da an der Seite, da ist's weiter nach unten, und damit drückt's auch mehr in die Höhe, es ist doch eine Art Wasserleitung, die drückt. Wie bei der Delle, da geht Wasser von unten rauf, da drückt's, weil an der Seite das Wasser höher ist und nach unten drückt.

Lehrer: Wir sind also wieder bei der Delle angelangt. Der Druck des Wassers von unten, der das Schiff trägt und den Stein im Wasser leichter macht, kommt also daher, daß das Wasser von oben auf das untere Wasser drückt und das untere Wasser, weil es ja nicht wegkann, weil es auf dem Boden aufliegt, dagegendrücken muß. Je tiefer ein Stein ins Wasser eintaucht, desto größer wird also der Druck an seiner Unterseite. Der Druck des Wassers über ihm wird auch größer, ist aber kleiner, weil nicht soviel Wasser über ihm ist wie bis zur Unterseite. Der Unterschied macht also den Stein leichter.

Wolfgang Faust

Camera obscura

„In einem dunklen Raum, der nur durch eine kleine Öffnung im Fensterladen mit dem vom Sonnenlicht erleuchteten Raum zusammenhängt, erscheint auf der der Öffnung gegenüberliegenden weißen Wand ein verkehrtes, farbiges, perspektivisches Bild der äußeren Gegenstände. Es ist dies eine Erscheinung, die auf jeden, der dieselbe zum erstenmal sieht, einen wahrhaft magischen Eindruck macht.“ [1]

Joachim (aufgeregt): (Die Sonne) wirft seinen Schatten rein auf die Leinwand. Da sieht man dann, was er macht.
Rüdiger: Lochkamera.
Lehrer: Woll'n wir mal gucken.
Rüdiger: Lochkamera.
Joachim: Ganz genau!
Rüdiger: Camera obscura.
Lehrer: ... Könnt ihr schon was sehen?
Einer: Ja.
Stefan: Ja, toll!
Peter: Da is ja auch 'n Loch. Äh.
(Lachen)
Rüdiger: Camera obscura heißt das Ding, glaube ich.
Lehrer: Aha.
Peter: Da sieht man mal, wie blöd der is!
(Lachen)
Lehrer: Ja, wenn er irgendwas machen soll, dann ruft's ihm mal zu. Das hört er bestimmt.
Marc: Patrik, beweg dein linkes Bein! – Heb's hoch!
Stefan: Patrik, heb dein linkes Bein!
Patrik (von außen): Was?
Stefan: Dein linkes Bein hochheben!
Lehrer: Moment, machen wir mal hier das Fenster auf. Dann hört er besser. So.
Stefan (gleichzeitig): Stimmt.

---

[1] Ernst Mach, Die Prinzipien der physikalischen Optik. Leipzig 1921, S. 17f.

Peter: Stimmt.
Rüdiger: Ha! Gut!
Peter: Jetzt dein rechtes. – (Rüdiger: Gut!) Nach vorne, du Trottel!
Marc: Hau!
Patrik: Nach vorne.
(Als dies zu sehen ist: großes Gelächter. Klatschen.)
Rüdiger: Klatsch mal in die Hände! – Gut!
Lehrer: Ja, vielleicht beschreibt ihr einfach mal, was ihr sehen könnt!
Joachim: Siehst du einen Kran?
Patrik: Ja!
Peter: Wo is er denn? Zeig mal drauf!
Rüdiger: Stimmt! (freudig lachend) Stimmt alles!
Stefan: Wir seh'n dich nämlich!
Rüdiger: Genau.
Patrik: Ich weiß. Hier durch! (zeigt von draußen auf das Loch)
Rüdiger: Durch die Camera obscura! (lacht)
Peter (verächtlich): Oh! Superblöd!
Rüdiger: Wieso? Das heißt so!
Joachim (aufgeregt): Das ist eine ..., das, das ist einfach eine Glasscheibe mit einem Loch dran!
Rüdiger: Klar!
Lehrer: Hm.
Marc: Das ist ganz schön warm da drin.
Lehrer: Hm.
Joachim: Und da funktioniert es eben. Da wirft die Sonne ..., tut, wirft den Patrik durch das Loch!
Alle: Ja.
Lehrer: Aha!
Stefan (bewundernd): Sagenhaft!
Lehrer: Hm.
Joachim: Die, die Sonne steht vorm Patrik und der steht vor dem Loch (Mehrere: Genau! Das ist wahr!) und wirft sein Bild durch das Loch.
Marc: Äh. Patrik!
Rüdiger: Genauso wie beim Fotoapparat. Da is's genauso!
Marc (überlegend): Sag mal ...
Stefan: Nicht sagen was.
Peter: Kratz dich mal am Arm!
Marc: Guck mal, guck mal auf die Uhr! – (bewundernd) Gut!
Peter: Hau dir mal selber eine runter! (Patrik lacht zögernd)
Ja, nicht feste!
(Alle lachen über das Bild.)

Lehrer: Wer möchte 'n Patrik mal ablösen?
Mehrere Schüler: Ich! Ich!
Lehrer: Gut, der Peter!
Marc (enttäuscht): Ich!
Rüdiger: Patrik, du darfst weg, es kommt der Peter!
Stefan: Peter, nimm dir mal die Brille ab!
Lehrer: So. Moment.
Rüdiger: Gut!
Stefan: Setz sie wieder auf, sonst siehst du ja nichts!
Joachim (erklärt Patrik): Das funktioniert so: der Peter steht vor dem Loch und die Sonne wirft ..., scheint auf ihn und wirft sein Bild da rein!
Rüdiger: Wie beim Fotoapparat!
Joachim: Genau!
Marc: Das is ja toll! Ha'm Sie das selber gebaut?
Lehrer (bejahend): Hm. – Patrik ..., kannst du was sehen?
Patrik: Mm.
Marc: Kannst du den Peter sehen?
Patrik: Ja, kann ich.
Marc: Kannst du auch was drumrum ist sehen?
Patrik: Was?
Marc: Kannst du auch was drumrum ist sehen? Kannst du den gelben Stuhl sehen?
(Mehrere sprechen gleichzeitig)
Marc: Also. Mach mal 'n Buckel!
Peter (von draußen): Was?
Stefan: Ein Buckel!
Joachim: Ein Buckel!
Rüdiger: Ja. Ah, gut! 's funktioniert hervorragend!
Marc: Hm. Natürlich! Warum nicht! Was Herr Faust baut, funktioniert!
Stefan: Klar!
Marc: Äh! – Zieh mal deinen rechten Sandalen aus! (wiederholt die Aufforderung) Oder deinen Turnschuh!
(Anja, eine Schülerin kommt noch dazu)
Patrik (erklärt ihr flüsternd): Kuck mal, da is so 'ne Leinwand und da steht grad der Peter draußen.
Joachim: Der steht grad Kopf!
Anja: Ich hab ja gesagt: Sie wollten uns 'n Film zeigen!
Lehrer: So. Jetzt muß die Anja auch erst mal warten, bis ihre Augen sich gewöhnt haben an das Dunkel.
Stefan (zu Anja): Sag ihm mal was.
Marc (gleichzeitig): Kannst 'n Peter sehen?

Stefan: Was er machen soll.
Anja: Ja! Da!
Joachim: Was soll er tun?
Stefan: Schrei mal 'n bißchen lauter!
Joachim: Was soll er tun?
Patrik (schlägt, als Anja zögert, vor): Soll sich am Arm ziehen.
Stefan: Nein. (lacht) Jetzt macht er's halt. Zieht er grad sein ...
Marc (ruft): Mach mal zehn Kniebeugen!
Peter (von draußen): Moment. (lacht, macht es stöhnend.)
Patrik (lacht): Hm. Wie das aussieht!
(Alle lachen.)
Patrik: Noch mehr! Noch acht Stück hast du vor dir.
Peter (reagiert nicht, ruft): Weiter!
Marc: Ich hab gesagt: zehn Kniebeugen!
Peter: Ich hab doch schon gemacht.
Alle: Ja, aber bloß zwei!
Peter (zählt laut): drei, vier (bis zehn). Jetzt hab ich sie gemacht!
Marc: Darf ich dann, Herr Faust?
Lehrer: Ja, Marc, du kannst auch noch. Komm!
Stefan: Peter, du darfst reinkommen.
(Beim Wechsel probieren die Schüler und halten ihre Hände vor das Loch):
Stefan: Oh, mein Daumen, wie der rot wird!
Rüdiger: Hm, durch das Licht.
Joachim: Da leuchtet's durch.
Lehrer (kommt zurück): Kannst du's auch sehen, Anja?
Anja: Ja.
Lehrer: Gut!
Patrik: Zieh mal deine Uhr aus!
(Alle beobachten.)
Rüdiger: Nimm deine Mütze in die Hand!
Stefan: Zieh die Uhr wieder an!
Joachim: Zieh dich an den Haaren! (lacht, wiederholt)
Rüdiger: Gut!
Patrik: Bell mal wie'n Hund!
Marc (von draußen): Wau! Wau!
(Alle lachen.)

Das vorliegende (verkürzte) Protokoll gibt den Beginn eines Unterrichtsversuches wieder, bei dem der Verfasser den Vorschlag *Martin Wagenscheins* auf-

genommen hat, eine große begehbare Camera obscura als Initiationsphänomen, als genetischen Zugang zur Optik einzusetzen.[2]
In einer großen Camera obscura entsteht ein für jeden Betrachter, ob Kind, Jugendlicher oder Erwachsener, äußerst beeindruckendes Phänomen.
Dies liegt einmal an der Größe und Natürlichkeit des Bildes, schon das ist erstaunlich genug; hinzu kommt die befremdliche (und Kinder z. T. sehr beunruhigende) Form der Abbildung: das gewohnte Erleben der äußeren Welt wird buchstäblich auf den Kopf gestellt; besonders eindringlich, wenn die äußere Welt in Bewegung ist.
Das Befremden steigert sich noch, wenn die überraschende Einfachheit der Camera obscura erkannt wird:
„Man sieht dann an der Wand den bewegten Farbfilm der Nachbarstraße oder auch der wehenden Bäume eines Parks, rätselhaft hervorgebracht und auf den Kopf gestellt durch das Einfachste, was man sich denken kann: ein leeres kleines Loch."[3]
Das Verstehen dieses Phänomens führte im Mittelalter zu weitreichenden neuen Erkenntnissen über das Licht.[4] Man erkannte, daß Licht sich geradlinig ausbreitet und daß Gegenstände, vom Licht getroffen, selbst wieder, entsprechend ihrer Form und Beschaffenheit, Licht ausstrahlen, zu sekundären Lichtquellen und somit sichtbar werden. Sogar Mutmaßungen über die Natur des Lichts waren möglich, da sich die Bildinformationen im Loch der Camera obscura kreuzen, ohne sich gegenseitig zu beeinflussen.
Es entstand, und darin liegt die besondere geschichtliche Bedeutung der Camera obscura, eine neue Wissenschaft, die Optik, die mit dem Grundbegriff des Lichtstrahls arbeitete.
Die besondere unterrichtliche Bedeutung der Camera obscura liegt darin, daß ihr Einsatz die dargestellten Erkenntnisse für Kinder wieder neu initiie-

---

[2] Dieser Versuch mit einer kleinen Gruppe von Schülern eines 4. Schuljahres ist ausführlich dokumentiert in: Wolfgang Faust, Kinder sprechen über die Camera obscura, unveröffentl. Diplomarbeit Tübingen-Reutlingen 1978. Inzwischen wurde der Versuch mit Grundschülern aller Altersstufen, vom 1. bis zum 4. Schuljahr mit z. T. ähnlichen Ergebnissen, die z. Zt. noch ausgewertet werden, durchgeführt.

[3] Martin Wagenschein: Rettet die Phänomene! In: Scheideweg, 6. Jg. (1976), H. 1, S. 91 (erneut abgedruckt in M. Wagenschein: Naturphänomene sehen und verstehen. Genetische Lehrgänge. Hrsg. von H. Ch. Berg. Stuttgart 1980, S. 90–104, hier S. 102).

[4] Die Camera obscura wurde zuerst von J. B. Porta in seinem Buch „Magia naturalis" (1558) beschrieben; genau untersucht und erklärt wurde sie dann von Johannes Kepler (Grundlagen der geometrischen Optik – im Anschluß an die Optik des Witelo), 1604; hrsg. v. M. v. Rohr, Leipzig 1922, Ostwalds Klassiker der exakten Wissenschaften, Bd. 198.

ren kann. In ihr kann sozusagen mit Kindern die Urszene des Entstehens einer Wissenschaft wieder aufgesucht werden.
Dies ist allerdings nur von Bedeutung bei einer veränderten Zielsetzung des naturwissenschaftlichen Unterrichts.
Wenn es, wie bei der auch heute noch weitgehend dominierenden Form des darbietenden Unterrichts, vorwiegend darum geht, Kindern die fertigen Ergebnisse einer Wissenschaft möglichst schnell in einem systematisch aufgebauten Lehrgang zu vermitteln, dann ist der Aufwand des Baus einer großen Camera obscura und eine längerwährende Beschäftigung mit ihr nicht zu rechtfertigen. Über die Erkenntnisse, die die Camera obscura zuläßt, können Kindern in wenigen Minuten informiert werden (wenn man sie nicht gleich, noch einfacher, als Lehrsätze verkündet).
Martin Wagenschein hat aber sehr eindringlich auf die Folgen eines solchen Unterrichts aufmerksam gemacht. So wird z.B. die Tätigkeit der Schüler hierbei überwiegend auf das passive Aufnehmen von Informationen eingeschränkt. Dies führt dazu, daß zunehmend eine künstliche, bzw. sekundäre Motivation erfolgen muß, um die Schüler zur Mitarbeit zu bewegen.
Weiter, und dies wiegt genau so schwer, kann nicht gewährleistet werden, daß die in schneller Folge dargebotenen Informationen auch wirklich verstanden werden. So wissen heute, um ein Beispiel M. Wagenscheins anzuführen, viele Jugendliche (und auch Erwachsene) zwar, daß die Erde sich um die Sonne bewegt, ohne jedoch davon wirklich überzeugt zu sein, weil ihre unmittelbare Erfahrung dagegen zu sprechen scheint; sie haben etwas gelernt, aber es nicht verstanden.
Deshalb schlägt Martin Wagenschein einen genetischen Unterricht vor, dessen Ausgangspunkte das natürliche, aktive Neugierverhalten der Kinder und das Vertrauen in ihre Fähigkeit sind, Naturphänomene von Grund auf, ohne Vorkenntnisse und Hilfsmittel, verstehen zu können.
Das eingangs wiedergegebene Unterrichtsprotokoll kann vielleicht einige Merkmale eines solchen genetischen Unterrichts verdeutlichen.
Von Beginn an und durchgängig ist die Faszination zu spüren, die die Camera obscura auf die Schüler ausübt. Voll Staunen beginnen sie sofort, dieses merkwürdige Phänomen zu untersuchen.
Hier ist keine besondere, sekundäre Motivation nötig, die Sache selbst, das Phänomen ist Motivation genug.
Sie beobachten den Aufbau der Camera obscura („Das ist ja auch'n Loch."), geben Erklärungsversuche ab („Die Sonne wirft seinen Schatten rein auf die Leinwand.") und stellen Vergleiche an („Wie beim Fotoapparat!").
Ein Schüler kennt sogar den deutschen und lateinischen Namen der Anordnung, die er beobachtet. Interessant ist jedoch, daß dieses Vorwissen keine Beachtung findet, ja von den Mitschülern nicht einmal besonders geschätzt

wird. Ihnen geht es in der Folge um das konkrete Erleben des Phänomens, und dies gestalten sie, zur Überraschung des Lehrers, auf ihre eigene, ganz besondere Weise.

Sie erproben die Funktion der Camera obscura in einer Serie von Spielhandlungen, bei der sie dem außenstehenden Mitschüler Handlungsanweisungen zurufen und deren Ausführung begeistert in der Camera obscura beobachten. Situationen und Handlungen werden mehrfach durchgespielt und abgewandelt. Immer neue Einfälle kommen ins Spiel, auf deren genauer Ausführung die Schüler fast pedantisch bestehen. So muß ein Mitschüler, ob er will oder nicht, alle zehn Kniebeugen durchführen, zu denen er aufgefordert wurde. Selbst nicht-optische Elemente („Bell mal wie'n Hund!") werden im Zuge der Begeisterung in das Spiel mit aufgenommen.

Hier wird zugleich als ein weiteres Merkmal genetischen Unterrichts ein besonderes Lehrerverhalten deutlich. Der Lehrer ist beteiligter Begleiter des Prozesses. Da es ihm nicht auf schnelle Ergebnisse ankommt, sondern auf das eigenständige Verstehen der Schüler, kann und wird er ihnen Raum für ihre eigengestalteten Aktivitäten geben. Er wird im weiteren Verlauf, wenn es um die Klärung der Beobachtungen geht, mit den Schülern überlegen und mitdenken, jedoch keine Informationen vorgeben, eher den Erkenntnisprozeß noch „stauen". Seine Führung beschränkt sich auf ein Reflektieren und Strukturieren des Erkenntnisprozesses in der Art, daß er Schüleräußerungen aufnimmt und fragt: Kann das stimmen? Was meinen die anderen dazu? Wie könnte man dies nachprüfen? Was wissen wir schon? Was noch nicht?

Diese weiteren Phasen des Unterrichtsversuches können hier nicht ausführlich wiedergegeben werden. Es soll jedoch abschließend wenigstens ein Teil des Erkenntnisprozesses, das Verstehen der höhenverkehrten Abbildung, kurz nachskizziert werden.

Als erste Vermutung äußerte eine Schülerin, sie habe einen Film gesehen. Dies konnte durch Beobachtung – es gab kein Filmgerät – leicht widerlegt werden.

Dann behauptete ein Schüler, die Sonne habe das Bild des Außenstehenden durch das Loch, wohl wie ein Schattenbild, auf die Leinwand geworfen. Seine Mitschüler verwiesen aber darauf, daß die Abbildung umgekehrt sei, was für den Schatten nicht gelte.

Bei einer genauen Untersuchung des Aufbaus merkten die Schüler dann, daß sich vor der Camera obscura ein Fenster mit doppelten Scheiben befand. Fast alle führten nun die Umkehrung auf diesen Sachverhalt zurück. Diese Annahme ist merkwürdig, weil, wenn Glas eine umkehrende Wirkung hätte, die zweite Scheibe die Wirkung der ersten aufheben müßte. Dies wird den Schülern jedoch nicht bewußt. Sie greifen zu dieser ihnen nahelie-

genden Besonderheit, um die Besonderheit der Umkehrung zu erklären. Nach dem Ausbau einer Fensterhälfte ließ sich feststellen, daß diese Hypothese nicht zutraf.
In der Folge führten die Schüler eine Reihe von, wie sie meinten, analogen optischen Geräten, wie Fotoapparat, Fernrohr und, im Zusammenhang mit einem Gespräch über den Begriff ‚reflektieren', Spiegel und Hohlspiegel an. Diese Analogien wurden gemeinsam überprüft und zum größten Teil aus dem Gespräch ausgeschlossen, weil diese Geräte nicht zur Hand und somit nicht untersuchbar waren.
Damit war ein gewisser Stillstand, bzw. Nullpunkt des Erkenntnisprozesses erreicht. Die Schüler erfuhren, daß ihre ersten Vermutungen und vor allem ihr Vorwissen ihnen nicht weiterhalfen. Das führte zu einer gewissen Rat- und Hilflosigkeit, erkennbar z. B. in dem fast verzweifelten Ausruf eines Schülers „... 's muß irgendwie 'n physikalisches Gesetz sein."
Ein solcher Nullpunkt enthält aber auch ein produktives Moment, weil die Schüler jetzt ausschließlich auf das konkrete Phänomen, auf seine Beobachtung und das Nachdenken darüber verwiesen sind, das dann den Sprung in das Verstehen ermöglicht.
Dieses Verstehen wurde schließlich eingeleitet durch die Beobachtung, daß die Steinplatten des Bodens vor der Camera obscura im Inneren an der Decke zu sehen waren.

Marc (überzeugt): Aber eigentlich müßten auch Strahlen nach oben geh'n, sonst würden wir die Platten nicht seh'n!

Lehrer: Genau!

(Alle sprechen aufgeregt durcheinander.)

Joachim: Die Strahlen geh'n ja auch auf'n Boden und da strahlen se wieder und

(Fast alle melden sich und wollen etwas sagen.)

Joachim: Die Strahlen geh'n auch auf'n Boden und strahlen dann wieder und geh, und kommen von unten rein in das Loch.

Rüdiger: Es ist auch möglich, daß die Sonne runter auf die Platten scheint, die, die Platten, die reflektieren das durch das Loch hoch und dann is es oben wieder! Sieht man's oben wieder!

Lehrer: Wie könnten wir uns denn erklären, daß zum Beispiel, wenn draußen jetzt der Patrik stand, der stand so, und man hat jetzt sein Bild auf der Leinwand umgedreht gesehen?

(Alle wollen sprechen.)

Joachim: Weil die Strahlen treffen auch'n Patrik und dann treffen se auf'n Boden, noch bevor se reingeh'n, dann geh'n, re..., werden se durch das Loch reflektiert.

Stefan: Und kommen umgedreht!

Joachim: Wenn die Strahlen sp..., die den Kopf (L.: Ja), die, die am Kopf sind, die spiegeln ihn darunter, durch das Loch runter (L.: Ja). Und die, die, die seine Füße spiegeln, die sind davor schon runter gekommen und gehen jetzt wieder rauf.

Rüdiger: Ganz genau!

Lehrer: Ja.

Joachim: Und die spiegeln dann die Füße nach oben!

Stefan: Ja genau. Wenn die Sonne hier is, dann geht se mit Marc's Kopf nach unten (L.: Ja) und die Strahlen von den Füßen, die gehen auf'n Boden und dann mit, mit seinen Füßen nach oben auf die Leinwand.

Dieses erste, umrißhafte Verstehen, das der stark gekürzte Protokollausschnitt belegt, konnte im weiteren Verlauf vertieft und erweitert werden.

Wenn Schüler mehrfach an genetischen Unterrichtsverläufen teilgenommen haben, dann kann man häufig beobachten, daß sie ein neues Selbstbewußtsein entwickeln. Sie übernehmen nicht mehr einfach ihnen allenthalben angebotene Informationen und geben sich mit ihnen zufrieden, sondern wenden sich den ihnen zugrundeliegenden Phänomenen und Vorgängen zu und versuchen, diese zu verstehen.

Ein darbietender Unterricht sollte deshalb, und hier schließt sich der Verfasser einer Forderung M. Wagenscheins an, vor allem auch im Interesse der Mündigkeit der Schüler, durch wiederkehrende Epochen eines genetischen Unterrichts ergänzt werden.

Zumindest wäre es jedem Schüler zu wünschen, daß ihm wenigstens einige Male die Möglichkeit geboten wird, Naturphänomene von Grund auf selbst zu verstehen, und jedem Lehrer, daß er einige Male solche Erkenntnisprozesse von Kindern begleitet hat; vielleicht einmal anhand einer großen Camera obscura.

Mit freundlicher Erlaubnis des Verlages Julius Klinkhardt, Bad Heilbrunn, aus: Herbert F. Bauer, Walter Köhnlein (Hrsg.), Problemfeld Natur und Technik, Studientexte zur Grundschuldidaktik.

Rückblick 1989

Was bleibt? Martin Wagenscheins ständige Frage gilt auch für dieses Buch, das er angeregt und 1973 mit Agnes Banholzer und mir auf den Weg gebracht hat. Es ist seither häufig genannt und zitiert worden.[1]
Agnes Banholzer ist 1982 gestorben, Martin Wagenschein 1988. So bleibt es meine Aufgabe, bei der Neuauflage des Buches zu versuchen, sich der nicht immer bequemen Frage nach Aufnahme und Wirkung zu stellen.
An was z.B. erinnern sich noch die Schülerinnen und Schüler der Wanne-Schule, die 1967–1969 mit mir zusammen diese Einheiten im Unterricht der Grundschule durchführten, von denen die Protokolle im dritten Teil des Buches handeln?
Wie schätze ich heute die Situation von damals ein?
Wie wirkten sich diese Ideen auf die Diskussion um den naturwissenschaftlichen Aspekt des Sachunterrichts aus, und was haben wir Hochschullehrer in den letzten 20 Jahren aus den drei Teilen des Buches für die Lehrerbildung ableiten können?

Die Schüler von damals – heute: Sabine, Bernhard, Nicolai und Robby

Dann und wann treffe ich eine(n), hie und da kommt auch ein Telefonanruf: „Kennen Sie mich noch?" Sie sind heute um die dreißig, z.T. auch schon wieder Mütter oder Väter von Kindern im Vor- und Grundschulalter. Behutsam frage ich nach, was denn geblieben sei vom Unterricht vor 20 Jahren an der Tübinger Versuchsgrundschule „Auf der Wanne".
Manche können sich überhaupt nicht mehr an den Kurs „Naturwissenschaftliche Beobachtungen" erinnern, geschweige denn an Einzelheiten. Vor allem bei den damaligen Erst- und Zweitkläßlern sind nur noch bruchstück-

[1] Eine der ersten kritischen Besprechungen soll hier genannt werden: Schietzel, C.: Exakte Naturwissenschaften in der Grundschule? Die Grundschule, 5. Jg. 1973, Heft III, S. 153–164, Braunschweig 1973, auch in: Bauer, F., Köhnlein, W. (Hrsg.): Problemfeld Natur und Technik, S. 114–133, Bad Heilbrunn 1984. Manche dieser Kinderaussagen übernahm: Martin Doehlemann, Die Phantasie der Kinder und was Erwachsene daraus lernen können. Frankfurt 1985. (Leider ohne direkte kennzeichnende Hinweise über die Quellen).

hafte Erinnerungen an die frühen Schuljahre zu finden. „Über den Tod haben wir gesprochen und wo die kleinen Kinder herkommen und auch über die Winterreifen" – so Sabine 1984 beim 20jährigen Jubiläum der Schule. Die Dritt- und Viertkläßler aber, damals 9–10 Jahre alt, berichten erstaunlich genau. Unvergessen sind bei allen die Heißluftballone, die wir damals bauten und, einmal sogar bei stürmischem Wetter, im Windschatten des Schulgebäudes aufsteigen ließen. An der Dachkante erfaßte sie jäh der Wind, riß sie mit sich und immer winziger werdend entschwanden sie über Tübingen und die Schwäbische Alb hinweg unseren Augen.[2]
Verständlicherweise erinnert sich aber keiner mehr daran, wie wir hinterher im Klassenzimmer durch entsprechende Versuche und Modellzeichnungen an der Tafel zu verstehen versuchten, warum erhitzte Luft leichter sein soll als dasselbe Volumen kühler Luft. Wir schafften es nicht. Wie sagte doch Thomas („Männe") erschöpft gegen Ende dieser anstrengenden Lektion: „Jetzt machet mir nur no mit, weil mir sie möget!" Aber die Kinder waren ja erst auf dem Wege zur Physik, und so ließ ich die theoretischen Erörterungen einfach auslaufen – man muß auch warten können. Ich vertraute darauf, daß über die vielfältigen Erfahrungen mit dem Bau und dem Start eines solchen Luftgefährtes der Boden so vorbereitet worden war, daß die Kinder mit der Zeit und durch einen entsprechenden Unterricht in den weiterführenden Schulen Substanz, Volumen und Gewicht in eine sinnvolle Beziehung setzen konnten. Das sind schwierige Dinge, die auch Erwachsene oft nicht gleich verstehen, wie Wagenschein nachgewiesen hat[3].
Bernhard, heute Mediziner, konnte mir noch eine Fülle einzelner Bilder beschreiben, die er behalten hat: den Luftballon, der wie ein Irrwisch im Klas-

---

[2] Der hier zum Ausdruck kommende Erlebnischarakter des Unterrichts soll anzeigen, daß subjekt- und lebensweltbetonte Ansätze des Lernens gleichberechtigt neben den rationalen Formen stehen. Martin Wagenscheins Leistung ist es u.a., solche auch erlebnishaft bestimmten Erfahrungen von Naturphänomenen aufzugreifen und die darauf aufbauenden Meinungen und Deutungen für den Unterricht fruchtbar zu machen. Auch die Vertreter des mehrperspektivischen Unterrichts, Klaus Giel und Gotthilf Gerhard Hiller, berücksichtigen das Element ausdrücklich in ihren Rekonstruktionsformen. Damit wurde solchen Unterrichtskonzepten, die für die Grundschule zu zweckrational und zu nüchtern erschienen, rechtzeitig Konzepte entgegengestellt, die sich auch an der Tradition der Grundschuldidaktik und einer Anthropologie des Kindes orientierten.

[3] Wagenschein, M.: Die pädagogische Dimension der Physik, S. 77, Braunschweig 1962[1]/1971[3].
Piaget, J., Inhelder, B.: Die Entwicklung der physikalischen Mengenbegriffe beim Kinde, S. 226ff., Stuttgart 1969.
Thiel, S.: Heiße Luft – bunt verpackt, Bauanleitung für einen Heißluftballon, in: Grundschule, 20. Jg., Nr. 7/8, S. 41f. Juli/August 1988, Braunschweig 1988.

senzimmer herumwirbelte und den wir damals (Mondlandung 1969) im Hinblick auf den Raketenflug untersuchten; den auf den Boden klatschenden „Ball" aus Fensterkitt, der nicht wie ein Gummiball springen „wollte"; die unerwartete Länge eines Kilometers, den wir, ausgehend von Themen des Mathematikunterrichts, auf dem alten Tübinger Exerzierplatz „Waldhäuser Ost" aussteckten – um ganz nebenbei auch nachzuprüfen, wie lange der Schall braucht, um über diese Strecke an unser Ohr zu kommen. Besonders beeindruckt habe ihn der Winkelheber, mit dem z.B. Wasser aus einem höher gelegenen Behälter über dessen Rand hinweg in einen tiefer stehenden umgefüllt werden kann. Das Wasser fließt dabei anscheinend von selbst im Schlauch oder Glasrohr hinauf zum Rand des Gefäßes und vom Scheitelpunkt wieder hinunter, wenn ein Niveauunterschied zwischen den beiden verschiedenen Wasserhöhen besteht.[4] Noch am selben Nachmittag sei er mit seinem Bruder in die Stadt gegangen, um Glasröhrchen für einen Winkelheber zu kaufen. Über einem Campingbrenner hätten sie diese dann selbst gebogen.

Der damalige Kurs habe ihn, so meint Bernhard heute, auf die Spur wissenschaftlichen Denkens gebracht, da sei er sich ganz sicher! Nicolai dagegen schreibt mir, daß ihm zwar der Kurs viel Freude gemacht hätte, vor allem das behutsame Annähern an die Lösungsmöglichkeiten in Gesprächen und Versuchen. Er habe aber den späteren Physikunterricht auf dem Gymnasium als so „grauslich" empfunden, daß er deshalb heute überhaupt keine Beziehung mehr zu diesem Fachgebiet herstellen könne.

Mit Robby, heute ebenfalls Mediziner, konnte ich einen ganzen Abend lang über seine Eindrücke von damals sprechen. Auch er erinnerte sich besonders deutlich an den Heißluftballon und den scheinbar am Boden festklebenden Kittball. Er wies aber auch darauf hin, daß manche der als Denkanstöße vorgeführten Phänomene in ihm auch ein Gefühl der Hilflosigkeit erzeugten. Deshalb hätte er zuhause in Büchern nachgeschaut – was er im Unterricht auch nicht verschwieg –, ob sich nicht dort Erklärungen finden ließen.[5]

Überrascht war ich über seine Aussage, daß er und einige Mitschüler manchmal aus Vergnügen versuchten, ganz bewußt überzogene Ideen in die Diskussion einzubringen. Aber aus dem Spaß sei meist schnell Ernst gewor-

---

[4] Thiel, S.: Kinder sprechen über Naturphänomene „Kann Wasser auch den Berg hinauffließen?", in: Die Grundschule, Vorschläge zum Sachunterricht auf der Grundstufe, 2. Jg., Heft 3, Juli 1970, S. 3–10, Braunschweig 1970, auch in: Bauer, F., Köhnlein, W., a.a.O., S. 88–99.

[5] Wagenschein, M., Banholzer, A., Thiel, S.: Kinder auf dem Wege zur Physik, S. 147, Weinheim 1989.

den, weil diese Ideen sich oft verselbständigten, da andere Schüler sie für durchaus möglich hielten, sie aufgriffen und dabei auf neue Zusammenhänge stießen.
Leider aber könne er sich an keine solche Ideen mehr erinnern.[6]

Damals, vor 20 Jahren

Wie schätze ich heute die damalige Situation ein? Natürlich spürte ich die besondere Chance, die sich mir in dieser Zeit bot, als in der Bundesrepublik die ersten Konzepte zum physikalisch/chemischen Aspekt im Sachunterricht diskutiert wurden.
Zu dieser Zeit war ich nach einer Volksschullehrerausbildung (Wahlfach Physik), 2jähriger Schulpraxis und einem 8-semestrigen Aufbaustudium (Examen für den Höheren Volksschuldienst) wieder Lehrer. Als ich Martin Wagenschein vorschlug, an der Wanne-Schule seinen Ansatz in der Grundschule zu erproben, war er zunächst skeptisch. Würden Grundschüler in der Lage sein, das in den Unterricht einzubringen, was sie fühlten und dachten? Nachdem ich aber in Wagenscheins Seminaren von meinen ersten Eindrücken erzählte, wie Grundschulkinder auf befremdliche Naturphänomene reagierten und über die Themen berichtete, die die Kinder von sich aus auf den langen Nachhausewegen an mich herantrugen (über die Kugelgestalt der Erde, über Dinosaurier, über das Leben nach dem Tod) stimmte er meiner Absicht zu. Rektor Hubert Reiß und die Kollegen unterstützten mich, als ich einen entsprechenden Kurs einrichtete und ließen Kinder aus ihren Klassen nach deren Wahl daran teilnehmen.
Ich genoß die Arbeit in den „kleineren" Kursgruppen mit 20–30 Kindern, denn meine „normale" Klasse hatte über vierzig. Fast keine Erinnerung habe ich an Disziplinkonflikte, höchstens, daß die Kinder sich darüber beschwerten, daß sie nicht schnell und gleichmäßig genug zu Wort kamen. Und nicht selten waren sie enttäuscht, wenn für ihre Ideen und Versuchsvorschlägen nicht genügend Materialien vorhanden waren.
So stellten wir solche selbst zusammen: ausgemusterte Werkzeuge, Haushaltsgeräte, Plastik- und Gummischläuche, Töpfe, Krüge und Wannen – was so die Privathaushalte bei Lehrern und Schülern eben hergeben. Gelagert wurden diese Materialien in Bananenkisten oder ähnlich praktischen Behältnissen, und manch vorgeschlagener Versuch konnte erst unternom-

[6] Ich vermute, daß es sich z. B. um Ideen zum Thema „Schwimmen" auf S. 156f. handeln könnte, denn diese erschienen mir schon damals als besonders aus dem Rahmen fallend.

men werden, wenn eine Inspektion der Kisten genügend Material zu Tage förderte. Aber die Kisten standen auch in den Pausen zur Verfügung. Später griffen wir eine Idee aus englischen Grundschulen auf und entwickelten daraus ein „Discovery-table", wo Kinder in den Pausen und in der Freizeit mit allerlei ausrangiertem technischem Gerät oder Resten und Teilen davon spielerisch umgehen konnten. Ein Drittel davon verschwand im Lauf des Schuljahrs in tiefen Hosentaschen, aber Tübingens reichhaltige Sperrmülltage lieferten genügend Ersatz.

Nicht selten hatten wir im Unterricht Besuch, denn die Wanne-Schule war 1964 als eine der ersten universitären Versuchsgrundschulen nach 1945 gegründet worden und beschritt in einigen Bereichen (Englisch, Mathematik, Schülerbeobachtung, Gedichtinterpretation, Schreiberziehung und naturwissenschaftliche Beobachtung z. B.) neue Wege.

In der Regel saßen wir an zusammengestellten Tischen im Viereck, so daß wir einander direkt ansehen und ansprechen konnten. Bei Versuchen löste sich diese Ordnung auf, und manchmal fanden wir uns auf den Tischen oder am Boden sitzend wieder. Viele Lerngänge ergänzten den Unterricht im Klassenzimmer, denn nicht alle Naturphänomene lassen sich in die Schule bringen: Wir versenkten Blechbüchsen durch Steinwürfe im kleinen See, der bei Bauarbeiten neben der Schule entstanden war, verglichen die Stellen, wo der Schnee schon geschmolzen und wo er noch liegengeblieben war, beobachteten, wie Fall und Schall des Stampfklotzes eines Baggers mehr oder weniger auseinanderdrifteten, je nachdem, ob wir uns ihm näherten oder uns von ihm entfernten. Vergeblich suchten wir die Pumpe im Hochhausneubau, welche das Trinkwasser in die oberen Stockwerke befördern sollte, und der Polier schaute verständnislos, als ihn die Kinder danach fragten. Nach der Unterrichtseinheit über die kommunizierenden Röhren „beschwerten" sich dann die Kinder bei mir darüber, daß ich es doch schon von Anfang gewußt hätte.

Die Kürze mancher Protokollteile (keine vollständigen 45-Minutenstunden) erklärt sich z. T. aus den Lerngängen. Mancher Gedankengang wurde schon draußen angesprochen, damit auch vorweggenommen und dann im Klassenzimmer vor dem Tonbandgerät wiederholt und zusammengefaßt. Transpor-

---

[7] Als ich ihm 1967 den Vorschlag machte, schaute er mich überrascht an und meinte skeptisch:
„Glauben Sie nicht, daß die Kinder dafür noch zu klein sind, vor allem in diesen großen Klassen?"
Einen kurzen Bericht über die Anfänge schrieb ich aus Anlaß des Todes von Martin Wagenschein: S. Thiel, Erinnerung an Martin Wagenschein, in: Grundschule, 20. Jg., Heft 10, Oktober 1988, S. 66, Braunschweig 1988.

table, batteriegetriebene Cassettenrecorder standen damals nicht zur Verfügung.

Dieser in den Protokollen nur kurz angedeutete Hintergrund erklärt auch, daß manche Protokolle in ihrem Ablauf geschlossener wirken, als sie in ihrem Zustandekommen insgesamt gewesen sein mögen. Ich hatte anfänglich, schon um das Tonband immer wieder neu bespielen zu können, das Band eilig abgeschrieben und dabei zu wenig darauf geachtet, daß die äußeren Bedingungen und die organisatorischen Schritte deutlicher sichtbar wurden.

Leider ist auch nicht erkennbar, wie Mimik und Gestik des Lehrers und der Kinder den Ablauf beeinflußten, wie schulorganisatorische Bedingungen sich störend auswirkten und wie Rivalitäten oder spielerische intellektuelle Auseinandersetzungen der Kinder untereinander die Diskussionen mitbestimmten. Und nicht sichtbar wird auch, daß der Unterricht an manchen Kindern und Kindergruppen vorbeizugehen schien, weil sich diese nicht am Gespräch beteiligten und nur zuhörten. Nicht immer boten die praktischen Versuche Ersatz dafür, weil auch dort die sonstigen Wortführer dominierten. Und nur ein kleiner Trost ist es für mich, daß bei einer diesbezüglichen Frage eines dieser „stillen" Kinder zu mir sagte: „Es macht nichts! Ich höre so gerne zu, was die für gescheite Sachen sagen!" Um auch die „Stillen" zu Worte kommen zu lassen, lud ich eine entsprechende Gruppe ein – das Protokoll ist auf S. 130–144 abgedruckt.

Wagenschein lieh sich einige Tonbänder aus und spielte Auszüge daraus bei Vorträgen und im Seminar vor. Er mußte diese Praxis aber mit der Zeit aufgeben, weil seine zunehmende Schwerhörigkeit es ihm immer weniger möglich machte, diese technisch konservierten Aussagen der Kinder akustisch zu verstehen.

Zu Wagenscheins Ansatz in einer „normalen" Grundschulklasse liegen inzwischen auch einige Videoaufzeichnungen von mir vor – neugierig warte ich auf andere und zu anderen Ansätzen.[8]

Halte ich heute offene Unterrichtsstunden für Studierende, Lehrer oder Kollegen, so fehlt mir in der Regel leider eine vertraute Klasse. Fast immer sind es unbekannte Kinder, dazu oft an fremden Orten, und wir brauchen immer einige Zeit, bis wir uns aufeinander eingestellt haben. So läßt sich aber das unabdingbare Vertrauen, das wechselseitig zwischen Lehrer und Schüler da sein muß, damit Kinder auch wagen, „fragwürdige" Gedanken

---

[8] Themenbereiche: „Wie springt ein Ball?"
„Trägheit". „Beharren".
„Wie die Menschen lernten, Feuer zu machen".
„Wie kommt der Schall an unser Ohr?"

einzubringen, nur schwer herstellen. Nach meinen Erfahrungen gelingt es aber auch unter erschwerten Bedingungen, Wagenscheins Vorschläge für einen kind- und sachgerechten Unterricht zu verwirklichen – so weit wenigstens, daß die Zuschauer das Wesentliche erkennen können. Denn seine Vorschläge und meine Versuche beruhen auf einem so erprobten Praxishintergrund, daß manche Elemente beinahe von alleine wirken.

Wer z.B. einmal erlebt hat, wie ein klingelnder Wecker mit Kleidungsstücken, Handtüchern oder Putzlappen Stück für Stück zugedeckt wird, wie dabei die Geräusche immer leiser werden, bis sie kaum mehr zu hören sind, wer dabei erlebt, wie Kinder ruhig werden und den Atem anhalten – dem wird die Faszination angemessen ausgewählter Phänomene deutlich. Heben wir die Abdeckung wieder Stück für Stück ab und wird das Klingeln dabei wieder lauter, so bricht auch das Lachen bei den Kindern los, die Spannung löst sich – wir sind zu gemeinsamem Nachdenken bereit. Der Lehrer kann in aller Ruhe auf Meinungen, Vermutungen und Hypothesen der Kinder warten und für die Diskussion verfügbar machen. Anthropomorphe und animistische Sprachmuster unterstützen den Fluß des Denkens, weil es sich so eben „leichter" denkt. An der Tafel werden die wichtigsten Aussagen festgehalten und unklare Vorstellungen durch Modellzeichnungen verdeutlicht. Und manchmal weiß einer schon die Lösung und versucht nun zu klären, wie er darauf gekommen ist oder wo er sie sonst her hat.[9]

Überrascht wurde ich immer wieder davon, wie gerne die Kinder „Kreidephysik" betrieben. Wir hatten uns angewöhnt, bei schwierig zu erklärenden

---

[9] Klaus Giel und Gotthilf Gerhard Hiller haben in ihren Arbeiten immer wieder darauf hingewiesen, wie man mit solchen Bruchstücken von Wissen, die „auf der Straße liegen" und von Kindern als sekundäre Erfahrungen manchmal in den Unterricht eingebracht werden, didaktisch umgehen kann. Sie wollen den Bruch zwischen primären und sekundären Erfahrungen bewußt deutlich machen, um Grenzen und Möglichkeiten der jeweiligen Erfahrung zu erkennen. Siehe G.G. Hiller, Konstruktive Didaktik, S. 77, Düsseldorf 1973. Vgl. auch: K. Giel, G.G. Hiller, H. Krämer, Stücke zu einem mehrperspektivischen Unterricht, Aufsätze zur Konzeption 1, Stuttgart 1974, und: K. Giel und andere, Stücke zu einem mehrperspektivischen Unterricht, Aufsätze zur Konzeption 2, Stuttgart 1975.
Wagenschein dagegen hat diese aufgeschnappten Erfahrungen als Wissen ohne Fundament abgelehnt, weil es das Denken korrumpiere. Er betont dagegen den Aufbauprozeß des Wissens, der von den primären zu den sekundären Erfahrungen führen soll, um so den Bruch zwischen beiden zu heilen. Folglich stehen bei ihm die primären Erfahrungen im Vordergrund. Im Alltag des Unterrichts verwischen sich aber solche gegensätzlichen Positionen schnell, und ich sehe heute die beiden Ansätze eher als gegenseitige Ergänzung an, von denen einmal der eine, dann der andere stärker betont wird, je nachdem, ob der Bruch zwischen primärer und sekundärer Erfahrung leichter oder schwerer zu überwinden ist.

Sachverhalten diese durch Modellzeichnungen an der Tafel zu verdeutlichen. Die Kinder sausten abwechselnd an die Tafel, gaben sich dabei gegenseitig die Kreide in die Hand oder warfen sie einander zu, veränderten, verbesserten, vereinfachten und verdeutlichten das Werk des Vorredners. Meiner Einschätzung nach mangelte es ihnen oft auch an Begriffen, um Sachverhalte zu beschreiben, und so mußte die Zeichnung einspringen.
Diese „Sprachnot" spürte ich aber auch in anderem Zusammenhang. Begriffe aus sekundärer Erfahrung wie z. B. „Schallwelle", „Teilchen", „Elektrizität" wurden nicht selten auch deshalb als Hilfsbegriffe verwendet, weil Begriffe aus primärer Erfahrung noch fehlten.
Wo liegen nun die besonderen Schwierigkeiten, den Ansatz Martin Wagenscheins in der Grundschule durchzuführen?
Wagenscheins Erfahrungen mit der Altersstufe bis zu 10 Jahren beruhen hauptsächlich auf die von ihm gesammelten Aussagen von einzelnen Kindern oder kleinen Gruppen.
Im Unterricht mit größeren Gruppen fällt es deshalb nicht leicht, die von einem einzelnen Kind geäußerte Vermutung für alle Kinder der Klasse verfügbar zu machen. Auch eine intensive Schulung des Miteinanderredens reicht nicht immer aus, um dieses Problem zu lösen, denn solche Äußerungen fallen manchmal nur im kleinen Rahmen der Nebeneinandersitzenden, halblaut und oft auf Verdacht hin. Aus der Fülle der sonst geäußerten Meinungen können oft nur einige wenige, manchmal auch nur eine einzige, ausgewählt werden, weil sonst der Überblick verloren gehen würde.
Manche Gedanken können deshalb nicht aufgenommen werden, weil es Mitschülern und Lehrern schwerfällt, den jeweiligen Beitrag des einzelnen angemessen einzuschätzen. So bleibt sie oft nur für das Kind selbst von Bedeutung und damit singulär.
Dazu ist die zeitliche und inhaltliche Stabilität der Aussagen von Grundschulkindern noch relativ gering, und nicht immer gelingt es dem Lehrer, über Gedankenstützen (Merksätze, Zwischenüberschriften, Tafelbild) ein Gerüst aufzubauen, das den Gang des Nachdenkens im Bedarfsfall wiederholbar macht.
Weitgehend offen ist noch, wie herkömmliche grundschuldidaktische Elemente (u. a. Erzählungen, Spiele, leiblich-szenische Darstellungen, mehrperspektivische Vorgehensweisen) mit Wagenscheins Ansatz verbunden werden können, um praktikable Lehrstücke zu erhalten.

„Kinder auf dem Wege zur Physik". Der Einfluß des Buches auf die Diskussion um den naturwissenschaftlich orientierten Sachunterricht

Ein Eckstein in der beginnenden Diskussion, wie die bisherige Heimatkunde durch naturwissenschaftlich-technische Aspekte ergänzt werden könnte, war 1969 die Göttinger Tagung einer Arbeitsgruppe des Arbeitskreises Grundschule, zu der sein Vorsitzender Erwin Schwartz eingeladen hatte. In dieser Arbeitstagung, die von Richard Meier organisiert und von Kay Spreckelsen und Hans Tütken geleitet wurde, stellten Lehrer, einzelne Schulen und Didaktiker aus den Hochschulen neuere Ansätze vor, wobei das ganze Spektrum – von einem weiterentwickelten reformpädagogisch kindgemäßen Unterricht bis hin zu den neuesten wissenschaftsorientierten Curricula aus den USA – sichtbar wurde.[10]
Kay Spreckelsen und Hans Tütken kommt das Verdienst zu, damals einige Programme bekanntgemacht zu haben, die in den USA auf dem Hintergrund der Diskussion nach dem Sputnik-Schock entstanden waren. Aber auch das aus der englischen Reformpädagogik stammende „Nuffield Junior Science Project" wurde hier einer größeren Öffentlichkeit vorgestellt. Uns „Tübingern" ging damals zunächst eine neue Welt auf, denn ein solches didaktisches Denken, ausgewählte Strukturen und Verfahren der Wissenschaften zu betonen und die Inhalte dafür etwas in den Hintergrund zu rücken, hatten wir in dieser extremen Form noch nicht gekannt, obwohl die Funktionsziele[11] Martin Wagenscheins z.T. in eine ähnliche Richtung zu weisen schienen.
Gerade aber im Vergleich mit Wagenscheins Ansatz wurde in der Diskussion auf der Arbeitstagung auch die Problematik dieser struktur- und verfahrensorientierten Konzepte deutlich: Neben erkenntnistheoretischen Unklarheiten[12] bestand die Gefahr, daß in diesen amerikanischen Ansätzen das erlebnishafte Element und Fragen aus der Alltagswirklichkeit zu kurz kommen könnten, die uns für einen kindgemäßen Unterricht unverzichtbar schienen.

---

10 Spreckelsen, K., Tütken, H.: Bericht über die Arbeitstagung Naturwissenschaftlich-technischer Lernbereich in der Grundschule, Göttingen, Maschinenschriftl. Manuskript 9./10. Mai 1969.

11 Wagenschein, M.: Das Exemplarische Lernen als ein Weg zur Erneuerung des Unterrichts an den Gymnasien, in: M. Wagenschein, Ursprüngliches Verstehen und exaktes Denken, S. 230ff., Stuttgart 1970².

12 Nestle, W.: Umrisse einer Neukonzeption des wissenschaftsorientierten Sachunterrichts, in: Die Grundschule, 5. Jg., Heft V, S. 350, Braunschweig 1973.

Auf dieser Göttinger Tagung erhielt auch ich Gelegenheit, Auszüge aus einigen Protokollen vorzulesen und Wagenscheins Ansatz zu vertreten. Damit konnte ich bewußtmachen, daß sich reformpädagogische Ideen für die Grundschule durch Wagenscheins Vorschläge, Kind und Sache in einem genetischen Unterricht zu verbinden, im Hinblick auf einen kindgemäßen und wissenschaftsorientierten Unterricht weiterentwickeln lassen. Vielleicht hat der Ansatz Wagenscheins dazu beigetragen, daß das Beziehungsgefüge Wissenschaftsorientierung und Kindgemäßheit behutsamer beschrieben wurde.

Außerdem traf es sich gut, daß Wagenschein schon früh die Dissertation von Agnes Banholzer in seine Arbeiten einbezogen hatte. Frau Banholzer hatte 1936 kindliches Verhalten gegenüber Naturphänomenen mitstenographiert und vor dem Hintergrund der Kroh'schen Entwicklungspsychologie zu beschreiben und zu deuten versucht. Auf diese Weise wurden Aussagen von Kindern bekannt, die zum Weiterdenken anregten.[13] Wagenscheins Verdienst ist es gewesen, Agnes Banholzers Arbeit in tabellarischer Kurzform der Vergessenheit zu entreißen und als Beobachtungsinstrument für den Lehrer und Wissenschaftler zu erhalten.

Martin Wagenscheins Einzelsammlungen von Kinderaussagen waren teilweise schon früher veröffentlicht worden, erhielten aber im Zusammenhang der drei Buchteile eine neue, fundierende Funktion. Gewicht hat wohl, daß hier ein Erfahrungsschatz zur Verfügung steht, der auf Tagungen und Kongressen als Basis für weiterführende Diskussionen verwendet werden kann.[14] Manches Thema, manches Phänomen und manches Lehr- und Lernziel dieses Ansatzes floß in neue Lehrpläne ein oder ergänzte bestehen-

---

[13] Zur kritischen Analyse von Stufenlehren und ihrem Stellenwert: Thiel, S.: Kinderaussagen zwischen Information aus „zweiter" Hand und „eigenständigem Denken", in: K. Spreckelsen (Hrsg.): Schülervorstellungen im Sachunterricht der Grundschule, Vorträge des 2. Arbeitstreffens zum fächerübergreifenden naturwiss.-technischen Sachunterricht am 22.3.1985 in der Gesamthochschule Kassel, S. 42–52, Kassel 1985.

[14] Vgl. Schietzel, C., a.a.O.
Löffler, G.: Weg in die Naturwissenschaft – ein bruchloser Weg?, in: physica didactica 1985, S. 39–45.
Redeker, B.: Zur Sache des Lernens – am Beispiel des Physiklernens, Braunschweig 1982.
Köhnlein, W.: Ansatzpunkte naturwissenschaftlichen Denkens bei Kindern, in: physica didactica, 1985, S. 46–50.
Köhnlein, W.: Kinder auf dem Wege zum Verstehen, in: Neue Sammlung, 25. Jg., Heft 3, S. 465–479, Göttingen 1986.
Köhnlein, W.: Kinderfragen an die Natur – Ansatzpunkte des Welt-Weltverstehens, in: physica didactica, 1987, S. 69–86.

de. Mehr war offenbar nicht möglich, weil es in den 70er Jahren nicht gelungen war, für die unterschiedlichen Ansätze angemessene Lehrplanstrukturen zu finden. In neuerer Zeit haben Walter Köhnlein und Michael Soostmeyer gezeigt, wie Grundschullehrpläne, Inhalte und Funktionsziele zu formulieren wären, um Wagenscheins Ansatz gerechter zu werden.[15]

Einsatz in der Lehrerbildung

Nicht einfach ist es auch, diesen Ansatz in der Lehrerbildung zu vermitteln – nicht zuletzt deshalb, weil bis Ende der 70er Jahre in vielen Bundesländern keine direkte fachwissenschaftliche und fachdidaktische Ausbildung für die einzelnen Aspekte des Lernbereichs Sachunterricht vorgesehen war. Dazu erschwerte die Vielzahl der möglichen Aspekte und Bezugsfächer auch eine vertiefende Arbeit, wie sie z.B. für Wagenscheins Ansatz notwendig wäre.

Ich lese z.B. bei der Einführung in die Didaktik des Lernbereiches Sachunterricht oder im Rahmen schulpädagogischer Veranstaltungen den Studierenden die von Wagenschein zusammengetragenen Kinderaussagen vor. Ungläubiges Staunen, verschämtes Lächeln, unsicheres Umherschauen und endlich ein befreites Aufatmen – ja, so haben wir gedacht, damals, als wir Kinder waren. Aber wir haben es nicht gewagt, das auszusprechen oder entsprechende Fragen zu stellen. Wie aber sollen wir als zukünftige Lehrer ein solch bildhaftes, anthropomorphes und animistisches Denken berücksichtigen?

Ist es nicht doch zu kindlich, ja kindisch, unsachlich und damit unwissenschaftlich? Wagenscheins behutsame Darstellung und Deutung, die nicht nur physikalischer Art ist, lassen für die Studierenden den pädagogischen Stellenwert erkennen: Kinderfrage: „Warum geht der Mond so rum?" Die Mutter: „Damit er in jedes Bett schauen kann!" Und die Studenten hatten diese Frage physikalisch erklären wollen!

Was bleibt also? Wagenschein hat dieses Buch immer auch als Anregung verstanden, die Würde der Kinderaussagen erkennen, zu achten und mit ihnen angemessen umzugehen – gerade weil dies im institutionalisierten Rahmen

---

15 Köhnlein, W., Zur Konzipierung eines genetischen, naturwissenschaftlich bezogenen Sachunterrichts, in: Bauer, F., Köhnlein, W. (Hrsg.): Problemfeld Natur und Technik, Bad Heilbrunn 1984, S. 193–215.
Soostmeyer, M.: Didaktik des Sachunterrichts, in: Wittenbruch, W. (Hrsg.): Kurzkommentar zu den Lehrplänen in Nordrhein-Westfalen, Heinsberg 1986, S. 5–51.

des alltäglichen Unterrichts so schwer fällt. Das Buch sollte uns zum Hinhören erziehen, zum Aufnehmen der Unter- und Zwischentöne und damit unsere Wahrnehmungskompetenz erhöhen.
Aber in der Praxis des Schulalltages, wenn ein entsprechender Kinderbeitrag überraschend auftaucht, hat der Anfänger in der Regel große Mühe, solche Aussagen verständnisvoll aufzugreifen und so in den Unterricht einzubauen, daß auch andere Kinder zum Nachdenken darüber angeregt werden.
Zufrieden bin ich, wenn es die Studierenden mit der Zeit lernen, als Eröffnung der naturwissenschaftlichen Aspekte der Unterrichtseinheiten befremdliche aber angemessene Phänomene auszuwählen und die Kinder damit zum Staunen, Nachdenken und Vermuten anzuregen. Ich freue mich, wenn sie animistisch anthropomorphe Aussagen der Kinder in ihrer möglichen Bedeutung erkennen, aufnehmen und weiterentwickeln.
Tauchen Deutungen auf dem Hintergrund sekundärer Erfahrungen auf,[16] welche die Kinder aufgeschnappt haben, so ermuntere ich die Studierenden, diese Aussagen mit den Kindern daraufhin abzuklopfen, was davon in einem ersten Zugriff überhaupt verstanden werden könnte, d.h. vielleicht auf primäre Erfahrungen zurückgeführt werden kann (Schallwelle – Wasserwelle).
Sehr schnell wird dabei oft deutlich, daß manche sekundäre Erfahrung, die wir so gemeinhin verwenden (Schallmauer, Moleküle), uns nichts Erhellendes sagen, nur kurz aus der Sprachnot helfen, aber unser Verstehen kaum weiterbringen, ja eher behindern – auch die Lehramtsstudenten. Und manchmal müssen wir einfach aufgeben, weil wir an Grenzen stoßen, die wir noch nicht überwinden können – wie bei der Frage, wieso eigentlich warme Luft leichter ist als kalte. Auch ermuntere ich die Studierenden, den Schülern Aussagen der Kinder von damals vorzulesen. Befreites Lachen belohnt nicht selten diesen Versuch, weil auch Kinder von heute durch diese Beispiele angeregt werden, das auszusprechen, was sie vielleicht auch gedacht haben.
Aber manchmal rümpfen die Schüler auch die Nase: so kindlich wollen sie doch nicht mehr sein!
Auch Lehrer, die diese Aussagen und Deutungen kennenlernen, erinnern sich dabei nicht selten an eigene kindliche Erfahrungen und Überlegungen.
Wenn man aber sieht, wie selbst überzeugende Ansätze der Reformpädagogik[17] Schwierigkeiten hatten (und haben), in den Alltag der Schule hineinzukommen, in ihm akzeptiert zu werden oder sich dort sogar längerfristig

---

16 Hiller, G.G.: Konstruktive Didaktik, S. 84, Düsseldorf 1973.

17 Man denke nur an: Schülerversuche, Epochenunterricht, vorfachliche und fächerübergreifende Vorhaben, Mut zur Lücke, Freiarbeit, Aktivierung der Kinder etc.

zu behaupten, so wird man vorsichtig sein, wenn man die Chancen des Ansatzes von Wagenschein beurteilen will.
Daß viele Lehrer zunächst durchaus bereit sind, neue Ansätze aufzunehmen, läßt sich exemplarisch am naturwissenschaftlichen Aspekt des Sachunterrichts in der Grundschule aufzeigen, wie Wolfgang Einsiedler für den Anfang der 70er Jahre in einer Untersuchung von Schülerarbeitsmappen nachgewiesen hat.[18]
Aber die Zeit war nicht günstig, einen längerfristigen Erfolg zu sichern, die Akzeptanz nahm wieder ab. Die Kritik an einer oft einseitigen Wissenschaftsorientierung, die überzogenen Ansprüche einzelner Fachdidaktiken und dann die mühevolle und aufwendige Form, Medien zu beschaffen, einzusetzen und zu betreuen (bereitstellen, aufräumen und reparieren), führte dazu, daß die anfängliche Bereitschaft in der Lehrerschaft wieder nachließ. Es sind deshalb immer wieder neue Anstrengungen notwendig.

Ausblick

Über den Dienst an Wagenscheins Werk hinaus soll nun auf eine Reihe von Aktivitäten und Untersuchungen hingewiesen werden, die aus den Anregungen Wagenscheins entstanden sind. Er hat uns neben seinen theoretischen Überlegungen vor allem seine praktischen Beispiele hinterlassen. Ganz bewußt arbeitete er mit dem faszinierenden Element seiner überzeugenden Lehrstücke, wie H.Ch. Berg[19] sie nennt, die uns herausfordernd einladen, sie nachzuahmen und weiter zu entwickeln. Dies gilt vom Kindergarten bis zur Universität, und die Gruppe um Hans Christoph Berg, Peter Buck, Hannelore Eisenhauer und Armin Lüthi hat sich eben dies auf den Wagenschein-Symposien des Weltbundes für die Erneuerung der Erziehung vorgenommen.[20]

---

[18] Einsiedler, W., Schirmer, G.: Sachunterrichtsreform und Unterrichtsgestaltung. Eine Analyse von Schülerarbeitsmappen 1968–1981. In: Die Deutsche Schule, 78. Jg. 1986, Heft 3, S. 316f.

[19] Wagenschein, M.: Naturphänomene sehen und verstehen. Genetische Lehrgänge, hrsg. von H.Ch. Berg, Stuttgart 1980.

[20] 3.–6. April 1987: École d'Humanité/Hasliberg/Goldern/Schweiz.
1.–4. Juni 1988: Trifels Gymnasium, Annweiler/Pfalz.
2.–5. Juli 1989: École d'Humanité/Hasliberg/Goldern/Schweiz.

Entwicklungsarbeit wurde aber auch schon bisher geleistet. Walter Köhnlein[21] hat Wagenscheins Ansatz von der pädagogisch/didaktischen Seite her für die Grundschule weitergeführt und zwar im Hinblick auf Fragen der allgemeinen Lehrplantheorie des Sachunterrichts, der Formulierung von Funktionszielen und der Interpretation von Kinderaussagen.
Neben den anthropologischen Elementen, wie sich das Kind beim Heranwachsen zur Welt verhält, greift er den Begriff der „Episode" auf, wie er von Jerome S. Bruner in die Diskussion eingeführt wurde. Befremdliche Phänomene haben nach Köhnlein den Charakter von Episoden, die wiederum als Ansätze für Lernprozesse dienen können. Solche Episoden sind nicht ständig verfügbar, fallen aber dem Kind immer wieder auf und können besonders auch in der Freizeit und beim Gelegenheitsunterricht erfahren werden: Schnee schmilzt nur an bestimmten Stellen, Wasser verdunstet „sichtbar" an der Tafel, Schall kommt hörbar später etc.
Durch solche immer wiederkehrenden, auffallenden und beeindruckenden Episoden wird das Nachdenken angeregt – die Geschichten und Protokolle zeigen es –, und so eröffnet sich behutsam ein erster Zugang zum wissenschaftlichen Denken, für das alle kindlichen Möglichkeiten genutzt werden sollten, von den kognitiven bis hin zu den erlebnishaften.[22]
Unermüdlich hat Köhnlein seither für diesen Ansatz geworben, indem er neben seinen eigenen Untersuchungen auch immer wieder Elemente dieses Buches aufnahm, analysierte, weiterführte – und dabei die Frage nie aus dem Auge ließ, wie dieser Ansatz auch in Lehrpläne integriert werden könnte.[23]
Michael Soostmeyer konnte auf der Grundlage seiner vielseitigen Kenntnisse didaktischer, denkpsychologischer und erkenntnistheoretischer Art den Ansatz ebenfalls weiterentwickeln. Dazu nimmt er u.a. das Forschungsinstrumentarium von Piaget auf und versucht es auf dem Hintergrund des Ansatzes und der Erfahrungen von Martin Wagenschein neu zu ordnen und da-

[21] Köhnlein, W.: Die Pädagogik Martin Wagenscheins, Diss., Erlangen-Nürnberg 1973.
Köhnlein, W.: Exemplarischer Physikunterricht, Bad Salzdetfuhrt 1982.
Köhnlein, W.: Kinder auf dem Wege zum Verstehen, in: Neue Sammlung, 25. Jg., Heft 3, S. 465–479, Göttingen 1986.
Köhnlein, W.: Bibliographie Martin Wagenschein, in: physica didactica, 15 (1988) 3/4, S. 103–120.
[22] Vgl. Soostmeyer, M.: Zur Sache Sachunterricht, Begründung eines situations-, handlungs- und sachorientierten Unterrichts in der Grundschule, Studien zur Pädagogik der Schule, Bd. 14, S. 76f., Frankfurt 1988.
[23] Köhnlein, W.: Kinder auf dem Wege zu den Fächern, in: Kay Spreckelsen, Schülervorstellungen, a.a.O., S. 7–19.

mit besser zu verstehen. Mit dem Begriff der Transduktion, wo Kinder von Einzelfall auf Einzelfall schließen und dabei lernen, ihre Erfahrungen kumulativ miteinander zu verknüpfen, läßt sich z.B. beschreiben, wie Kinder ihr erstes Wissen schrittweise selbst konstruieren. Die Transduktion wird mit der Zeit durch die zunehmende Fähigkeit des Kindes abgelöst, ein Phänomen durch ein anderes, damit zusammenhängendes, zu erklären und damit – nach Wagenschein – zu verstehen.[24]

Mit dieser Entwicklungsarbeit zur Theorie des Wachsens des Wissens im Kind, die hier nur gestreift werden kann, sorgte Soostmeyer auch dafür, daß ein ganzer Lehrplan, nämlich der für den Sachunterricht in Nordrhein-Westfalen von 1983, einen genetischen Grundzug erhielt.[25]

Diese Ausweitung hat auch Peter Buck im Visier. Neben seiner Mitarbeit im Weltbund für die Erneuerung der Erziehung, der sich besonders dafür einsetzt, die Gedanken Martin Wagenscheins zu verbreiten, hat er Vorschläge zum genetischen Unterricht im Bereich des physikalisch/chemischen Aspektes im Sachunterricht eingebracht und sie pädagogisch interpretiert.[26]

Kay Spreckelsen wählte mit Herbert Hagstedt einzelne befremdliche und zauberhafte Phänomene aus, ermöglichte Kindern, darüber nachzudenken und dokumentierte diese Lernvorgänge mit Videoaufnahmen und genauen Wortprotokollen,[27] die sie wiederholt auf Tagungen der Arbeitsgruppe „Sachunterricht" in der Gesellschaft für Didaktik der Chemie und Physik (GDCP) vorstellten.[28]

Elard Klewitz und Horst Mitzkat, die Wagenscheins Ansatz immer schon positiv kritisch aufgenommen hatten und seit den früheren 70er Jahren die Entwicklung des Sachunterrichts im naturwissenschaftlich/technischen Bereich vorangetrieben haben[29], kümmerten sich in den letzten Jahren beson-

---

[24] Soostmeyer, M.: Zur Sache Sachunterricht, a.a.O., S. 185ff.

[25] Lehrplan Sachunterricht, Nordrhein-Westfalen 1983.

[26] Buck, P., Mackensen, M.: Naturphänomene erlebend verstehen, Köln 1988. Wagenschein, M., Buck, P.: Demokrit auf dem Zeugenstand, in: chimica didactica, Nr. 10, S. 3–20, 1984.

[27] Spreckelsen, K.: Schülervorstellungen, a.a.O. Darin: Herbert Hagstedt, Wie Kinder Naturphänomene definieren und zu ergründen versuchen, S. 33–41. dgl. Hagstedt, H., Spreckelsen, K., Wie Kinder physikalischen Phänomenen begegnen, in: Sachunterricht und Mathematik in der Primarstufe, 14. Jhg. 1986, Heft 9, S. 318–323.

[28] Diese Arbeitsgruppe ist zu erreichen über Walter Köhnlein, Universität Hildesheim, oder über die Gesellschaft für Didaktik der Chemie und Physik (GDCP), PH Freiburg (Stand 1989).

[29] Klewitz, E., Mitzkat, H. (Hrsg.): Praxis des naturwissenschaftlichen Unterrichts, Protokolle aus den Klassen 1–6, Stuttgart 1969.

ders um die Feinarbeit an einzelnen Themen, die in der Dissertation von Elard Klewitz zum Thema „Schwimmen und Sinken" 1988[30] ihren sinnfälligen Ausdruck fand. Gerhard Löffler und Bruno Redeker stehen dafür, wie der kritische Ansatz von Klaus Giel und Gotthilf Gerhard Hiller Wagenschein gegenüber im Hinblick auf den physikalischen Aspekt eigenständig weiterentwickelt wurde,[31] und Horst Rumpf hat von der pädagogischen Seite her beständig daran gearbeitet, den Ansatz Wagenscheins über den physikalischen Aspekt hinaus für allgemeine Fragen des Lehrens und Lernens fruchtbar werden zu lassen.[32]

Was bleibt zu tun? Martin Wagenscheins Ansatz wartet immer noch darauf, in allen Facetten für die Grundschule ausformuliert zu werden.[33] Laßt es uns weiter versuchen.

Siegfried Thiel

---

30 Klewitz, E.: Zur Didaktik des naturwissenschaftlichen Sachunterrichts. Eine Untersuchung von Unterrichtsmodellen am Beispiel von „Schwimmen und Sinken" vor dem Hintergrund der genetischen Erkenntnistheorie Piagets. Essen 1989.

31 Löffler, G.: Weg in die Naturwissenschaft – ein bruchloser Weg?, in: physica didactica 1985. S. 39–45.
Redeker, B.: Zur Sache des Lernens – am Beispiel des Physiklernens. Braunschweig 1982.

32 Rumpf, H.: Das Wasser möchte keine Delle, in: Poiesis, Praktisch theoretische Wege ästhetischer Selbsterziehung, hrsg. von Rudolf zur Lippe, Heft 1, S. 43–48, Oldenburg 1986.
ders.: Belebungsversuche, Ausgrabungen gegen die Verödung der Lernkultur, Kap. 7: Tastbewegungen – Tastphantasien – Identifikationen: Warum schwimmt ein Schiff, S. 108ff., Kap. 8: Einwurzelung statt Weitergabe von Informationen – über Martin Wagenscheins Art zu lehren, S. 186ff., Weinheim und München 1987.

33 Giel, K.: Vorbemerkungen zu einer Theorie des Elementarunterrichts, in: K. Giel u.a., Stücke zu einem mehrperspektivischen Unterricht, Aufsätze zur Konzeption 2, S. 22, Stuttgart 1975.